纵使负累也轻盈

文化长者谈人生

王国平 著

中国人民大学出版社
· 北京 ·

序

尚长荣*

在紧锣密鼓地排练新编历史京剧《天下归心》的间隙，我翻读了国平文友的这部书稿清样，顿时感慨万端。

我今年七十有四了，算老叟一个。接到剧组邀请参演这部全本大戏时，还是抵挡不住“诱惑”，决定再拼他一家伙，豁出去了。我饰演的郑庄公，在整出戏里，有上百句唱词，这是我以前没有唱过的，确实是个挑战。但我想，作为一名戏曲人，应该要有一股气，即便年龄大了，亦不可甘于“解甲归田”，而是要为中国传统文化的传承发展再添一把火，再加一把劲。读了国平文友写下的这些文化长者的故事，我觉得自己更应该接下这部戏了。尽管书中提及的老先生有几位已经故去了，但他们在人生旅途上攀爬了上百年，生前的最后一刻依然发挥着光与热。健在的，也在各自的领域奋发有为，擎着大旗，为后学指点迷津、开山辟路。在他们面前，我尚某人还尚年轻！

常言道：“家有一老，如有一宝。”说得多好！就文化领域而言，

---

* 中国戏剧家协会主席，京剧表演艺术家。

老人更是一笔财富。他们摸索了一辈子，奋斗了一辈子，积累的经验，句句堪称金玉良言，挪过来就可以直接用上；他们留下的教训，可以让后来人少走弯路，规避风险，更加轻易地迈上成功的通途。我在戏剧道路上的每一步成长，都离不开前辈的提携与点拨。他们积淀下的优良传统，宛如一棵参天大树，为这门艺术的发展遮风避雨。如果说我们这些晚辈在艺术上有一点点成绩，就是源于“大树底下好乘凉”。

比如说，我是在1960年6月拜侯喜瑞先生为师的。那时候，先生将近七十岁了。可以毫不夸张地说，拜了侯先生以后，我才真正领悟到什么是戏，怎样才算演戏。

随先生学戏，感受最深的是他“发于内形于外”的艺术观点。他经常对我说：“演戏要演人，演人要演心。”按今天的说法，就是强调将深刻的内心体验和坚实的传统表现技法相结合。侯先生在艺术观念、表演技法等方面的全面传授，对我的舞台生涯有着至关重要的影响。他就是我的“一宝”，他的谆谆教诲，在我可以说是受益终身。

所以，当有人问我，如何对待艺术上的“继承与发展”的问题，我的经验是“死学、活用”。这是针对成语“活学活用”说的，我主张对前辈、先贤的艺术，要尽量忠实地继承，尽量全面地掌握传统；在全面继承的基础上，再来谈创造。“活用”是创造的基本要求，而“死学”则是“活用”的前提和保证。

通过国平文友的笔，我又知悉了13位长者的人生故事，又有了学习的对象。他们之中，有的我是相熟的。比如刘曾复老先生，在我们梨园享有盛誉。国平文友的采访细致，把他的故事讲得很有味道，让我对老先生有了新的认识，阅读的过程中，我不禁连连发出

“他竟然是这样一个人”的感叹，妙哉！

我很中意国平文友拟定的这个书名，《纵使负累也轻盈》。这是对13位文化长者人生历程的高度概括，既说出了他们历经的苦楚与疼痛，更道出了他们宽阔的胸怀。人一辈子，本来就是要“负累”前行的。脆弱的人，扛不住，颇为无奈，只好“趴下”；但总有一些内心强大的人，泰山崩于前而色不变，“轻盈”地迈开脚步，一往无前，无所畏惧。此等人生境界，令我辈神往！

2012年4月底，中国戏剧家协会梅花奖艺术团到苏州昆山千灯镇演出，国平文友受邀前往采访。在蒙蒙细雨中，我们相识。当年的6月初，我们在沪上有一次长谈。尽管我们在年岁上整整相距四十个春秋，但彼此相谈甚欢，成了忘年交。之后，我们时常短信往来，通话不断，不亦乐乎。我到北京演出，总是设法邀请他到现场观摩，印象中已经请他看过《廉吏于成龙》《霸王别姬》《失空斩》等剧目，我想听听他的意见。他来上海，也会到寒舍小坐，谈天说地，很是惬意。

今次，他的这部书稿要出版面世，邀我作序。我慨然允诺，视为职责。于是写下这段文字，谨表祝贺，并愿有缘与这本书相遇的读者诸君，速速静下心来，聆听13位长者“亲授”的人生课。

是为序。

2013年9月

目录

治学时，他的眼神如探照灯一般，举目四望，搜寻着他的

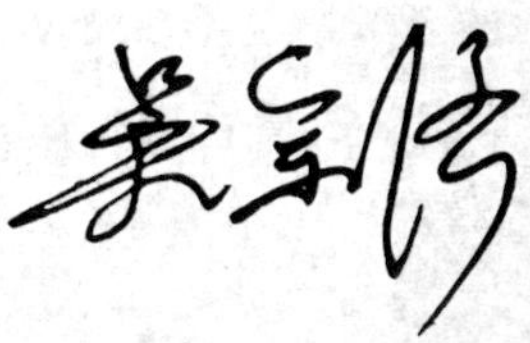

【小 传】

中国实验语音学奠基人，开创了中国语音学研究与国际接轨的先河。1909年生于山东济宁，祖籍浙江吴兴。1934年清华大学中国文学系毕业。1935年至1940年任中央研究院史语所助理研究员。1956年至1977年任中国科学院语言研究所副研究员。1979年任中国社会科学院语言研究所研究员兼语音研究室主任，同年当选国际语音科学会议常设理事会理事。2000年被聘为国家863智能计算机成果转化基地顾问。2006年被中国社会科学院授予荣誉学部委员。2010年7月30日21时在京辞世，享年101岁。

【相关人】

赵元任、吴宓、罗常培、王力、刘半农、冯友兰、张国立

【放言】

『我现在都已经「百年之后」了，他们哪里知道我能活这么长。』

吴宗济：百年风雨近却“无”

吴宗济。

无踪迹。

“老顽童”吴宗济得知自己的名字在电脑上用拼音输入法打出来是“无踪迹”时，不禁连呼“这好玩，这好玩”。

是机缘的巧合，还是冥然的呼应？

实验语音学是他的学术专业，多少有些冷僻。他是这个领域的奠基人和开拓者之一，大半辈子在音路上攀爬，甘之如饴。

生于 1909 年 4 月，殁于 2010 年 7 月，岁月在他瘦弱的身躯上镌刻了一个世纪的印痕。

2009 年 7 月，他的人生迟暮。初次与他相见，发现所谓的印痕“功力”有限。

这位老爷子，思路清晰，回忆过往点滴，娓娓道来，不打磕巴，一聊就是四个多小时，不怕麻烦、不喊累。谈及“同等学力”，还要解释这个“力”是“力量”的“力”，不是“经历”的“历”，末了不忘搭上一句“对不住，耽误您时间了”。

当时他的身体已经发出了警告，但他不遵医嘱，我行我素，几乎每餐都要吃肉，酒也要喝上一杯，并且总结出“啤酒不算酒”的理论。

好上网，看新闻，查资料，动不动还玩一把网上购物。出门时，一般乘坐出租，有时来了“脾气”，改乘公交车，让人好生没脾气……

“我现在是自己哄自己玩。”他边总结自己的人生态度，边拿着个笔记本向来访者索要联系方式，“留个号码，以后联系方便一些。”

所谓的“烦恼”都是旁人给的，他深谙“以柔克刚”。

人活百岁，不免让某些好事者“垂涎欲滴”，纷纷凑过来问什么“养身之道”。他答曰：老兄，可否把“身”字换成“心”字啊？也就是“养心之道”——任凭逆境顺境心态要好，良心要平。

还有人急切地想获取“养生之道”。他笑语：兄台，能否把“养”字换成“适”字啊？也就是“适生之道”——无论何事都要量力而行，把握好一个度。

“……处世平常心，得失莫计较。养心能适生，百岁浑忘老。”这是他 99 岁时写就的“顺口溜”，传递着他历经岁月磨砺升腾而起的人生感悟。

“无”，是吴宗济内心的律动。不过，淡然、清净之外，蕴含着激情，潜伏着力量。

生之涯：忧尽甘来作阿翁

“在许多事上我都不认真，是游戏，无欲无求，所以我闯过了一关又一关。”

吴宗济心境的“无”，是因为他经历了太多的“有”。

回望他的人生路，堪称一部传奇。

父亲吴永幼年身世飘零，14岁失怙，家贫如洗，四处漂泊，但精通音律、擅长古文、酷好金石，深得曾国藩公子曾纪泽的赏识，供其深造，后来索性让自己的千金以身相许。1896年，吴永被委任京郊怀来县县令，主政一隅。

风云际会，不经意间，他参与了历史，留下一部口述的《庚子西狩丛谈》。其中的篇章概述了他何以受到慈禧太后的宠幸：

> 庚子之役，国家以乱民肇衅，外国连衡而入京师。两宫微服出狩，行二日，至榆林堡。怀来县知县吴永具衣冠恭迓于道旁。于是帝后始得进饘粥、备供帐。当是时，吴公之名闻天下。既而太后嘉其行谊，命开缺以知府随扈督办行在粮台。日夕召见，骎骎且大用，众以封圻台辅目公矣。而公伉直自将，不肯骫骳随俗，以故枢要多不悦公，遂以道员外放。然太后终契其贤，遇两司缺出，未尝不忆及公；每入都召对，未尝不移晷也。

1900年，八国联军攻陷北京，慈禧偕同光绪皇帝仓皇出逃，吴永迎驾服侍有功，恩准随扈西行，颇受器重，惹得众官僚眼红。慈禧护才心切，令他远离朝廷，“遂以道员外放”。

在此期间，吴夫人不幸辞世。这消息被黄浦江畔巨贾盛宣怀听出了玄机。对于当时朝廷的人事格局，他熟稔在心，不禁思忖：把吴永拿下了，又多了一个直达九重的通道。于是，他不惜邀请年方二八的堂妹“出山”，将其从沪上送到广东吴永的府上。当而立之年的吴永看到貌美如花的姑娘时，不禁心动，旋即成婚。

他们的第二个孩子就是吴宗济。

吴宗济刚降临人间，就遇到了坎：患上了严重哮喘。有医生说，这孩子，命长不了。

一位德国医生出了个主意：多带孩子到海边吹吹风，呼吸带盐分的空气，清理肺部。此时，吴永已被调任山东。所以，有一段时间，每天的清晨，烟台后海上演着这样的一幕：一个丫鬟装扮的女子，抱着一个襁褓中的婴儿，在海边漫步，身边簇拥着同伴，还有全副武装的兵士。这样坚持了一阵，总算有了些好转，尽管时有反复，性命却是稳住了。

童年的吴宗济，享受着百般呵护，“我小时候是前清遗少，是公子少爷，没受过多少苦”。

但好景不长，11 岁时，他经历了丧母之痛。随着时局的激变和年岁的增长，吴宗济的生活轨迹不断地趋向“丰富”——

由于生性顽皮，父亲盛怒之下把他送入了北平成达中学。这里由北洋安福系名将徐树铮主管，建筑如兵营，每天出操四五个小时，“完全德式军事管理”，“管教得极严，几乎到了野蛮的程度”。

1928 年，他考入清华大学，就读于市政公路系，学了数学、测量、平板仪的使用，还念了大学物理。但刚读一年，这个系“停摆”了。由于爱好摄影，觉得化学跟胶片有关，就主动转系专修化学。

又是一个年头，肺病严重发作，神经衰弱，不得不休学回家。

吳宗濟　　　　稚川　　1909　　浙江吳興
中國文學——B. A.(清華)'34
※清華同學總會；趙元任，李方桂
南京中央研究院歷史語言研究所助理員；南京中央研究院歷史語言研究所或南京藍家莊蘭園16號

当时清华大学校友录上关于吴宗济的信息

这期间，他奔赴上海。一边养病，一边替代父亲出任联华影业公司的股东，并客串起摄影师的差事，也结识了聂耳、金焰、阮玲玉等名流，夫人和阮玲玉的合影就摆在书房的显著位置。

吴宗济夫人和影星阮玲玉（左）合影

1932 年，他重新回到了清华大学。对化学没有了兴趣，又转到了中国文学系。第二年，他选修了语言学家罗常培的“中国音韵沿革”课程，简单地认为音韵就是诗韵，学上一点，对自己写诗有所裨益。哪知这成了他毕生学术追求的一个节点。

1935年暑期，留校从事校刊编辑出版业务的吴宗济从报上获悉，南京中央研究院历史语言研究所语言组的李方桂要招收一名助理研究员，在南京、北平、上海、武汉设立四个考场。吴宗济跃跃欲试。

北平的考点设在北海静心斋。由于系统学习音韵学的时间不过一年，吴宗济抱着碰碰看的心情应考。巧的是，除了测试基本语音知识外，主考官还用钢琴弹出几组四部和弦，让考生写出分谱，这让不少语言专业的饱学之士傻眼了。

而吴宗济在上学时爱玩，参加过管弦乐队，懂点和声，这道题就顺当地拿下了。后来才得知，当时李方桂要去广西调查壮语和壮歌，拟招收的助理不仅要熟悉记音，还要懂得记歌谱。

是年仲秋，吴宗济抵达南京报到，史语所语言组主任赵元任让他立即前往南宁，与李方桂会合。那时尚在内战，国民党中央与粤、桂各自为政，只能绕着道走。吴宗济只身一人，从南京赶赴上海，乘轮船走水路到香港，再搭乘“夜航”入广州，转乘火车至三水，自三水再乘坐“电船”至广西梧州，最后雇汽车抵达南宁。

一路走了半个多月，翻越了诸多禁区，沿途路费就换用了“中央票”“港纸”“东毫”“桂币”四种钱币。而且，他随身带的录音器材，是当年美国专业灌制唱片的全套设备，包括主机、转盘、两组重型蓄电瓶和一箱铝片等部件，重达上百斤。

在南宁只休整了两天，他就和李方桂前往广西武鸣县，进行壮语调查。翌年春季，他随同赵元任到湖北调查方言。这两年时间里，吴宗济沉浸在浓厚的学术氛围中，乐此不疲。

但七七事变击碎了这一切。日本侵华威胁到南京的安全，史语所决定向大西南撤退，吴宗济一心向学术，罔顾艰辛。

“吴先生舍弃南京的家当，包括分家时所分得的大量善本书等，毅然携家西迁；由湖南进入贵州不久，他们搭乘的车队遇到土匪，不但抢走了吴先生和夫人身上所有的钱财，还当着他们的面把祖上留下的有多家名人题跋的郑板桥的画撕毁，把包括西泠八家大多数作者在内的名人调制的鸡血、田黄印章通通倒进山涧……途经贵州时，吴先生的叔祖吴鼎昌正在那里主政，有意留吴先生在那里做官，但为了追随赵元任先生，吴先生不顾眼前的富贵安逸，决定继续西行。”北京师范大学文学院教授崔枢华在访谈吴宗济时偶得这些细节。

1938年，赵元任前往美国讲学，史语所为避免战事也四处搬迁。过了两年，由于家累，吴宗济辞职到了重庆，改行转徙各地，“在学问上当了十五年的‘逃兵’”。

不从事学术研究了，吴宗济的生活依然缀满了传奇：

抗战期间，在四川，他担任过“军委会运输统制局”的科员，管理仓库，享受上校的薪金待遇；在桂林，又出任“全国节约建国储蓄劝储委员会”广西省分会主任干事。抗战刚胜利，国民党政府为了扼制“劫收大员”哄抢敌产，派刘攻芸奔赴上海，任敌伪产业处理局局长，吴宗济随行，担任科长，办理敌产的申请发还事宜。

“解放前一个共产党员潜伏在我身边，那时候我在中央银行当科长，他当专员，潜伏了九年我都不知道，直到解放的时候他才亮明身份劝我别走。后来我在北京还见过他，发现他在民建管党务，职务很高……他潜伏在我身边的时候，我们办公室的窗户外面就是外滩，天天都能看到国民党反动派的红色堡垒在那儿抓人；而我们就在房间里面偷偷念他弄来的‘三大纪律八项注意’。当时我手底下有50个科员，解放后49个人都选择留了下来，这都是他的功劳。”吴宗济曾经这般回忆过往的岁月。

抗美援朝之际，他还“玩”过两回偷渡。由于涉足过电影行业，吴宗济跟不少电影商相熟。当时买不到胶片，他就化装成上海电影厂的商人偷渡到香港，找老朋友帮忙，经过一番伪装，再回来。尽管此时跟语音学研究无甚关联，但借助这个契机，他买回了不少语言分析的机器。

1956年，罗常培发出召唤，希望他继续回到中科院语言所，重操旧业。那时，吴宗济在上海负责一家商业电台，担任经理的角色，每个月有上千元的收入。而语言所许诺的工资不过百元左右。悬殊不小，夫人不同意。但学术研究的兴趣再度被点燃，吴宗济身不由己，开始重新呼吸学术的空气。

沉浸学术世界正酣之际，“文革”降临，由于出身不好，经历又太复杂，他被推向了运动的风口浪尖。

改革开放让他迎来了学术的又一春，并着力于培养新生力量。

1979年，北京大学重建刘半农创立的“语音乐律实验室”，聘请吴宗济讲授实验语音学的课程，为期一年。此时，物资缺乏，百废待兴，“面的”一类的简陋出租车尚未出现，北京大学也无力派车接送。吴宗济已经迈入古稀之年，他在讲课的前一天，从建国门外的永安里，骑两三个小时的自行车，赶到与北大毗邻的清华大学女儿家住下，保证第二天准时出现在课堂上。

他著书立说，荫庇后生。“现在国内从事语音学教学和研究的中青年语音学家，可以说都受到过吴先生直接或间接的教益。”北京大学教授林焘说过，“吴先生是中国语音学现代化几十年来唯一一位自始至终的参与者，也是最权威的见证人。”

从行将夭折的婴孩到百岁老翁，从公子少爷到“臭老九”，从公司职员到学术大家……吴宗济领略了世事的甜与苦，品尝了人间的冷与暖，而这一切在他看来都是过眼云烟，“我把生活看得很淡。这一辈子，我干我喜欢干的事，在许多事上我都不认真，是游戏，无欲无求，所以我闯过了一关又一关”。

唐代宗对郭子仪说：“不痴不聋，不作阿翁。”意思是，如果不故作痴呆，不装聋作哑，就当不了阿婆阿公。吴宗济咏叹道：“生年满百未痴聋，忧尽甘来作阿翁。”他以这样的诗句，作百岁抒怀。

师之教：风乎舞雩咏而归

他对赵元任“无类无方”的教育方式充满敬意

如果不是一众恩师的耳提面命，吴宗济恐怕难以企及如今的学术高度与人生宽度。

他在清华大学就读时，“名师如林”，所获如点滴雨露，滋润在心。

系主任朱自清以白话散文饮誉华夏，但开设的课程竟是“古诗习作”，讲课内容不涉及唐宋近体。吴宗济说，朱先生的温文尔雅让他难忘。

吴宓讲授“西洋文学史”，作业是每个星期读一本西洋名著，再用英文写篇述评。吴宗济自愧英文水准欠佳，就斗胆用中文撰写，并且用的是当时流行的文言小说体。哪知吴宓颇为赞赏，不但不批评，还给了高分。

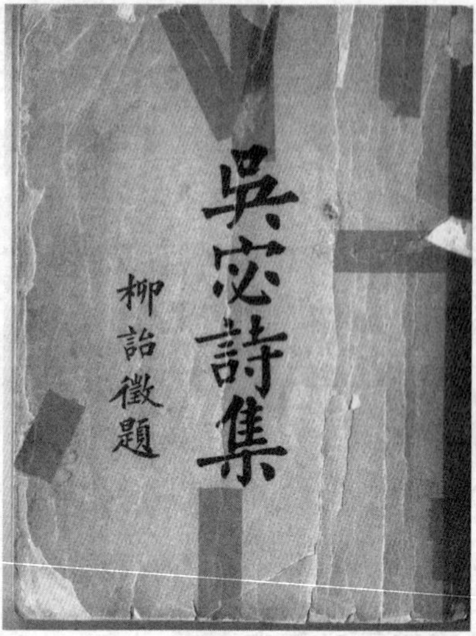

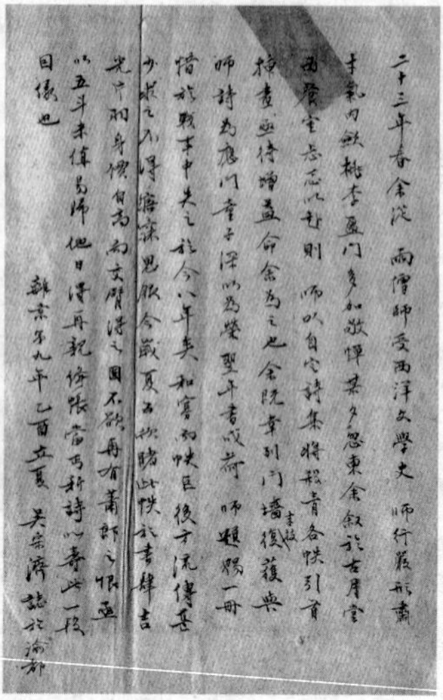

吴宗济收藏的《吴宓诗集》封面和他在扉页手书的说明文字

二十三年春，余从雨僧师受西洋文学史，师行严形肃、才气内敛，桃李盈门，多加敬惮。某夕，忽柬余叙于古月堂西餐室，忐忑以赴，则师以自定诗集将杀青，各帙引首插画亟待增益，命余为之也。余既幸列门墙末技，复获与师诗为应门童子，深以为荣。翌年书成，荷师题赐一册，惜于战事中失之，于今八年矣。和寡而帙巨，后方流传甚少，求之不得，寤寐思服。今岁夏五，欣睹此帙于书肆，吉光片羽，身价自高，而交臂得之，固不欲再有萧郎之恨。亟以五斗米值易归。他日得载亲绛帐，当丐新诗以寿此一段因缘也。

离京第九年乙酉立夏　吴宗济志于渝都

后来，吴宓要刊印诗集，出版方期待附上作者的生活起居图片。

他得知吴宗济爱好摄影，就力邀其给自己掌镜，并请到书斋“藤影荷声之馆”犒劳一顿可口饭菜。诗集出版时，他在序言中特地向吴宗济致谢：“……又承吴宗济君照像，以益插画……”

这让吴宗济受宠若惊，有诗为证：“‘藤影荷声’古月堂，先生一馔永难忘。写真末技充诗典，附骥犹沾锦集香。”

以摄影为桥，吴宗济跟刘半农成了忘年交。当时，刘半农是“光社”有名的艺术摄影家，1929年夏，由于志趣相投，他们得以谋面，“他在我的印象中，身材不高，剪着平头，上唇留了点胡须，穿一件纺绸长衫，手拿一柄折扇（当时许多大学教授，尤其是留洋的，多已西装革履），完全是一派恂恂儒者的风度，令人感到可敬可亲”。

吴宗济投身语音学研究，得益于冯友兰的一声鼓励。他在准备参加史语所助理研究员招聘时有过踌躇，因为清华大学良好的氛围让他依依不舍。他就向时任哲学系主任兼出版委员会主席的冯友兰请教，“冯先生对我说，学校固然很需要你，但男儿应当志在四方，走出校门去闯闯天下也好。他这几句话让我义无反顾地走上了研究语音的道路”。

在这条路上，起初的两三年时间，吴宗济就进入了罗常培、王力、李方桂、赵元任这四位语音学大师的门墙，“实属三生有幸”。诸位先生给予的师道影响，他总结说，得罗之“博”、王之“大”、李之“精”、赵之“深”。

由于选修了罗常培的课程，吴宗济才真正开始接触语音学。在一堂课上，罗常培讲到我国传统音韵学全凭口、耳审订语音，多“蔽于成见，囿于方音”，以致不能“解决积疑”。所以，作语音研究，除用音标记音，还必须用“实验以补听官之缺”“据物理生理讲明”。

“此语当时如同惊世的霹雳，因为他把所有音韵学界的老师宿儒都批判了，成为号召科学研究语音的晨钟”。这一席话指明了吴宗济学术研究的方向。于是，他的书房以“补听缺斋”为名，并请书法家欧阳中石为之书额——“师箴、友墨，陋室增馨”。

罗先生的课只上了半年，剩下的课程由从巴黎回国的王力执鞭，他成了吴宗济学业上的又一位启蒙恩师。令吴宗济印象深刻的是，出生于广西的王力为了研究苏州方言，委托朋友在姑苏城物色合适的女子，再亲自前往苏州相亲，结果如愿以偿，觅得夫人夏蔚霞，“‘吴侬软语’，竟成‘千里红丝’，确是学林韵事”。

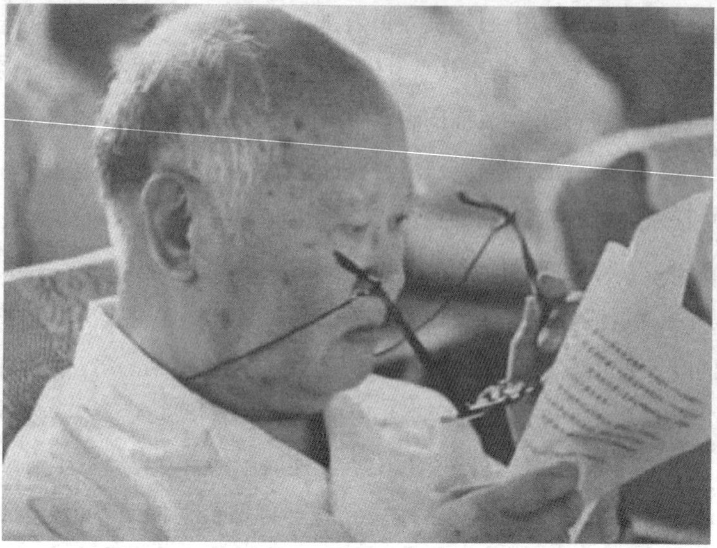

1983 年 7 月 3 日，王力参加西南联大北京校友会理事会议

张祖道摄

恩师的影响潜移默化。王力的书房名为“龙虫并雕斋”，吴宗济说自己的学问只能算雕虫，尽管也想雕龙，但“雕龙不成反类蛇，不过是条长蛇”。他把自己研究传统语法学与音韵学比作雕龙，把研究现代语音学特别是实验语音学比作雕虫，“不过，此行只要钻进去之后，方知这条

‘虫’是够长的，也不是那么容易雕的。我要把这条‘虫’雕得像真的”。

在李方桂先生身边工作的一段经历，让吴宗济受益匪浅。“李师于上古音韵及中外语音的古今考证极其谨严，言必有据，从不妄下断语。他在调查少数民族语言方面之成就尤为中外知名”。

吴宗济坦言，对他影响之最为深远的是赵元任。

1938年夏，赵元任师生在昆明拓东路历史语言研究所合影留念，自左至右分别为吴宗济、杨时逢、董同龢、赵元任、丁声树

他和丁声树、杨时逢、董同龢一道，被誉为赵元任的“四助手”。1936年春，他们随同赵元任到湖北调查方言。由于要录音，但墙外有噪声，室内有回声，奈何？吴宗济到旅店租了几十条棉被，挂满四壁，隔音效果不错。而且，当时春雨连绵，白天停电，不利于工作。吴宗济买来几个汽车灯泡，接在灌片机的蓄电池上作电源，并用个纸罩吊起来，照明问题就解决了。这些都被赵元任写进了调查报告的“总说明”中，并且报告的封面上，“四助手”的名字一并署上。

"先生对青年人的一点点成绩，竟然如此巨细不遗地予以介绍，我很吃惊。"吴宗济说，赵元任的这些行为跟当时的某些学术权威有所不同。

吴宗济眼里的赵元任，对学生从不灌输知识，而是采取灵活的启发方式，随时随地发问。目的是为了扩充学生的思考能力，更是为了测试学生的知识水平。

一次郊游令吴宗济回味无穷。

1938 年的一个春日，赵元任携家眷和爱徒前往昆明的西山郊游，"车到西门外大观楼，下滇池搭木船，扬帆摇橹，直驶西岸，一路歌声笑语，我立在船头，想起了陶渊明的《归去来辞》：'船摇摇以轻飏，风飘飘而吹衣'，完全是此时的境界"。

1938 年春，赵元任携家人和学生游览滇池。左起：赵元任二女儿赵新那、董同龢女友王守京、吴宗济夫人、董同龢、赵元任夫人杨步伟、赵元任四女儿赵小中、赵元任三女儿赵莱痕思媚、吴宗济　**赵元任摄**

1938年，在滇池春游时，吴宗济和赵元任的大女儿赵如兰拿起庙里四大金刚的琵琶和宝剑玩耍。2013年11月30日，音乐学家赵如兰于美国波士顿逝世，享年91岁 **赵元任摄**

到了西山太华寺，门内有四大天王像，吴宗济和赵元任的大女儿赵如兰爬上神台，蹬着两座金刚的膝头，攀缘而上，赵如兰借了增长天王的宝剑，吴宗济取下持国天王的琵琶，两个人就在山门外场地上尽情地耍了起来。赵元任见了，不仅没有生气，还给他们拍了照片，并叮嘱把两件法宝好好地归还原处。

“我们在归舟的橹声中，披着熔金似的斜晖，默念着孔子叹许曾皙的几句话：‘浴乎沂，风乎舞雩，咏而归。’不觉心神俱醉。”在《赵元任学术思想评传》的序言里，吴宗济这般深情地回忆。

“先生之学，沉浸汪洋。先生之业，革故拓荒。先生之教，无类无方。先生之风，山高水长!”尽管在赵元任身边受业不足三年，但吴宗济对他怀着浓浓的敬意。

1981年6月，赵元任从美国回乡探亲。返美之前，胡乔木设宴为他饯行。席间，胡乔木不断地发问，内容涉及汉语声调分类、诗歌结构等。由于见面的时间短，胡乔木意犹未尽，不解馋，第二天派人送来一封信，继续向赵元任提出了心中积郁已久的问题，比如说，平仄是一种人为的分类，还是有某些客观的依据；为什么汉语里平声字多；中国诗歌为何由《诗经》《楚辞》的偶数字句型为主，从两汉时期开始就以奇数字句型为主……他希望赵元任能释疑解惑。

可惜的是，几个月的光景，赵元任就因病辞世了。

在给赵元任编订全集时，吴宗济读到了这封信。他视为召唤，使命在肩，细细思量，代替师长提笔进行了答复，展开了探讨。

癖之怪：鵩座相忘酒一盅

坐拥书城，“猫头鹰”在身边围着，小酒每天喝着，生活无牵无挂，畅意快然

师者引领吴宗济走上了学术之途，而“朋友”给了吴宗济生活乐趣与精神托付。

与他最亲密的“朋友”是猫头鹰，古称“鵩”。

“你问我有什么成果？我的成果就是满橱子的猫头鹰。”此时的吴宗济，一脸的得意。

收藏猫头鹰工艺品始于1957年。他到国外进修，看到个漂亮的水晶制猫头鹰，爱不释手，就买了下来，这成了他的首个猫头鹰藏品。

他纳闷的是，猫头鹰当属益鸟，晚上出来工作，每年能捉两三百只老鼠，但在中国的文化传统里，却被视为不吉利的象征，“夜猫子进宅，好事不来”。他决定为猫头鹰正名，“邀请”夜猫子进宅来。

他曾经的家里宛如一个小型猫头鹰工艺品博物馆，墙上挂着猫头鹰风筝、猫头鹰挂钟、猫头鹰温度计、猫头鹰镜子；柜子里有猫头鹰造型的圆珠笔、钢笔、橡皮、图章、发卡、手电筒、牙签盒、手表；桌子上有猫头鹰形的草编筐、电扇、台灯、糖盒、装饰盒、瓷罐、存钱罐……好友、学生知道他有这个癖好，看到猫头鹰制品就买下，家里的数量已达到三百余个。

吴宗济对这些“宝贝”如数家珍：这个是马来西亚的，这是木雕的，这是赵元任先生千金赵新那教授送的……

他不禁感慨：“很奇怪，没有哪种鸟的形象变化如此丰富。”

他还很坚定：“别人骂它越厉害，我越喜欢。”

与这些工艺品相处的时间长了，吴宗济在猫头鹰身上，看到了自己。猫头鹰是捕鼠高手，但遭到不公平的对待。而在从事学术研究时，吴宗济曾被冷遇，还戴上过“崇洋媚外”的帽子，又因为不太熟稔人际关系，生活一度陷入困顿。

于是，猫头鹰成了他的精神寄托，“我常以猫头鹰自勉”。

他的生活，环绕着“猫头鹰”。他命笔为自己的“至爱”赋诗咏唱，并留有《癖鹏行七十四韵》：“……敝帚只自珍，宝之胜金玉……相看两不厌，此乐宁思蜀……人弃我偏取，群趋我莫逐……尔虽为益鸟，无荣反得辱；我业每就难，功成不言禄。尔性耽守夜，宵征而昼宿；我亦习夜静，每作终宵读……”仔细观摩吴宗济的面容，发现他的双眼炯炯有神，跟猫头鹰一般。或许，因为他和猫头鹰“相看两不厌”，结果他们之间不仅性情上“神似”，而且面相上也“形似”了。

在吴宗济的家里，猫头鹰是重要的一员　　郭红松摄

坐拥书城，“猫头鹰”在身边围着，小酒每天喝着，晚年吴宗济的生活无牵无挂，畅意快然——

“……萤窗涉猎书千卷，鹏座相忘酒一盅。窗外每添新气象，喜看环保更葱茏。”

境之清：但留绿意在人间

“本来无一物，何处惹尘埃”，他喜欢“放下”二字

供职单位、清华大学校友会有过计划，在吴宗济“百年之后”

设立个纪念室，把这些猫头鹰工艺品陈列其中。“我现在都已经‘百年之后’了，他们哪里知道我能活这么长，哈哈!”2009 年 7 月，他欢乐地看护着自己的这些“宝贝”。

那时，生与死，他已经置身度外了，“大不了再活个三五年，没什么了不起”。

他已经有第五代子孙了，但不同堂。他独自住着，“光棍儿”，请了个保姆照顾起居。

家人要他少折腾，多享清福。他不干：“那我就干等阎王爷来家里请吗？我还是折腾吧，让他看我不像个病人，就走了。”

他说自己的心态很好，要不人早就没了。

他的丈人佛学造诣很深，曾经送给他两个字：放下。他写了下来，贴在墙上，警醒自己。

“放下，就是要放下得失心，抱持平常心。”他这样诠释长辈的良苦用心。

他说自己很喜欢禅宗的诗句：菩提本无树，明镜亦非台；本来无一物，何处惹尘埃。

他也有过困惑。20 岁左右，他开始失眠；40 岁时，患有严重的神经衰弱，吃安眠药、数数儿，都好不了。五六十岁时，“文革”来了，他被扣上了多顶“帽子”，日子顿时昏天暗地。

“没人疼我，我就自己疼自己。”他突然想通了，要把所有的苦痛视为历练，不再抱怨，“我哈腰插秧，一亩田，一插就插到底，不像有的人，带个小板凳，累了坐一会儿；感冒了，没有药，我就出去跑步，一直跑到出汗为止；那时也没有热水洗澡，我就用凉水冲。直到现在，如果没有热水，我照样可以洗凉水澡。”

结果，睡眠好了，也跟神经衰弱说了“再见”。

如何抱有平常心？他的“妙方”是幽默地看世界。

翻阅老照片，他说自己当年可是一个帅小伙子，会音乐、懂摄影、能跳舞，活脱脱一个文艺青年。上大学时，他已结婚，但没好意思告诉同学。毕业典礼，他偕夫人前往，有男生问：这是谁啊？他灵机一动：我表妹。男生赶紧让他帮忙介绍介绍。

“完了，引狼入室了，逼迫我家后院起火。”听者大笑，他却认真。

1926 年，吴宗济与岳父母合影，右起：吴宗济、岳父梅光曦（民国初年曾任山东省高等法院院长）、岳母和吴夫人梅静明

2008 年，单位举行了一场联欢会为他祝寿。一位加拿大籍女博士邀请他共舞华尔兹，他欣然接受。他说自己跳舞有一手，没怎么

露过，“但一位女士来邀请男的，哪有不跳的道理?”听者笑声不止，他还是那么认真。

有人撰文忆旧，说的是他 90 多岁时在三尺讲台上谈及怎样学习语音学：“怎么学呢？大家不要笑啊——要像谈恋爱一样——大家不要笑，不要笑啊——要像恋爱一样闯关，一关一关闯下来，就是胜利!”课堂里乐成一片，他认真地做“嘘声”状……

人老了是言语上的幽默，小时候则是行为上的淘气。

孩童时，他从书上读到了田单的火牛阵，牛角上绑兵刃，尾巴上缚苇灌油，以火点燃，一冲，就赢了，有意思。他想试，可惜没火牛，但有猫。于是，他来了个吴氏“火猫阵”：在猫尾巴上系上一串鞭炮，一点着，猫就拼命地乱窜，钻到保姆的床底下，把保姆吓得直哭喊娘。他颇为得意，父亲则不认，一顿棒喝。

但“恶习”难改。一次，他心血来潮：小狗会不会游泳呢？结果，小狗被整得够呛，一缸水也给糟蹋了……

“我喜欢玩，而且不是一般的玩，有自己独门的玩法。”直至晚年他还对自己能玩“沾沾自喜”。

他有时也“玩”一把高雅，以古体诗词叙述趣闻趣事。“荷池冰冻已能溜，池上纷纷尽挎妞。红衣花帽双双过，池畔何人枉费眸。”《荷花池》，位居《清华旧事竹枝词》系列。

“踏径穿桥访静斋，到门先把姓名排。楼窗半掩分明现，则甚迟迟不下来?”这是《访静斋》，说的是当年在清华，男生到静斋拜访女生，需要先在楼下门口登记，常常要排队等候。被访者则从楼上探头下望，决定是否“接见”。

2002 年，吴宗济回母校清华大学参加校庆

只不过在“哄自己玩”的同时，他没有停下工作的脚步，“经历多了，也就逐渐学会‘遇败不馁’，学会哪里跌倒，哪里爬起。把自己有兴趣的、又是社会需要的专业作为我下半辈子的目标，生活中也就有了活力和‘奔头’”。

他颇为关心时事，上网看新闻、收发邮件，应付自如。他使用键盘打字，美誉为“练二指禅”，并欣然赋诗表达内心的得意：“荧屏敲字省蝇头。”

他身患直肠癌，“说起来吓人，但这病跟我没关系，我该干什么还干什么”。他告诉医生，裤腰带以上的部分归我管，一切正常，你不用担心。

他去看病时，记住了医生的名字。回家上网搜索一下，“大家对这个人评价不错”。

在学术上，他总是大胆地走在前列。“要做哲学家须念不是哲学的书”，赵元任的治学箴言他镌刻在心。他把语音和书法一同研究，发现草书跟汉语声调的规律，“在语法关系上几乎完全一致”。

为了佐证自己的判断，他以怀素、张旭、黄庭坚、毛泽东等人的草书作品为例，逐个解析，得出结论：

> 草书的运笔和口语的发音都是动机起于内心，而发挥形诸笔、舌。草书中短语的连笔和口语中短语的连调，都合乎语法或“话法”；笔法的夸张离格和语音的强调离谱也都出自激情。而且连笔与连调的规则又都属于逆向的同化作用。在书法是：笔未到而走势先成，书画家称之为“意在笔先”；在话法是：声未出而口形先备，我们也可称之为“意在声先”。书法、话法的同源，在一切艺术中也大都有同源之处。

继而，他走得更远，把语音学研究和诗、文、赋、音乐、绘画联系起来，找出它们之间的“交叉点”。

他甚至把目光投向了“竹林七贤”里的阮籍。

史料记载，嵇康善古琴，阮籍能长啸，世称“嵇琴阮啸”。古文献中关于啸者的叙述多杂有神秘、夸张的成分，而在现在的辞书里，“啸”被释义为“吹口哨”，显得有些单薄。

到底“阮啸”是一个怎样的情形？吴宗济来了兴致，试图一探究竟。他综合多方信息，认为阮籍的啸，“应该是当时高人羽士，在同道或同行之间，趣味相投，相当抽象的‘对话’（不一定有约定的音位）；同时又是奇人逸士在名胜山林之中，栖神导气，抒发胸臆的啸傲之音；而不能就说是如像有些民族中的‘口哨代用语’”。

这样的研究有点剑走偏锋的味道，引来了一些争议。但吴宗济认为，不管是语音学还是文学、艺术，都是人的思想，“人的思想一出去，就是个锁链，就是一串，相互之间都存在联系，只不过有的明显，有的潜伏着罢了”。

为了适应信息时代的发展，晚年时光，他还积极探索“人—机对话”领域的理论基础，努力从传统音韵学中总结出某些规则，为合成系统的高级阶段提供指导，既叫机器“说”出像真人一样的口语，又不能让人感觉是“机器音”，还要让机器“听”得懂，不管说话的是谁。

他对自己的研究始终保持着清醒：“语音的研究，愈深入，愈觉其难，过去所认为‘得意之作’，在今日必然或减重，或竟碰壁。”

所以，他警告自己不可做蜗牛，否则“不多时将会被新潮淹没”。

他不乏批判的锋芒。

在一篇论文里，他提及旧时作词谱曲，要么是先有词而后配曲，是为“度曲”；要么先有曲而后填词，是为“倚声”。文士艺人对于词调和曲调的配合颇为讲究，力求两者之间“合辙”而避免“倒字儿”，但“现代的歌唱就几乎根本不理会这一套了”。他很无奈，认为这影响到歌声的和谐悦耳，影响到听者对歌词的理解。

自古以来，诗歌和音乐是“融合”的，旧时儿童读书，凡韵文就容易背诵。他劝诫现代作家，即使写下的文字不是为了吟诵或歌唱，但为了美化语音，或便于记忆和传播，在声调韵律、句型字数上多下些功夫，还是切要的。

“道向虚中得，文从实处工。凌空一鹗上，赴海百川东。气骨真当勉，规模不尽同。人生易衰老，君等勿匆匆！”他对陆放翁的这首《示友》情有独钟，喜其豪气磅礴、生机盎然，屡次引用，或自励，或寄语同道。

“风物放眼量，百年亦云忽。”“赤橙黄紫又青蓝，但留绿意看人间。”这是他自己拟就的诗句，让人慨叹世事的沧桑，更让人收获心灵的暖意。

吴宗济说，上中学时，由于自己的名字，同学经常说，这个人找不到了，没了。当时他想，要是自己真的会隐身术就好玩了。

如今，他真的“没了”，但有些东西将永远在，不增不减、不舍不弃。比如，他历经人生磨砺抱持的无为心态、他内心深处的豁达与阳光、他对学术和真理的矻矻追求，给人以启迪与震撼。或许这就是他留给世人的“绿意”吧，盈满盎然，温暖人心。

附录

“百岁青年”

一

2009 年的某一天，北京劲松潘家园 1 号楼。

他问：王先生，来杯咖啡吧?

我答：对不起，我喝咖啡晚上睡不好。

他呵呵一笑，端起杯子，边轻轻地吹着咖啡，边自言自语：以前我咖啡当茶喝。

我眼巴巴地看着，用流行的网络语言形容当时的心境，恰是“羡慕嫉妒恨”。

同年的另一天，北京劲松潘家园 1 号楼侧边的新疆风味小餐馆。

他问：王先生，来瓶啤酒吧?

我答：对不起，我喝酒过敏。

他哈哈一乐：在家保姆不让喝，终于有机会了，那我就喝了。

随即端起小口杯一饮而尽。我满脸烫红，跟醉酒了一般。

他时年一百，我不到三十。

这样的故事，我经常讲给朋友听，带着愧疚的口气，感叹“年龄不是问题”堪称真理。

如今，这个叫吴宗济的可爱老人远走了，给我留下的是悔恨——当时怎么就没有下决心宁愿一个晚上睡不好来陪他品味咖啡的芳香，怎么就没有下决心宁愿全身过敏也同他一醉方休。

“哎！都错过了，年轻人是时常错过老人的；故事一串串，像挂在树梢尖上的冬天凋零的干果，已经痛苦得提不起来……”这是画家黄永玉的感慨。现在读来，尽是感怀。

还好，我多少收藏了关于他的些许故事，闲时一一回望咀嚼，顿时他的形象与风范历历在目，或敏慧，或谐趣，或清朗，或古朴，或温顺，或慈祥，或愠然，或激昂……

每次跟他见面，进门的瞬间，不禁暗暗思忖：按照某电视广告的调调，男人，不止一面，今天你“秀”哪一面？

不管“秀”出的是哪一面，他始终是我眼里的一位德行高远的真人，一位值得推心置腹的长者。

复旦大学创始人马相伯百岁寿辰时，他的高徒、时任国民政府监察部长的于右任，写下贺寿长文《百岁青年马相伯》。而吴宗济也是这样的一位典型“百岁青年”。

二

偶然地看到了介绍他的一段文字，惊讶于人生命运的跌宕起伏，顿时勾起了前往拜访的欲望。

几经辗转，找到了他家里的电话。一拨通，接应的正是老人家。说明来意，他欣然应允，问：是开车来还是坐车来？坐车，你住哪里？应该坐×路，下车了往右拐，路南，有个银行，旁边有个20层的楼就是了。一一说清。

都百岁高龄了，思路还这般清晰，这个人，不简单。

2009年7月7日上午，我敲开了他家的门，揭幕了一段奇妙的人生旅程。

三

这样的采访很轻松，带着耳朵来就行。抛出一个问题，他滔滔不绝，旁征博引，细枝末节都讲透了，并且富有联想，自然而然就转向了下一个话题。

有人说，专业记者在采访时应该占据主动位置，掌握话语权，引导采访对象，不可任其天马行空地海聊，否则就失控了，形成“采访事故”。这话有一定的道理，但面对吴宗济，这话不免显得苍白。

浑身是故事的人，思路正在跳跃，往事一句赶着一句地奔袭而至，你强制性打断了，让人家卡壳了，恐怕失望、无措，甚至愤怒都写在脸上，关键是从这时开始，氛围不对了，就可能永远错过了一串又一串的故事，怎么弥补都是白搭，这才是真正的失控。

何况为了接待我和摄影记者的来访，前一晚上他收拾房间、准备材料至深夜。一个老人，一个百岁老人，行事这般认真，你怎么好意思高谈阔论“职业化”?

管他记者不记者、职业不职业，认真听好了、记住了才是上上策。

彼此越聊越欢，他堪称传奇的过往渐渐清晰：他的家世颇有渊源，父亲吴永是慈禧跟前的红人，著有《庚子西狩丛谈》，“中外推崇，视为信史”；他从小体弱多病，甚至有医生诊断“活不长”，结果他用了整整一个世纪的生命奇迹证明这个大夫是多么平庸；他对语言学痴迷不已，宁愿抛弃家业，历经动荡，矢志不移……

最受感染的还是他的豁达与敞亮。

他妙语连珠，张口就来，历史风云、人生苦难，他都“四两拨千斤”，最终归于内心的淡定与从容。

他说过的，我大多都记下了，还通过生前至交的回忆文字，感受着这位“牛人”历经磨砺而洋溢出的那份大气与洒脱——

> 我父亲的故事，拍成了电视剧《慈禧西行》，张国立演我的父亲。这个电视剧吧，大致还不差，不过也加了点花花草草，说慈禧太后送给他一个宫女。没这么回事，因为这就意味着我多了一个妈。
>
> 我的毛病是，从年轻时就东抓抓，西抓抓，浅尝辄止。不过，抓的东西多了，碰巧也抓住了有用的东西。
>
> 我从事语音学研究，就像在运动场长长的跑道上，有时漫步，有时竞走，有时竟是跑步，有时还走了些岔道儿。
>
> 我喜欢跟学生在一起。他们关心我，左边扶一个，右边也扶一个，我就拉着他们的手，说，我是导体，不是绝缘体。
>
> 我退休了，工作没有减少，脑筋比从前还要好。开会他们

有时候不叫我去了，社科院必须去的还是去，外边老师的纪念会我还是去。外地的就不去了，他们也不告诉我，其实我都可以去，出去不要拐棍，上车下车都没有问题。

我从来不为锻炼而锻炼，我的劳动就是锻炼。主要是脑力劳动，脑子没停过。医生说对啊，许多老先生办不到。他们的脑子跟我想的不一样，他们患得患失。

“文革”的时候在干校，有天晚上，到一个地方去洗澡，水比想象中还要浑，就回来了。没有路灯，走的是田埂路，看不到自己的脚，但是有星星，满天的星星，我就躺下来看风景，这是以前不曾有过的体验。你说“文革”期间我对什么印象深刻，就是这个。

“文革”时，不能看书研究了，我就开始干木工活。去干校，我带了三套木工工具，一套给公家干活用，一套供别人借用，一套给自己干私活用。

“文革”的时候每个月都会扣我好几十块工资，后来等到恢复名誉的时候，我就用仅有的那点钱买了一块好手表。总的说来，我这个人还是很乐观的，觉得不管倒霉到什么样子，只要还有口气在，就要先把饭吃饱。

其实所有和政治有关的事情，如果放到历史长河里来看，都只不过是一小段。每个人都像一只小蚂蚁，死了又有何干?

得失之心不能有，当了皇帝还想成仙。我是学佛而不信佛，清静无为。40年了没涨一级工资，我认了。有人就哭闹，表现得很积极了，让阎王爷知道了，就早早把他请走了。

我出过论文集，手头的存货很少，就到网上买，有几本买几本，有人要，我就送……啊，这叫时尚？这就叫时尚啊？我的网上购物范围仅限于书，书的事不会上当，还打折，便宜。别的东西可能给假的，骗我这个老头子，惹不起。

我两三年没有感冒了，不知道是什么道理。我想应该是“打了不罚，罚了不打”吧。因为我有癌症，所以就不感冒了。

看最近的清华校刊《清华人》，发现上边的“逝者”一栏，一期就没了6个，怎么那么快？

人一辈子，没有什么值得怨恨的。就像洗澡一样，一冲，就过去了。留下的只是个经验。

我跟学生说过，你们千万不要考虑我的年龄，尽管把任务压上来。有人问我，您这么大年纪，都在忙些什么？我就告诉他，我忙得很啊！

有时候我也想，我已经超额完成一生的使命了。所以，2008年我给父亲扫墓，看了一下四周，没有多少地儿了，我想自己得赶紧来。

…………

除了这些“语录”，还有关于他的一些琐碎小事：

给他拍照，他似乎有点紧张，是戴帽子好看还是不戴帽子好看呢？他拿不定主意。我就建议戴着帽子拍一张，脱帽拍一张，再比对比对。数码相机，方便。他应下了。看了老半天，得出的结论是：哎，老了。

采写他的报道，让北京日报社下属的《北京社区报》记者看到了，想登门拜访老先生，希望我引荐引荐。这是好事，我打电话向他说明缘由，解释道是北京日报社下属的《北京社区报》记者要来采访，时间上是否可行？“下属”两字他不太明白。于是不断地解释，他终于“恍然大悟”：这个报馆是北京日报社的附属品，对吧？

他似乎理解不了“报社”是什么意思，在他的概念里只有“报馆”；同样，“采访”在他那里也“失灵”，取而代之的是“访问”。

我觉得他是个“翻译家”，总是能经过一番巧妙的“信、达、雅”，让已然枯萎的词汇焕发出新的色彩与活力，产生“陌生化”效果，令人眼前一亮，觉得有意味，甚至不乏意境。

他的爱徒、华东师范大学教授朱川回忆，上世纪80年代她着手筹建语音实验室，为了减少噪音，向学校设备处申请购买地毯，得到的答复是地毯为奢侈品，只能把外宾接待室淘汰下来的调拨给实验室。可是，这条地毯满是灰尘，脏兮兮的，派不上用场。朱川无计可施，只好向吴宗济求教。

吴宗济正在给本书作者王国平查阅资料　**郭红松摄**

“先生问我是怎样申请的，我据实以告，先生笑着说，你得换个说法。他们说地毯是奢侈品，你就申请‘防震隔音软垫’好了。我说，这不是糊弄人吗？先生说不是糊弄人，是启发他们懂得地毯对于语音实验室的重要性。我照此办理，居然迎刃而解。”这一下，朱川对恩师的智慧佩服得五体投地。

另一位学生吴洁敏在论文里举的例证是“文革”期间××到高

校的讲话。吴宗济感觉不妥，以为科研论文示例，忌用政治性例句，何况还要提“文革”。吴洁敏坚持己见，舍不得删节，并试探地向吴宗济发问：“您是怕抓小辫子吧?”这一下倒触动了他的兴致，笑曰：“我可是维吾尔族姑娘，辫子多着呢!”

商务印书馆计划给赵元任出版语言学论文集，他的千金赵新那邀请吴宗济担纲主编。吴宗济沉默了一阵，应诺了下来，理由是：“我不答应怕你哭。”

赵新那 1928 年从清华幼稚园毕业，吴宗济 1934 年清华大学毕业。吴宗济一见到她，“二姐、二姐”地喊得欢。赵新那的先生黄培云是中国粉末冶金学科奠基人，比吴宗济小八岁，吴宗济口口声声地称他为“您老”。赵新那颇为不解，这不是乱辈分了吗？得到的答复是：“这样显得我还年轻。”

有时候读着这些“段子”——如果老爷子还健在，以他吸纳新知识的能力，应该知道这些正好可以成为“微博”的内容——不禁自问：人怎么可以这样快乐而惬意地活着？人的内心怎么可以这般丰盈?

四

我们成了“忘年之交”。他愿意倾谈，我愿意聆听，双方一拍即合。

有空我就跟他预约会面的时间，他谈自己知晓的人与事，时常有令我欣喜的发现，用新闻圈的行话说，他这里有“大鱼”出没，于是三番五次慨叹相见恨晚；我也偶尔插话说说自己的困惑，请他指点迷津，解解围。

我们一共有过9次交谈，具体时间都有记录在案：2009年7月7日，8月26日，9月19日，10月19日，10月27日，12月6日，12月26日；2010年4月6日，6月15日。

登门时，保姆偶尔出外办事，就事先给我留好门，叮嘱我直接进门即可。电梯工作人员也把我记住了，后来几次一进电梯，还没来得及说话，她就按了个“8”，知道我要前往他家。

每次推门而入，老人家身处一堆猫头鹰物什其间，安然地坐着，有时静静地看着电视，声音开得很大，有时打着小盹，阳光洒一身，总之是一副等人的架势，悠然自在。

“来了?”一声问候，伴随着亲切的微笑。这两个字，好像是孩童时乡村小学里的铃声，告诉我等一堂人生课要开始了。

上课，就意味着“扫盲”。

有一回，他寄语我要练就“观人于牝牡骊黄之外”的本领。才疏学浅的我傻眼了，这话老师没教过啊，也没有听说过啊。

他愣了一下，大概觉得现在的孩子怎么这般不可理喻，连个成语都不知。

“啊，我写给你看。”他拿起笔来，写下“牝牡骊黄”四个字，再把《列子》里的故事复述了一遍。

忍不住提醒一下，这时的他已经百岁了。文化的点点滴滴，他依然如数家珍，完全没有个百岁老人的样子。

犬子的名字是他取的，“代价”是我挨了一顿“训”。

如今，给孩子取个名字是大事，一个家庭里难以统一意见，这时就急需权威，振臂一呼，应者云集，心甘情愿，毫无怨言。

吴宗济够权威的了，家人都认可，没二话。跟老爷子提及此事，他乐之好之。不过有要求，让我带着有孕在身的爱人前往他家一趟。

进门时发现，纸和笔已经准备好了。他让我们俩每人领一张纸，各自写下姓名，祖上情况，大学专业，兴趣爱好，孩子的辈分为何字……

他说一项，我们写一项，感觉回到了小学时老师报写生字的情景。

经过几番推敲，他拟定从“修身齐家治国平天下”入手。我占了“国”和“平”，口气有点过了，由孩子来中和一下，占“修”和“齐”。

“王修齐”。蛮好的！

他不解：你不觉得这样显得很没有文化吗？

要懂得迂回，要追求艺术性，不要让人一眼识破，闹得成了“司马昭之心，路人皆知”。

他“以身作则”，拿自己的名字举例说明。由于幼时经常生病，长辈希望他能健康，都把济公和尚搬了出来，取单字“济”，“宗”是辈分。表面看来这是个一般的名字，但此中有深意，经过一番解释可以让他人恍然大悟：“啊？原来是这样啊！”

他建议“修”或“齐”要换个同音字，又觉得“修”字不错，可保留，只好拿“齐”字做文章了。

他列出了几个备选——“祺”“琪”“淇”“麒”。然后逐个分析优与劣。特别是提到“麒”字，不合适的原因是这个字书写起来太复杂了，笔画多，孩子初学写字时不容易写出来，就要哭了，不太好，也麻烦。

内心如此细腻，源于对人的尊重，哪怕是个没有出生的孩子。

他比较中意“琪”字，这个字本身就是“美玉”之意。“修琪”，可以释义为不断地完善自己。而且，不管是男孩还是女孩，都适用。

老爷子的意见，自然要照单全收。我顺口说了一句：“琪”字，王字旁的。

“哎呀，这是玉字旁！”感觉他有点恼了。

“《红楼梦》里的贾府，除了贾宝玉，其他男丁的名字都带着个玉字旁，例如贾琏、贾珍，不是你说的王字旁。”他引经据典，思维跳跃，联想丰富，都把经典搬出来了，知识储备得够厚的了。

我目瞪口呆。我受的教育一直都在说“王字旁”。原来习以为常的东西，有时竟然是个错误。关键是犯错误了，还浑然不知，蒙在鼓里，堪称“杯具”。

多年以后，我肯定会跟孩子讲起他名字的来历，并告诉他取名字的是位老爷爷，叫吴宗济，一个历经沧桑的人，一个才学兼备的人，一个性情可爱的人，一个饶有风趣的人。

五

除了有幸在他的“补听缺斋”接受“再教育”，我们在互联网上电子邮件往来得不亦乐乎。

不知道为什么，在他的面前总是犯错误，接二连三，咄咄怪事。

他痴迷与猫头鹰相关的一切物什，誓言要为猫头鹰正名，并且自嘲长得越来越像猫头鹰。恰恰猫头鹰的双眼是公认的敏锐，他偶尔把这份敏锐“对准”我了。

2009年是新中国六十周年华诞。这样的时刻采访吴宗济再好不过。他跨越了清末、民国和新中国三个时期，看到的、听到的、想到的，自然不一般。我根据当面采访和资料整理，以他口述的方式，草拟了《吴宗济：百岁回顾　祖国如诗》一文。

原稿如下：

1957年中秋，他正在捷克首都布拉格进修。月色迷人，夜阑不寐，他从寓所信步走到沃尔塔瓦河边。河水缓缓地流淌，中央有一小洲，绿草茵茵，为当地一景。吴宗济不禁想起了王粲《登楼赋》中的两句："挟清漳之通浦兮，倚曲沮之长洲。"接着又默诵道："虽信美而非吾土兮，曾何足以少留。"家国之思顿时升腾起来："此乡虽美，终非吾土，祖国啊！只有你才是我最爱的地方。"

1997年，当香港这片"吾土"回归祖国怀抱，而且百年来首度由国家任命了新的行政长官时，他难抑内心的欢欣，同时又感念台湾，挥笔写下一首七律抒怀："虎门忠魂志今伸，港岛终迎日月新。瓯缺百年归一旦，策颁两制抵千军。止戈保土前无例，投票推贤代有人。一叶知秋应猛醒，隔江休恋《后庭吟》！"

世纪之交，他梳理走过的道路，把自己的情怀诉诸一首诗作："……自维过九旬，世事见应广。髫龄不更事，中年家世荡。晚岁境转佳，赖有英明党。衣无鲍叔寒，食免张翰想。值公不劳步，启处足轩敞。风物放眼量，国事议应谠。芸芸十二亿，小康世无两……"

新中国成立六十年前夕，他命笔拟就了献礼楹联——

六十年来国与家：数和谐内政，克奏肤功。改革开放；平乱救灾；惠工富农；通商建学。寰宇内万绪千头，同膺德泽！

八千里外洲和海：看自主外交，聿怀多福。来远睦邻；解纷扶弱；和平发展；互利共赢。国际间一言九鼎，共沐春风！

担心有什么疏漏，在文章刊发前，通过电子邮件传给他审看。

果然！

9 月 9 日傍晚发出，10 日中午他就有了回复——

国平同志：

大文题意俱新，佩服佩服！

兹改两字：

“绿草茵茵”改“绿草如茵”。因为“茵”是地毯，不能当形容词。

“虎门忠魂”改“虎门忠魄”。因七言律诗在此处只能用仄声字，“魂”是平声，按《律诗八病》为出律，故改用仄声的“魄”字。

谢谢！

顺祝撰祺！　　吴宗济 09，09，10。

真是汗颜。文字上的随意全被他识破了。要严谨！要严谨！

可惜这还没完，13 日下午他又发现了问题——

国平同志：

“捷克首部”改“捷克首都”。

宗济 9 月 13 日

真是糟糕。关键是当时不知在忙啥，没有接听他的电话。他担心就这么在报纸上刊载出来了，干着急，半个小时内把这封邮件连续发送了七回。

他甚至担心自己的邮箱可能出问题，就让他家公子吴佑之先生打开个人邮箱，把这个内容再传了一次。

除了愧疚，无言以对，莽撞至此，有何颜面？

犹记得《吴宗济语言学论文集》首度刊印售罄之际，他满是愧疚，跟友人通信时说道："出版后才发现其中有一些错误，这就要影响几千个读者，这是犯罪。我只有在再版中力求改正了。"

只好不断地告诫自己：认真对待写下的、敲出的每一个字，每一个标点，力求文字的干净和整洁，始终保持对文字的敬畏。

当然，我们虚拟世界里的邮件往来也有别的"风景"。

2009 年 10 月 8 日 23 时 54 分，凌晨时刻，他传来邮件，有所嘱托——

国平同志：

近况忙否？光明日报两篇大文，很有影响。已有人向我称道您的文笔。足下英年有此成就，日后不可限量。

兹有小事拜托。马道宗编著的《彩图版曾国藩全书》，包括《曾国藩传》、《挺经》、《曾国藩家训》、《冰鉴》四种。系光明日报出版社出版。请查一下。如有存书，请代我买一套。有便带给我，当将书价奉还。（千万勿赠送）。

有便当图良晤。不尽一一，即问

撰祺！　　吴宗济上 09，10，08.

真是热爱学习的典范，这么晚了还在琢磨买书的事。只是不禁揣测从哪里知道的这些细节？网上吧？

幸好出版社还有一套存书，我赶紧悉数买下送往他家。"一手交货，一手交钱"，没法子，拧不过他。

有一回面谈时，我说自己近期致力于文化老人的采访工作，他提出想看看已经成稿的文章。恭敬不如从命，我就把发表过的五篇习作传到了他的邮箱。过了三天，点评“飘然而至”——

王王同志：

大作五篇，一口气读完。文笔流畅，而起结有序。写人叙事各篇都有特点，很不容易……

第5篇最后一段，当事人提到书法与建筑的关系，很有见地。使我想到我以前关于书法与各学科的关系的几篇文章（见我的论文集），但还未提到建筑。古往今来的有名建筑的设计，往往也都离不了“连绵、映带、错综”三项定律。我也曾搜集过这方面的资料，如《天工开物》和梁思成等专家的文章（我早年曾和梁思成、周令钊（天安门纪念碑设计人）等朋友讨论过）。现在引起我的兴趣，也许有空时能足成之。

宗济 09，12，10

我的邮件署名为“王王”，他觉得有意思，就“与时俱进”地用上了。

他所提到的第五篇文章，是我采访中国工程院院士、中国建筑西北设计研究院总建筑师张锦秋而写就的《张锦秋：唤醒中华建筑魂》。其中写道：“在西安碑林，她悟出了建筑与书法的关系，建筑布局如同书法的结构，都是空间艺术，建筑风格如同书法的神韵，建筑处理如同书法的用笔。”这段论述，触动了吴宗济的思考。

我立马短信告知张锦秋院士，她迅速回复说：“很希望能拜读到。”

很可惜，吴宗济最终没有完成这篇文章。不过，有时我不禁感叹：一篇拙文，联动两位大家的关注，百岁老人用的是电子邮件，古稀院士用的是短信。谁说现在是年轻人的世界？

六

非洲有句谚语，老人去世了，好像一座图书馆在着火。

吴宗济走了，属于我的那座“图书馆”已经坍塌了。但曾经在这座“图书馆”里畅游书海时留下的点滴心得，在影响着我的思维与兴趣。

他极力推崇台湾作家蒋勋，我跟着读了起来。

他建议去拜访老友刘曾复先生，我已经完成了他的托付。

“存心光明，得大自在，物我两忘，大千世界”，这是他的题词，我一直珍惜着。此中境界，虽不能至，心向往之。

他是一个难得的“访问”对象，至今在我的“访问”生涯里独一无二。

有时在北京的大街小巷疲于奔命，看到某位老者在踟蹰前行，不禁以他的“标准”衡量起来：这会不会也是个聪慧而又好玩的老头？

于是不敢停步，始终在找寻。

“猫头鹰”就这么飞走了，彻骨的感伤。

柳永低吟道：“归云一去无踪迹，何处是前期？”

应时应景，恰到好处。

【小　传】

1913年出生，1937年毕业于清华大学生物学系，在协和医学院从事研究工作，先后在中国大学、北京医学院、首都医学院讲授生理学课程，担任过北京生物医学工程学会理事长。2012年6月27日7时25分在京逝世，享年99岁。

对京剧老生行当和京剧脸谱有深入研究，先后担任过北京戏曲艺术学院顾问、中国戏曲学院首届研究生班导师、余叔岩孟小冬研究学会会长，主编或著有《人体解剖生理学》《生理说苑》《京剧新序》《京剧脸谱图说》《京剧脸谱梦华》《京剧脸谱艺概》等，参与撰写《中国戏曲志》《中国大百科全书·戏曲曲艺》《中国京剧史》《中国京剧百科全书》，并为戏曲研究机构、戏曲资料收藏者鉴定过大量京剧早期唱片、照片和文献。

【相关人】

梅兰芳、王选、辜振甫

【放　言】

『京剧那么可爱，值得当回事，您说是不是？』

刘曾复：生理学和京剧“一肩挑”

现在玩“跨界”的所谓时尚达人，在刘曾复面前恐怕要相形见绌。

“对刘曾复先生的定义似乎总是显得有那么一点复杂，说他是京剧界的泰斗并不是吹捧，而说他是京剧的业余爱好者也算是恰当，其实刘曾老的真正身份却是清华大学的高材生，北京医科大学和首都医学院（即首都医科大学）生理学教授……”他的能耐，戏曲评论家郭汉城感佩不已。

另一位戏曲评论家和宝堂，在他的家里长了见识：上午他给医学院的学生讲“迷走神经系统生理的研究”，下午又给京剧院的演员讲京剧的“四功五法”（戏曲术语，“四功”指唱、念、做、打，“五法”即手、眼、身、法、步）。

他写文章，这一篇的主角是法国化学家拉瓦锡，“他虽然以研究燃烧实质，建立现代化学命名和以天平的应用、开辟现代化学而著名，但是他对动物的呼吸（摄入氧、排出二氧化碳）和蒸发（失水）也做过重要工作”。

下一篇就来个“360 度急转弯”——开评京剧老生演员王凤卿的艺术成就了，“王凤卿堪称文武昆乱不挡的京剧演员。王凤卿很重视音韵，四声正确，他采用阳平高读的字调。他的身段讲究，《群英会》《宝莲灯》《汾河湾》《游龙戏凤》等戏做工细致，身段漂亮大方……”

2010 年 9 月初次与他面谈，用不着扯上大嗓门干喊，他的耳朵还灵光得很。

说起幼时的经历，没有多少迟疑，细枝末节，顺口就来，跟说书一般。

拿起一个京剧脸谱，这是什么风格，有哪些瑕疵，跟背诵好了似的，脱口而出。

腿脚也算灵活，那时清晨还动不动来个“起霸”（武将上阵前所做的整盔、束甲等一套舞蹈动作），强身健体。

不过要无外人时才开练，担心被说这么大年纪还在那里“呵呵哈哈”，是不是脑子不太好。

当年的 11 月 16 日，京剧被列入“联合国人类非物质文化遗产代表作名录”。他既欣慰，又冷静：“不能因为外国人说这个东西好，咱们才跟着说好，才重视起来。京剧那么可爱，值得当回事，您说是不是?”

有人说如今的生理学成夕阳学科了，他不假思索就反问道：诺贝尔奖不是还有个“生理学或医学奖”吗?

生理学和京剧，看似不相干的两个领域，他左右逢源、游刃有余。

哪来的这般能耐？哪来的这般精力？哪来的这般雅兴？

他看京剧多可爱，料京剧看他应如是

王选说："这些资料都经过刘曾复和朱家溍等老先生的验证，应该是不会有问题的。"

1918年的一天，小曾复5岁光景，母亲领着他来到位于北京珠市口西柳树井大街的文明戏园（即现在的丰泽园饭庄），听几个人在台上"咿呀咿呀"地唱。

他日后回忆这出戏叫《伐子都》，整体印象是"这个子都脸是圆的，显着黑，我不爱看。倒是另一边的大花脸，红色脸发亮，我爱看。母亲告诉我这个大花脸演的是颍考叔，是好人，被子都——坏人，射死了"。

初次相会，他就与京剧对上眼了，双方开始了90余载的因缘。

他先是发现京剧这个东西很好玩。大人说有位京剧武生演员叫瑞德宝，他立即跟大街上的洋行"瑞宝信"联系起来，"从此我把去瑞宝信叫去瑞德宝买东西，大人觉得很好笑"。

9岁时，家人带着小曾复去看戏，其中有知名京剧票友林钧甫出演《春香闹学》。他演的春香在台口处罚跪，小曾复正在旁边吃梨，林钧甫拿起他手中的梨核扔向台上的演员，"把这位老师吓了一跳，台上台下哄然大笑"。

林钧甫或许不知道，眼前的这个小孩把这一幕铭刻在心，并且在多年后为他写下一笔，“林钧甫是春阳友会的旦行名票，扮相极佳……他的身段、把子有真功夫，非一般能比，此人颇值一记”。

从孩提开始，刘曾复就是这么一个有心人。

他的父亲刘诒孙参加了中国最后一次科举考试，并且考中了举人。通过亲戚的强力引荐，刘诒孙在中华民国总统府办公室谋得了一份差事，担任负责公文起草的秘书。这位父亲是个超级戏迷，喜欢欣赏那个年代一些名流的整出拿手好戏。而且私下与梨园素有来往，特别是和京剧演员阎岚秋交谊甚厚，后者经常成为刘家的座上宾。

耳濡目染，刘曾复也好上了这一口。艺名“九阵风”的阎岚秋对这个刘家小公子关爱有加，小曾复成了他的“跟屁虫”，让“九阵风”的身后多了“一阵风”。

他喜欢带刘家公子出入戏班的后台。这可是犯忌的。京剧演员都要自己勾脸，也就是画脸谱。这样的手艺一向秘不外传，所以他们勾脸时不让旁人在身边。

刘曾复回忆，京剧演员钱宝森当年在后台勾脸，有人在一旁偷偷地瞅。钱宝森怒了，说：“您这是要往肉里盯吗？”那人满脸通红，灰溜溜地走了。

但刘曾复不仅亲眼见过钱宝森勾脸，还对他父亲钱金福的勾脸手法了如指掌。

钱金福的脸谱被誉为“天下一品”。有一回，阎岚秋把刘曾复带到后台，碰巧钱金福正在勾脸，小曾复静静地看着。

警觉的钱金福发问了：“怎么不看戏呀？”小曾复答道：“我想看您的脸。”或许认为一个小孩子，无关大碍，钱金福不再过问，一来二去，还成了熟人。

哪知道刘曾复再坐到台下看戏，就掏出纸片，把自己刚才看到的摹画下来。

故宫博物院研究员朱家溍生前感慨道："我和曾复兄是总角之交，他对京剧的研究过程我都了解……曾复兄学戏的笔记很精确，我则没有这一项，所以常常向他请教。"

日积月累，刘曾复对京剧的热情一发不可收。

1923 年秋的一天，他听戏从下午 1 点到凌晨 1 点，1924 年初阴历年底，他听戏从下午 6 时一直到清晨 5 时。

他听过的演员有梅兰芳、杨小楼、余叔岩、陈德霖、钱金福、王长林、王瑶卿、王凤卿、龚云甫、罗福山、程继先、裘桂仙、朱桂芳、郭春山、茹春兰……

他听过的戏有《六月雪》《梅玉配》《太真外传》《挑滑车》《骆马湖》《铁笼山》《阳平关》《八大锤》《摘缨会》《打棍出箱》《盗宗卷》……

刘曾复与欧阳中石（左）

刘曾复与王元化（左）

尽管后来考入清华大学，读的是生理学，但刘曾复还在琢磨着京剧的事。

当时学校规定，理学院的学生必须要选修文学院的课程，他一下子就看准了语言学家王力的中国音韵学，“希望打下学习京剧字韵的学术基础”。

听得多了，看得多了，刘曾复自认算个内行，“自负唱时念字用湖北四声调，掌握了谭、余老生艺术的真谛”。

但京剧老生演员王荣山给他当头一棒，毫不客气，“王老师有一天突然跟我说，我得给你说出戏了，你的念白比不会还不会，不说不行了……你的唱比不会还不会，你的脚步也可以说比不会还不会”。

三个“比不会还不会”，把刘曾复震住了。王荣山一字一句地教，他一心一意地学，“跟王老师学戏，对我太重要了，使我进入京剧之门……以一字之师的标准来说，我听戏、学戏当中，平生我至少跟七八十位学过”。

他对这些恩师铭感不忘，不断地著文记述他们的艺术成就，写下他们说过的只言片语，公开自己掌握的珍贵史料——

余叔岩有一个“茶壶论”，他原原本本地抄录如下：“云手、脚步、五音、十三辙等等，凡是研究国剧的，固然全知道，但多是知其然，而不知其所以然。譬如平常用的喝水茶壶，谁都知道是瓷的，可是因为用什么材料才成了现在所用的这个茶壶，我想一定茫然者匪在少数。因此，我们现在应该讲究的，即是要求知其所以然了。”

梅兰芳在一次讲演中就吐字的技巧发表过高见，他记录在案：“前辈有两句格言：‘须令声中无字，字中有声。’这就是说，不要把一个字在一个腔中唱得像许多个字，要依这个字唱出一个腔，归结还是一个字。若是〔快板〕，因字字相连，所以更须把字字都交代清楚，分别清楚的法子是上一字的字尾要收足，下一字的字头要清楚。不仅歌唱如是，我们平常说话也要如此才好。”

杨小楼是怎么练功的呢？刘曾复打听到，北京市房山区百花山下史家营的老人，都认识杨小楼。即便杨小楼故去多年，这里的人还在念叨。因为他当年出外演戏之前，都要到那里练一段时间，然后才动身，“这说明杨小楼的功夫还是练出来的，不是靠天赋，没有什么特别的办法”。

他听阎岚秋说过，钱金福脚上踩上石灰，两次起霸，脚印前后都重叠在一起，这足见其功夫之深、之精。

…………

梨园掌故，他津津乐道，喜欢跟年轻人聊，“我只是觉得我应该把我看到的、听到的东西留下来，不然就太可惜了！我是爱祖国的文化”。

入了门的刘曾复越发感到京剧的博大精深，“京剧是不得了的艺术，是门大学问，它的文学性强，念白就是很高的音韵学。京剧还有个舞蹈的问题，武把子不是随便上的，要有专人辅导”。

他听戏，学戏，教戏，画脸谱，做研究，成行家。

“当代毕昇”王选也爱好戏曲，并且藏有珍贵的戏曲资料，有些甚至是孤本。

和宝堂有一回到王选的府上拜访，这位科学家慷慨地把自己的宝贝拿出来供客人欣赏，并且认真地说：“这些资料都经过刘曾复和朱家溍等老先生的验证，应该是不会有问题的。”

史料鉴定只是刘曾复京剧成就的一个小部分，他还着力构建京剧理论体系，给京剧的历史补白，为京剧的未来发展把脉——

百年京剧史，他“三下五除二”地归结到三个人物上，即程长庚、谭鑫培和梅兰芳。理由是他们三人反映了京剧的整个发展过程，以及京剧的全部艺术，“我们今天的京剧呢，依然还是处在以梅兰芳为代表的时代”。

他敏锐地意识到，帕瓦罗蒂和余叔岩在发声方法上是一致的。在他看来，陈德霖、余叔岩、程砚秋是传统的提嗓唱法，即用丹田气“拱”着嗓子唱。范永亮撰文指出，这是具有创见性的学术观点，“20 世纪 30 年代，西方发声方法开始传入中国，起到了深远的影响。其中，有一种发源于意大利、被推崇为古典发声方法之一的咽音发声法，我们认为与刘曾复的传统提嗓法在原理上是一致的”。

刘曾复还发现，看戏是要讲究修养的，看京剧，看的是艺术，不是看练功夫，不是看作为戏曲艺术载体的演员躯体、个人，而是欣赏演员的扮相、唱念做打、场面的节奏、检场的特技，“从戏中领略戏情、趣味、美感，理解历史、理解社会明暗”。而且，听戏的要和唱戏的一样，把戏吃透，把戏的缺点也要摸清楚，这是一门“功夫”。

创新固然需要，但不可盲目，“缺乏经验的人，对于改革创新容易犯一个毛病，这就是改的、加的、创的内容太多太细，把所有的能耐都使出来，这就很容易造成脱离戏情的结果，让人听不出好或看不出好”。

对于京剧的传承，刘曾复觉得应该心怀乐观。他说自己从小就听大人讲程长庚的戏成了绝响，没人会了。但后来知道，汪桂芬的戏，颇像程长庚。而王凤卿又有汪桂芬的影子。这就是说，程长庚的“衣钵”传到了王凤卿的手里。所以，刘曾复认定“京剧不会失传”……

一谈及京剧，刘曾复就容易入戏。冬季，后学登门拜访。房间里暖气足，来访者纷纷把厚厚的羽绒服脱下，喘口气。话别时，老人家起身送客。看着大家齐整地穿衣，“披挂上阵”，他两眼发亮，念起韵白：“哟，你们都扮上了？”

刘曾复夫妇的结婚照

最懂他心的，莫过于老伴儿苏方蕙。两位在生前谈及过人生幸福的话题，刘曾复说他的幸福有三件事：出生在中国，居住在北京，身为男儿汉。苏方蕙觉得不完整，要给他续上一句，“听过杨小楼”。刘曾复暗暗一惊，可不是嘛，“听过杨小楼，这辈子太幸福了”这句话时常挂在嘴边。

他的人生幸福，京剧“深度参与”。

“可爱”，刘曾复喜欢把这两个字和“京剧”连缀在一起。说起梨园点滴，他浑身都透着可爱的劲头儿。但转向他的生理学研究，“可爱”就要被置换成“严谨”与“认真”了。

生理学和京剧在别人画的脸谱上分手，在他画的脸谱上会合

> 梅兰芳说：“四年前，有朋友介绍医学院教授刘曾复同志来谈，他研究脸谱有二十多年。掌握了各派勾法的特点，我曾借读他的著作，确有独到之处，将来在这方面的整理研究工作，可以向他请教。”

尽管刘曾复堪称一代京剧名宿，但他说京剧研究只耗费了他10％的精力。绝大部分时间，他放在了挚爱的生理学研究上，“干生理就要白天黑夜想生理”。

他研究的领域包括普通生理学、电生理学、整合生理学，他也是生物控制论、生物医学工程学等交叉学科的积极倡导者和推动者。

1960年前后，他以“神经系统对躯体和内脏活动的整合作用”为科研方向，具体研究“皮肤、肌肉刺激对蟾蜍心搏影响的神经机制”“兔迷走传入冲动对其下颌运动的抑制”“兔三叉传入冲动所引

起的心率减慢反射反应对减压反射的依从性”等前沿问题。

他还对“神经中枢”的概念重新评价，认为中枢神经系统自身稳态的维持依赖于所接触的内环境的稳定性。

20世纪70年代后期，他又将注意力转移到生物控制论、信号处理和数学模型工作上，指出“生理系统分析在生理学研究上的应用并不限于哪一生理系统组织水平（从分子水平到整个机体水平），系统分析的特点在于它的观点，不在于所采用的技术”。

在外人看来多少有些枯燥的专业理论，刘曾复玩得不亦乐乎。

他学无止境，20世纪90年代又把兴趣转移到探讨生理学与工程学的关系上了，因为学这个可以扫他新电子学、计算机科学、系统科学的盲。

他创立了首都医科大学生理学专业，学生张英才曾经撰文记述他在拓荒时的艰辛。

1960年，北京第二医学院（即首都医科大学）成立，刘曾复是生理教研室主任，张英才刚毕业就被分配到这里。

“当时学校只有被大片菜地包围着的尚未完工的半截教学楼，教研室内除去一张八仙桌和两条板凳外，四壁空空，一无所有。面临的却是500名学生的教学任务。刘教授带领我们投入了紧张的教学准备工作：四处筹集实验仪器，跑工厂定购设备，修建实验室，编写教材，指导我们做实验，听我们试讲，直至教大家如何面向学生指黑板才不会挡住学生视线……”张英才写道。

1961年末，张英才有半年的教学轮空时间。他觉得这是充实自己的好时机，就整天在办公室看书备课。

按说这是好事，却遭到刘曾复的反对，“只通读一本新版外文教科书而没有经过实际的严格科学训练是教不好学生的，也不能掌握学科知识的真谛，更不能对学科知识进行正确的评判；他的讲课只能成为没有思想没有见解的照本宣科，对书本内容的肤浅重复，甚至成为介绍考试重点；他带的实验就会误导学生盲目追求所谓标准实验结果”。

刘曾复鼓励张英才上班时一头扎进实验室，利用那里的条件亲自动手做实验，看书要放在晚上。

张英才先是无法理解，经过一番磨炼，“才渐渐悟出教授的谆谆教诲中蕴藏的真经”。

“纸上得来终觉浅，绝知此事要躬行。”在科研上重视实践，让刘曾复“嫁接”到了京剧研究上。

他告诫年轻演员们，戏不是学出来的，而是唱出来的，“台下练三十回不如上台演一回长经验”。好剧本也不是一次就能写好的，而是要边唱边改。学要跟会的人学，改要用会的人改，不然戏就会学坏了、改坏了。

他对京剧旦角演员梁小鸾的艺术成就有十个字的评价，“学”“练”“演”“攀”“创”“研”“懂”“写”“传”“有”。他认为做研究的，无论是哪个行当，把这十个字理顺了，也就可能抵达顶峰了。

“刘老是个戏包袱，戏篓子，会的戏特别多，都是说全堂，讲总纲，不是只会一个角色。”在京剧名家孙毓敏的印象中，刘曾复对京剧文学词句有着严谨的要求。

《四郎探母》中有四句诗：“失落番邦十五年，雁断衡阳各一天。高堂老母难得见，怎不叫人泪涟涟。”之前的版本是“雁过衡阳”，刘曾复改了一个字。孙毓敏发现，“词意和情绪就比原来的深刻而准确多了”，而且还用上了“衡阳雁断”这个典故。

2011年春夏之交，刘曾复在北京北海公园留影

对艺术的研究就应该这般精益求精，“刘老正是用这种科学的态度来研究京剧艺术，使京剧艺术能在学术上更上一层楼”。

入室弟子盛华形容他的脑袋是部计算机，点击一下就什么都有了。问题是计算机会出现垃圾信息，他不会，因为他恪守的原则是“知道就说，不说瞎话”。

他的这位爱徒还说他写的京剧文章，一句是一句，没废话，“跟科学报告一样”。

盛华跟刘曾复学画脸谱前，觉得没着没落的，画的脸谱自己都觉得不好看，拿不出手，水平只是“十有二三”，又不知道问题出在哪里，很苦恼。

待拜师刘曾复，经过手把手的传授，盛华有了底气，感觉自己现在画脸谱总算有个“八九不离十”了。

刘曾复的京剧脸谱早就声名远播，大英博物馆、牛津博物馆、英国东方博物馆、中国艺术研究院、天津戏剧博物馆等机构都有收藏。

他的脸谱，还入了梅兰芳的法眼。

1961年，《戏剧报》上发表了梅兰芳的遗作《漫谈运用戏曲资料与培养下一代》（由许姬传、朱家溍记录），其中提及：“脸谱也和其他遗产一样，需要继承优秀传统，科学研究，去芜存精地向前发展。四年前，有朋友介绍医学院教授刘曾复同志来谈，他研究脸谱有二十多年，掌握了各派勾法的特点，我曾借读他的著作，确有独到之处，将来在这方面的整理研究工作，可以向他请教。”

首任海峡交流基金会董事长辜振甫对刘曾复的脸谱也是钟爱有加，生前让自己名下的基金会斥资出版他的脸谱著作，并欣然提笔作序，赞誉道：“本书共收录脸谱六百六十六幅，均系刘曾复先生手绘原稿所翻制，其色彩绚丽耀眼，掩映生姿；尤其笔法细致工整，栩栩如生，神形兼备，雅以为美。”

刘曾复的脸谱“中外通吃”，在北京大学教授吴小如看来，这是因为他画的脸谱具有真正的科学性。

生理解剖学研究，是刘曾复的本职工作。于是，他的眼睛变得有些特别，看人的面部结构都带有科学研究的意味。因此他对人类头部、面部的结构和形状，都根据生理解剖学的原理进行科学研究和分析，找出共性，然后再根据每个人的头型和脸型，以及面部五官大小、肌肉多少，进行实际操作，勾画出各个不同流派的脸谱。

在脸谱研究上，刘曾复成功地挪移了他的科学素养。

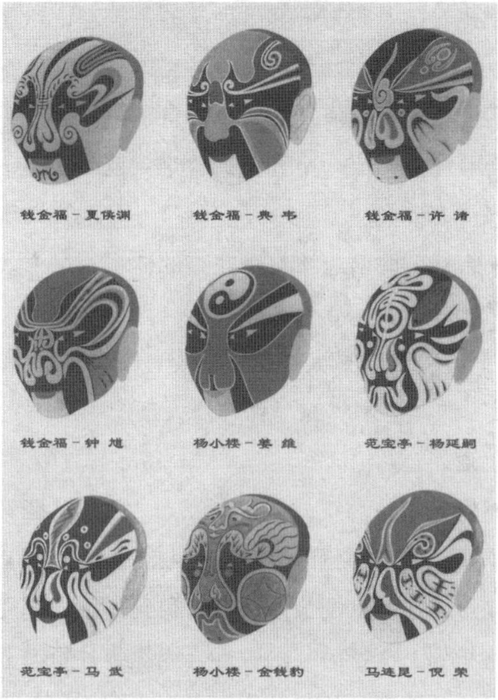

刘曾复绘制的脸谱

以前的脸谱研究，有点“大全”思想，广泛搜集资料，再加以“考证”，拘泥于京剧脸谱有多少个，眉眼的花纹有多少种。尽管这类工作有其价值，但难免挂一漏万。

刘曾复觉得这样的研究必须严格考证资料出现的时代、出处、剧种、剧目等，“如果表面笼统一说，则会使人产生事略意径之感”。

还有人夸下海口，要把戏中所有勾脸人物的脸谱全都保存或画下来，“这样的‘求全’是比较表面的工作，并不能阐明演员舞台演戏的勾脸实际要求，包括想法和做法”。

刘曾复跳出樊篱，搬来研究生理学的系统理论，让脸谱研究顿时柳暗花明。

单个的脸谱要勾好，眉、眼、鼻、口、额、颊各部的色彩纹样要适当地组合，才能构成一个完整的脸谱，彼此之间不可简单地隔开，孤立地做形态分类。

而且，一台戏的脸谱应该是个完整的体系，每个人的勾脸要符合舞台整体艺术的需要。

“刘曾复研究脸谱的最大特点，是既考察‘树木’，又考察‘森林’，考察每一株‘树木’在‘森林’大系统中所占的既定位置。”有人这般评价道。

吴小如感慨这才是真正的学术研究，“它不仅是量化的以多为胜，而是从本质上使京剧脸谱得以标准化、规范化”。

在他看来，以往的京剧脸谱并没有得到真正的研究，却照猫画虎般把脸谱移植到女模特时装的臀部，或把各种脸谱七拼八凑画到一起成为大杂烩的图案。他痛陈这不是振兴京剧，只是一种体现社会浮躁态势的低级趣味。

所以，吴小如把刘曾复的脸谱研究视为“正本清源，指出正确的导向”。

又懂科学，还会生理，看过大腕演出，见过大家勾脸，用熟知刘曾复的学苑出版社编辑潘占伟的话说，“刘老是什么都赶上了”。

面对赞誉，刘曾复没有忘乎所以。他始终强调，自己平生只在北京正式听过京剧，所以自己说的只是北京的京剧艺术。同样，他说自己只能绘制北京的京剧脸谱。

但老友朱家溍曾经“爆料”他对昆、梆、湘等剧种的脸谱也颇有心得，并发表过评论文章，“他这样说，不仅是表现出他的谦虚态度，更主要的是反映出他对脸谱研究的负责精神”。

世界上最重要的是“做人”二字，他就最讲做人

张中行说：“（刘曾复）是专家偏偏不敢承认；如今，专家满街跑，可你千万莫相信。专门家的头衔不是谁都可以戴的……”

“他是个‘不为物诱’的人。”这是郑州大学医学院教授王雨若对恩师刘曾复的总结。

他觉得这跟刘曾复既是科学家，又是艺术家密切相关。“科学家求真，而艺术家真中见美。他有这‘双刃剑’才能破尘网而不为物诱”。

刘曾复与张中行（右二）、朱家溍（右三）、梁小鸾（左一）

生理学和京剧，貌似两条平行线，刘曾复让它们交汇，相交点上写着两个字："做人"。

刘曾复常告诫自己，不露锋芒、淡泊名利、和光同尘不见得是坏事。

当有人称呼他为京剧研究专家时，他总是极力地撇清，"充其量不过是一个京剧爱好者而已"。

好友张中行感慨万端："是专家偏偏不敢承认；如今，专家满街跑，可你千万莫相信。专门家的头衔不是谁都可以戴的……"

他会上百出戏，登台没问题，但他尽力避嫌，轻易不上场，毕竟自己是个搞科研的，要守住本分。

哪知道"不唱戏"让他侥幸躲过了"文革"期间的磨难。那时到处找人唱样板戏，刘曾复在大家的印象里是懂戏但上不了台，所以就没有被盯上。

这让刘曾复如释重负，因为八个样板戏他一句也不会，"要是真找来了，我说我不会唱样板戏，这还了得!"

得与失，就是这么一个辩证关系。

不过，刘曾复是梨园有名的"救火队员"。戏班临时缺配角演员，找太业余的，撑不起台；找个专业的，别人觉着掉身价，不愿出马。

这时，好人刘曾复经常以"有急诊"为名被骗到现场。他骑着自行车就出发了，路上还琢磨着"我不是搞临床的，只能先去看看。要是外科的病应该找谁，内科的找谁，儿科的找谁……"

结果是一个小角色在等着。他不愠不火，急人之所急，稍事休整就上场，卸了装就打道回府，不拿费用，乐此不疲。

"他经常对我说，人一辈子，终究还是个做人。"盛华说。

尽管盛华已经拜师，但刘曾复不好为人师，"哪是什么师傅，都是同志，有同一个目标，就是研究京戏”。

他是本京剧活字典，前来请益的络绎不绝。他总是热情款待，“瞧得起咱人家才来”。

1997年，娄悦还是个学生。由于对京剧兴趣浓厚，斗胆向刘曾复请教。

在他的家里，娄悦发现这位和蔼可亲的前辈，讲的跟自己在学校里学的不一样，要更科学，更易懂。

他们成了忘年交。2006年，刘曾复的《京剧新序》书稿要在学苑出版社再版。他委托娄悦领衔进行文字整理，并且把稿费悉数给了这位年轻人，自己不留一文。

娄悦无以感激。2008年，他大婚，特意把日子选在了11月9日，恰是刘曾复的生日，新人的婚礼成了老人的寿诞。

刘曾复好交朋友，跟他们在一起，他不是什么教授，也不是什么专家。

2008年北京奥运会，国家发行了一套刘曾复的京剧脸谱邮票，他分文未取。

后来有关部门给他三本邮集作纪念，他一本自己留着，一本送给了朋友，一本送给了家门口卖馒头的女同志，“她说她喜欢这个，这难得，就给她了”。

“曾复先生心最善，总是同情弱者，不忍心见人受罪。他对家人如此，对朋友如此，对学生也如此。”王雨若用“善哉、贤哉、大哉”来形容这位领路人。

心善的刘曾复对自己拥有的充满着感激，“国家给我退休工资，人民养着我，我白吃饭不干活，白拿钱不干事，我很愧疚”。

2012 年 7 月 1 日，刘曾复遗体告别仪式在北京友谊医院举行。书法家欧阳中石手书挽联寄托哀思，并亲临现场送挚友最后一程

2009 年，95 岁，“七一”前夕，他正式加入了中国共产党，“入党是我多年的愿望，这个愿望是我一生经验的总结”。

他回望那段峥嵘岁月。

1926 年，刘曾复高小毕业，准备升读初中。当时，帝国主义的侵略行径几近疯狂。他的姨夫、清华大学校歌词作者汪鸾翔一腔怒火，强行给刘曾复规划人生：“一个中国人，为什么要上帝国主义在我们国家开办的学校？你要上我们自己国家的学校！”

刘曾复听从了这位教授的意见，考取了北京师范大学附属中学，“这是我上学的一个转折点，也是我的一次现实的爱国主义教育”。

他早就立下遗嘱，百年之后将遗体捐给首都医科大学。他觉得对于一辈子从事生理学研究的人来说，有这样的决定没什么大不了。

对于刘曾复而言，京剧和生理学才是大事，足球也算一个。他曾经是足球健将，代表北京市参加过全国的足球比赛。

他觉得目前中国足球水平差在没有整体性，“足球应该是三个人一个小组，轮流转着踢，组织性强。但中国踢足球的喜欢一个人跑，空卖力气”。

话题又滑向了京剧。

一个球队，最好是要有灵魂人物，但关键还是团队的配合。而唱戏也是同一个道理，再大的“角儿”也要他人辅助，“只有红花没有绿叶戏是唱不成的，没有扮戏的、检场的，一个光杆‘主角’没法唱”。

他推崇杨小楼。齐如山批评杨小楼爱闭眼、爱拱肩、爱蹲腿，他出面解释：“实际是云手里的瞅地取神，并没有闭眼，而是呼气松腰、空胸、眼瞅地。”不过，他也明确，尽管杨小楼能耐超人，但单人孤掌难鸣。如果没有一众大家给杨小楼配戏，没有高手打鼓、敲锣，没有能人操琴、吹笛，杨小楼也只是杨小楼而已。

余叔岩的艺术成就炉火纯青，究其缘由，刘曾复总结出一二三，包括他文武昆乱都拿得起，喜欢艺术理论，有正确的艺术思想和评判能力。不过，这些还不完全，“除个人的思想和行动之外，演员演戏必须靠别人指导、辅佐”。刘曾复一口气替余叔岩罗列出 17 位梨园中人，还不包括授业恩师，他们“或指教、或配演、或伴奏、或切磋琢磨，对余叔岩的艺术成长、成就都有莫大关系”。

书法家爱新觉罗·启骧发现，跟刘曾复交往，不管是海聊足球，还是畅谈书法、京剧，“最终总是透过成败论人品”“行事于后，先在做人”。

“曾复老高洁的人品，独具魅力的人格，是其在诸多领域成功的根基。功成不居，又恰是其品格、操守的延续。透过教授、学者、研究家，我还看到了一位生具天赋、通览博文、清风两袖、平易练达的谦和长者。”爱新觉罗·启骧这般饱含深情地写道。

“从不糟践自己”，这是刘曾复的养生之道。回望来路，他对得起自己的时代，也活出了一个知识分子的精彩。展望去路，谁来同样潇洒地承继这份人生丰盈？

附录

京剧脸谱是传统艺术的精华……实属我们祖先的卓越创造。刘曾复先生是这一艺术的杰出继承和创新发扬光大者。

——红学家冯其庸

……大陆的刘曾复也是一位造诣精深的业余京剧专家。他也是杨小楼的敬仰者。

——文学理论家王元化

在清华生物系上学时，我和刘曾复同班，他研究京剧，我学唱昆曲，常在一起切磋。

——中国科学院院士吴征镒

梨园都讲最基本的功夫是“手眼身法步”，可九十高龄的刘曾复对我讲“梨园功夫中最重要的，是以腰为枢纽”。后来遇到搞武术的朋友，都一致认为此说高明。

——作家徐城北

如果要了解京剧的典故、全面性知识，你找大票友刘曾复，此人本事极大，他上家来找我问艺，问的都是戏班的人问不到的……

——1969年，京剧表演艺术家贯大元病重之际，对其外孙尹培玺如是说

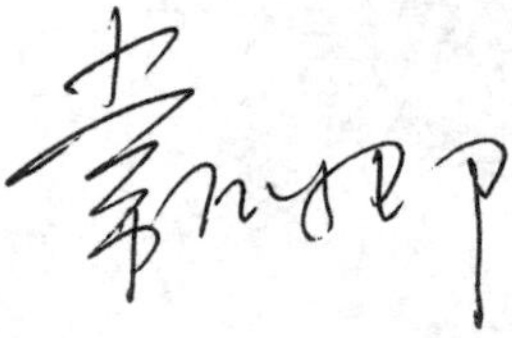

【小传】

满族，工艺美术设计家、教育家，1931年生于法国里昂，1937年随父母回国。1948年至1950年就读于美国波士顿艺术博物馆美术学校，1951年在清华大学营建系任教，1983年担任原中央工艺美术学院院长。参与北京展览馆、首都剧场、人民大会堂、民族文化宫等大型建筑的装饰设计工作，主持设计中央人民政府赠送给香港特区政府的『永远盛开的紫荆花』纪念雕塑。

【相关人】

常书鸿、梁思成、林徽因、爱泼斯坦、李政道

【放　言】

『艺术不能赶时髦，要立足自我，立足自己的文化。只有这样，才能根深叶茂。我从里到外都「洋」过，我知道选择什么。』

常沙娜：“敦煌之花”优雅绽放

祖籍杭州，生于法国里昂，学在美国波士顿，自称“敦煌人”，常沙娜显得有点“复杂”。

或许正是因为什么都经历了，所以内心如水般纯净。

老了，发丝银白，年轮无情。但举止依然端庄，笑容依然优雅，英文、法文依然纯正，惊讶时身体会向后倾，来一句“是吗?”，眼神里依然有光。

更要紧的是，她懂得坚守，不随意被所谓的新潮迷惑。

“现在流行什么岩彩画，他们要我去讲，我说不懂这个，要讲就讲20世纪40年代父辈临摹敦煌的历程。”秉承父亲常书鸿的遗志，远在西北边陲沙漠里的千佛洞在她的心中有千钧重。

——是艺术殿堂，“只要踏进洞窟，窟顶、四周墙面、地面，每一寸空间都是由壁画和装饰图案精心构成的，敦煌石窟可谓是一座集绘画、装饰为一体的精美而华丽的艺术殿堂”。

——是博物馆，“敦煌莫高窟是一个完整系统的中国佛教艺术的宝藏，也是反映历代生活人文习俗的博物馆”。

——是百科全书，1900 年，流浪至敦煌莫高窟的道士王圆箓在清理第 16 窟通道的积沙时，从中出土了公元 4 世纪至 11 世纪的佛教经卷、社会文书、刺绣、绢画、法器等文物五万余件，“这一发现，为研究中国及中亚古代历史、地理、宗教、经济、政治、民族、语言、文学、艺术、科技提供了数量巨大、内容丰富的珍贵资料，这些资料被誉为‘中古时代的百科全书’”。

…………

“我的‘源’就是流淌在我身上的敦煌艺术文脉。”“是敦煌的风土培育了我做人应有的淳厚，是敦煌的艺术给予了我学习传统艺术的功底。”年岁越长，这样的认识越发坚定。

敦煌艺术、花卉写生、装饰艺术设计、艺术设计教育，她一辈子就干了这四件事，始终有着割舍不断的情结。

她爱敦煌，每次到敦煌都感觉是回家省亲；她爱花，视其为“大自然的宠儿”“生命和美的象征”“大自然赐予人类最珍贵的礼物”。

她宛如一朵“敦煌之花”，装点在民族艺术的大花园里，吐纳着属于自己的芬芳。

盛开在戈壁滩上的“波斯菊”：父爱如山

四次“走”进父亲的画里

法国蓬皮杜文化艺术中心，巴黎的现代象征。这里藏有一幅

《沙娜画像》，作者常书鸿。

画上的常沙娜留着齐整的“锅盖头”，一脸的懵懂、天真。

当时，留学法国的常书鸿，已经崭露头角。他参加了巴黎、里昂的春季沙龙和独立沙龙，三次获得金质奖，两次斩获银质奖。巴黎美术家协会金质奖也拿下了，并被授予巴黎国际博览会荣誉奖。他有5幅油画作品被收藏，巴黎现代美术馆、里昂市立美术馆都位列其中。他还被吸纳为里昂美术家协会会员、法国全国肖像协会会员……事业冉冉上升，荣誉接踵而至，意气风发，好不潇洒。

恰好这时，妻子陈芝秀有孕在身，孩子要降临人间了。年轻的画家欣喜之余难免手忙脚乱，迫在眉睫的问题是，给孩子取个什么名字呢？这是大事。思忖良久，总觉得孩子是在里昂出生的，名字上应该打上这里的烙印。

但总不至于就直呼“常里昂”吧？

身边的好友兴致勃勃，在一旁出主意。中国讲究“母亲河”的说法，吕斯百找到了切入口。

有两条河绕着里昂城。一条是“Le Rhone”（音“罗那”，阳性），一条是“La Saone”（音“塞那”，阴性）。于是，吕斯百建议，如果是男孩，就叫“Rhone”，是女孩就叫“Saone”。

1935年，常沙娜（左三）在法国

还不错，常书鸿和妻子满口应下。

有了孩子，家庭才算完整。1934 年，女儿 3 岁，幸福盈身的常书鸿心血来潮，要把自己的三口之家搬上画布，直白地取名为《画家家庭》。

“他那讲究的色调及细微的表现手法，真切地描绘了谧静祥和的家庭气氛。画中突出了母亲穿着中式服装的东方妇女形象，也表现了青年画家在法国学习生活踌躇满志的神态。”常沙娜这般解读父亲的手笔。

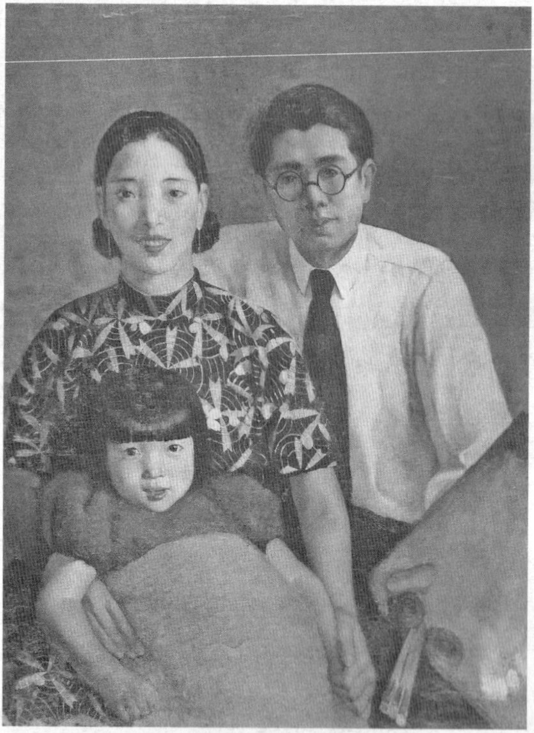

《画家家庭》（常书鸿绘）

这样的氛围，被画家内心升腾起来的使命感打破了。

在巴黎塞纳河河畔的旧书摊上，常书鸿看到一本《敦煌石窟图录》，著者是法国人伯希和，一位东方学家，1908 年在敦煌的藏经洞里足足蹲了三个星期，窃走画卷和经卷六千多幅。

在常沙娜眼里，这个人，“贪婪得如吸血虫吸取浓浓血浆似的，把藏经洞的精华狠狠地都吸干了”。

这个人，忍不住撰写了书稿，向世人炫耀自己的“重大发现”。

捧在手中，常书鸿不敢相信自己的眼睛：祖国竟然拥有如此辉煌灿烂的艺术？

“把眼前敦煌的石窟艺术品和我以前崇拜的西洋文艺复兴时期的艺术作品进行比较，不论是从历史的久远方面看，还是从艺术表现技巧上来看，敦煌艺术都更胜一筹，这一点一目了然。”在与日本社会活动家池田大作对谈时，他说话的声调应该称得上高亢吧？

“自责、数典忘祖，真是惭愧之极，不知如何忏悔才是!”在回忆录《九十春秋——敦煌五十年》里，他写道。字里行间，仿佛能看到他的心神不宁，站也不是，坐也不是。

他要回国，到敦煌，要用自己的双眼，看一看这些宝物，顾不及当时的中华民族正在遭遇战争的创伤，这个国家还难以满足他的愿望。

决心已定，眼神里蓄满了坚毅。

他并不孤独。在这之前，好友吕斯百、王临乙都已经回到了故土，何惧祖国灾难深重。“他们考虑的不是自我，而是整个民族。中国的读书人是要忧天下的。”常沙娜向父辈投以敬仰的目光。

首度跟随父母回归祖国怀抱的常沙娜，还习惯说着法语，对眼前的一切感到陌生。这里，战火纷飞，居无定所，始终在路上，难有往昔家的安宁。

常书鸿一家三口分别在巴黎、昆明湖和莫高窟合影留念

1939年初，他们举家迁至贵阳，正好遇到日军发动“二四”大空袭。常沙娜和母亲死里逃生，家里的一切物什化为灰烬。

孩子受到惊吓了。父亲心怀内疚，让妻子给女儿缝了一件新衣裳，还给常沙娜穿上新凉鞋、白袜子，让她手里拿着画家庞薰琹夫人丘堤设计并制作的布娃娃，坐在藤椅上。

他拿起了画笔，他要以画给孩子疗伤。一幅《沙娜像》诞生了。

“画中营造了一个安详的装饰性的儿童房间。父亲一边画还一边给我讲了不少童话故事。通过创作和对话，他为我幼年的心灵消除战争的阴影。慈祥的父亲此刻也不忘在画中想象出那木马的玩具，那卡通式的‘象群’装饰画，并带着小房屋图案的壁纸……让它成为一幅幻想中的法国式的儿童乐园。”尽管如今藏在浙江省博物馆里的这幅画作已经斑驳不堪，但其中充盈着的浓浓父爱让常沙娜感到幸福萦绕。

这样的幸福在1942年也闪现过。那时，他们一家和留学法国回来的艺术家们住在重庆的凤凰山，常书鸿随笔挥就一幅即景，描绘了当时的生活。“梳着小辫子正在喂鸡的小女孩就是我！”常沙娜一脸的得意。

更得意的是她的父亲，因为他终于来到了魂牵梦系的敦煌，并且组建起敦煌艺术研究所。

行前，梁思成给他打气：“你这破釜沉舟的决心我很钦佩，祝你有志者事竟成。”

徐悲鸿寄予厚望：“……要学习玄奘行僧的精神，要抱着不入虎穴、焉得虎子的决心，把敦煌民族艺术宝库的保护、整理、研究工作做到底。”

生活的艰苦超乎想象。

抵达敦煌当天晚餐的情形，常沙娜记忆犹新，“吃饭的筷子是河滩上折的红柳枝制成的，一碗醋，一碗颗粒很大的盐，还有一碗厚面片。父亲说，那里的水碱很大，倒在玻璃杯里都能留下一层白垢，以后每顿饭都要喝醋来中和。我们全家在中寺住下，其实就是一间空无一物的土房子。母亲手很巧，很快就归置好物品，又挂起一个咖啡色的布帘隔出两个空间。在一张行军床上我迷迷糊糊地睡下，夜里九层楼檐角下风铃‘叮叮当当’的声音飘荡到耳边”。

当时，张大千在这里系统临摹壁画。离开之际，前来揖别，半开玩笑地说：你常书鸿被正式“宣判”了，还是“无期徒刑”。

他留下一张纸条，上边有莫高窟水渠旁野生蘑菇的路线图。

“敦煌苦，孤灯夜读草蘑菇；人间乐，西出阳关故人多。”常书鸿以诗明志，全身心地投入，不曾退却。

常沙娜被安排在酒泉河西中学就读，寄宿在一个公路工程师的家里。假期回家，跟随着研究所的画家们到洞窟里临摹壁画。

常书鸿再度拿起画笔，记录下女儿的“踪迹”。《临摹工作的开始》画的是常沙娜和一位年轻新娘正在商量着什么。

“这幅画以石青色调的‘经变’壁画为背景，用笔潇洒自如，着笔在人物的面部，把古代壁画与少女们潜在的青春活力融于一体，表述了画家对敦煌事业的未来充满了坚定的信心与活力。”女儿最懂父亲的心了。

画上的常沙娜，头上插着马蔺花。她曾经为之写下花语：“用‘变调换色’的手法，表现出更有内涵的效果——如神话中的梦幻，如月色下的花丛，从中可以带来很多的遐想。”

好景不长。生活太苦了，实在无以忍受，1945 年初，母亲陈芝秀抛下一切，离家出走。常沙娜不得不辍学，担负起照顾年幼弟弟、操持家务的重任。

常沙娜在莫高窟与父亲和弟弟合影

但辍学不等于放弃了学习。也就是这段时间，常沙娜真正迈进了敦煌这所艺术的大学堂。

常书鸿给她安排了周密的学习计划——

每天必须早起，先练字，以唐人经书体为字帖，后学习法语，最少朗诵一小时。

聘请油画大家董希文辅导语文和西方美术史，苏莹辉则负责讲解中国美术史。

每天跟着大人到洞窟里临摹壁画，不搞特殊化，不可偷懒，跟大人的标准一致。

必须客观临摹，由表及里，顺着壁画原来的敷色层次画。把北魏、西魏、隋、唐、五代、宋各个洞窟的重点壁画，全面临摹，一个不落。

对敦煌的历代装饰图案，如藻井、佛光、边饰等进行专题临摹。

傍晚，跟着大人一起自制土黄、土红、锌白颜料。

冬季，天寒地冻，洞窟里无法工作，就跟大家一起在室内围着火炉画素描、速写。

常书鸿俨然忘了自己的女儿只有14岁。

常书鸿（前排左一）和常沙娜（前排左四）在莫高窟跟其他同事在一起

敦煌壁画，饱含宗教情感的虔诚和庄严，小小年纪的常沙娜能否理解此中真意?

“诚然，常沙娜此时的年龄还不足以完全理解这些宗教内容的全部含义，但是少年的内心纯净，正是理解这些艺术创造的最好钥匙。”这样的论述，不无道理。

事实是，这样的“密集轰炸”，几乎奠定了常沙娜的一生。

“我置身在敦煌这座艺术宫殿里，任意在浩瀚的传统艺术的海洋中尽情地遨游。”她把这段岁月定性为“没有学历的学业”。

既是父亲，又堪称“导师”的常书鸿想方设法，给她的求学生活增添亮色。

抗战刚胜利，国民党政府要停办敦煌艺术研究所，常书鸿回到重庆奔走呼号，结果如他所愿。

1946 年夏，他招收到了新生力量，购置了图书、绘画器材和生活必需品，浩浩荡荡，重返敦煌。

一路上，途经成都、绵阳、剑阁、广元，进入甘肃地界，再是天水、兰州……行程 1 500 公里，耗时一月有余。

常书鸿“别出心裁”，他要携带一对活鸭、一对活鹅，装在竹筐里，固定在十轮卡车的前边，并责令常沙娜沿途喂食。

这是为何？“他说要让敦煌的老乡看看除了鸡以外，还有鹅和鸭。”

这四只动物很争气，活着来到了莫高窟，并顺利在敦煌“安家”，第二年就开始下蛋。

正如常书鸿预料的那样，老乡见了鸭子，啧啧称奇：“这小鸡子咋会长出扁扁嘴？”

边陲小镇陡生一丝灵动。

动物有了，不可欠缺植物。

途中，常书鸿还专门带回了各式各样的花籽儿，播撒在莫高窟的生活区。

“波斯菊”洋洋洒洒，而且有红的、粉的、白的、紫的。在缅怀父亲的一篇文章里，常沙娜说，“潇洒秀丽”的花朵，“映着橙黄色的向日葵，衬托着蔚蓝的天空，把这些沙漠绿洲中的院落点缀得格外的灿烂，给我留下极深的印象”。

“敦煌守护神”常书鸿以画和花，撞击着女儿的心，也铺开了她的艺术之路、人生之路。

自称“杭铁头”的常书鸿，在女儿的眼里，宛如敦煌的一株红柳，“把根扎得很深，透过层层的沙石戈壁吸吮着有限的水分，凭着那细密的叶子，不论是严寒酷暑，它都能转危为安，巍然挺立”。

人民大会堂宴会厅的天顶花饰：唤醒敦煌魂

周总理提议为她设计的美丽图案干杯

6年的敦煌生活中，常沙娜被变化万千的图案所吸引，虔诚地学习、临摹。有时偌大的洞窟里只有她一个人，难免寂寞，借助洞窟的回音，她扯开嗓子唱起了当时的流行歌曲，“在那遥远的地方……”“长亭外古道边……”

边唱着这些歌，手里的画笔越见功力。1951年初，她的才华得到梁思成、林徽因夫妇的首肯，让她到清华大学营建系任职，协助筹建工艺美术教研组。

常书鸿原本设想要女儿当一名画家，但林徽因的“介入”，打乱了他的节奏。常沙娜的兴趣倾向于艺术设计了。

林徽因抱病带领她到工艺工厂进行调查研究，授意和指导她发挥特长，把敦煌的装饰图案运用于现实生活所需的工艺美术品中。

常沙娜领悟了，机会也就来了。1952年，北京要召开新中国的首次国际盛会，即亚洲及太平洋区域和平会议。这对于树立新中国的国际形象至关重要，会议纪念品一点也不可马虎。组织者邀请林徽因出马，常沙娜和同伴有幸参与其中。

1951年，在林徽因的指导下，常沙娜设计了景泰蓝灯座、盒子、盘等配套产品

常沙娜（右）与清华大学营建系同事钱美华（左）、孙君莲在清华园里

他们一起设计了具有敦煌图案风格的真丝头巾，其间穿插了和平鸽的图案，还有仿明清绦子花边和刺绣的背心，以及景泰蓝的首饰盒。

常沙娜在展示自己参与设计的“和平鸽”头巾图案（和平鸽雕塑由李滨声参与创作，详见310页）

富有民族风情又兼顾时代气息的这批纪念品，让参会代表惊喜不已。常沙娜记得苏联芭蕾舞蹈家乌兰诺娃赞誉道：“这是代表着新中国的新礼物，真是美极了。”

更大的机会出现在1958年，向新中国成立十周年献礼的“十大建筑”工程提上议事日程。常沙娜被分配到人民大会堂设计组，负责宴会厅的天顶花饰、彩画和门楣的装饰设计，还有外墙的琉璃花板及须弥座的石雕花饰。

常沙娜再度亮出自己手里拿着的敦煌这张“王牌”。参照敦煌唐代图案的风格，赋予自己的设计以富丽的唐草风韵，并结合时代和需求予以创新。

她也发憷，空间那么大，从哪里下手？要考虑通风的问题，照明的问题……

在她看来，周总理是人民大会堂的总设计师，“他提出来‘洋为中用，古为今用’，这句话概括得很好，到现在依然是可行的。一个‘今’字，一个‘中’字，就是说最后要落到‘现代的’‘时代的’，还要落在‘传统’上。到今天，时代发展了，时代变了，但是这个原理、这个理念不变”。

十个月，满负荷地投入，终于迎来了庆功的日子。1959年国庆前夕，人民大会堂如期完工。就在宴会厅，周总理设席款待大家，特地提议为天顶上美丽的图案干杯，她的设计者就是常沙娜，时年28岁。

敦煌艺术成了她设计灵感的储备库，要用的时候就来取一点，再结合实际情况，创造性地努力，赢得掌声无数。

她参与了北京展览馆、首都剧场、民族文化宫、首都国际机场等装饰艺术的设计，还主持设计了中央人民政府赠送香港特区政府的“紫荆花”纪念雕塑。

人民大会堂被她视为“老家”，因为从年轻的时候，持续到晚年，她始终在参与修建。直至2006年，人民大会堂接待厅的东侧休息厅重新装修，她为半圆形的休息厅天顶进行彩画纹饰设计，参照的是敦煌盛唐444窟背光图案的装饰效果。

2010年5月13日，常沙娜在香港金紫荆广场留念

她还编有《敦煌历代服饰图案》《中国敦煌历代装饰图案》等著述。

更为神奇的是，在诺贝尔物理奖获得者李政道的盛邀下，她让传统的敦煌艺术与尖端科学来了一次精彩的“联姻”。

李政道始终致力于融合科学和艺术，让科学的内涵以艺术的智慧和形式，表现在画面上。“他特别懂得启发人，逐渐改变了以往对科学的某些偏见。他一启发，我就来劲了。”常沙娜以敦煌艺术行天下。对于李政道来说，这是正中下怀。

1986年10月，李政道在京建立中国高等科学技术中心，经常组织国际会议，研讨高端话题。1990年5月和10月，在京举行的会议是以“高能物理”为主题。

对于常沙娜而言，这是一个遥远而陌生的领域。

李政道在一旁尽量用通俗的话语介绍此中深意，常沙娜的大脑迅速转动。思想的碰撞，令她即刻联想到了汉代和敦煌北魏时期壁画中所表现出的哪吒叱咤风云、翻腾旋转的雷云气势，并借此来表现雷电的威力。

“雷神是神话中呼风唤雨的主管，神话中的雷神以万钧之力擂鼓引出上天无限的能量。雷鸣电闪，在霹雳中翻腾旋转。中国神话中的雷神寓意着一个巨大能量的产生者，像静电加速器那样，以逐渐累积电荷的方式获得很高的能量。另外，我运用了敦煌北魏时期的旋涡纹的忍冬纹饰来代替传统的雷公形象，以旋转为中心，配以旋转的连鼓和旋云，衬托出雷声隆隆的气势。”在一篇文章中，常沙娜这样叙述自己的设计思路。

常沙娜的作品《雷神引高能》

科学主题，艺术呈现；传统和现代，自然相融。她的创作成了两次会议的招贴画。

1992年，北京正负电子对撞机精确测定了τ轻子的质量，这一结果肯定了普遍性原理存在于所有基本粒子（包括强子和轻子两类）之中，被国际物理界视为当年粒子物理最重要的发现。

翌年5月，中国高等科学技术中心主办了费米尺度的粒子物理国际学术研讨会，中外科学家以北京正负电子对撞机的实验成果为背景，就这个领域的理论展开交流。

常沙娜再度受邀创作招贴画。这般高深的知识，让她自然摸不着头脑。李政道耐心地向她介绍了“轻子峰”的尺度表，领着她熟悉了物理学大师费米的生平所为。可观的形象慢慢闪现，脑袋开始发热，敦煌早期壁画中装饰性极强的多彩山峦“跳”了出来。

“在这幅画中，每座山峰代表一代基本粒子，最重要的轻子峰使用正负电子对撞机上的轻子数据图谱表示。右上角物理学大师费米的像是根据照片以细点绘制而成的，用以突出费米。”常沙娜再度“轻松”接招。

双方的合作不断深入。1997年，中国高等科学技术中心主办的国际会议，确定的主题为“物质的探索”，关注当时世界上探索物质结构的理论问题和主要工具加速器的进展情况，如自旋物理、格点量子色动力学等。

在交流时，李政道提及杜甫的诗句：“细推物理须行乐，何用浮名绊此身。”他告诉常沙娜，再也找不到比“细”和“推”更恰当的字眼来刻画对物理的探索了，而“手”是推的动力象征，妙手能推出星云展，创天万物生。

他还以名作《创世纪》为例，这是米开朗琪罗为罗马梵蒂冈西斯廷教堂绘制的壁画。并提示常沙娜观察，画中有上帝以手指向亚当来创造人类的细节，并解释道：“人类是通过细推物理的手创造的，应该以手来表现创物的气势。”

常沙娜紧紧地攥住了这位物理学家的思想，再度祭出“杀手锏”，迅速沉潜到敦煌艺术的库存，寻觅到了壁画中独特的优美手势，“使具有非凡力度的双手左右着物质和宇宙的形成，勾画出了人类创造世界宏伟气势的‘创天’画面”。

李政道赞赏这幅画“气势宏雅，寓意深刻……画面若虚若实，极为精彩，与西方的画形成强烈的对比，是一幅杰出的作品”。

常沙娜的作品《创天》

常沙娜也对这位物理学家报以尊重：“他就似敦煌的飞天，翱翔于没有时间和空间界限的智慧与勇气的宇宙间，不断地迈向造福人类的新境界。”

对民族传统艺术的推崇，让他们打通了科学和艺术之间的壁垒。常沙娜通过自己的领悟与才智，让敦煌艺术步入世界高端科学的殿堂，焕发出别样的光芒。

野地里不知名的小花草：爱亦无声

爱泼斯坦对她说：“你赶紧回国吧，大家都回中国了。”

醉心敦煌，让 14 岁的常沙娜敲开了通往美国的大门。

那是在 1945 年冬，常书鸿带着她姐弟俩回重庆述职。途经兰州，为了宣传敦煌，两人举行了一个小小的父女画展，其中包括常沙娜临摹的一批敦煌壁画作品。

参观画展的人群中，有一个加拿大人，名叫叶丽华。她没有想到，年幼的常沙娜绘画功力如此了得，她似乎有了使命，要为这个小女孩做点什么。

当时，新西兰国际友人路易·艾黎在甘肃山丹县设立了“山丹培黎学校”，主要招收贫苦人家的孩子、孤儿和难童，以“创造分析”为校训，以手脑并用、理论联系实际为办学宗旨，实行半工半读的教学方法，着力培养一批能吃苦、讲实干的技术人才。

叶丽华就在这里任教。据学生回忆，这位老师会说英文、俄文、西班牙文，主要教纺织课程，乐于帮助学生。

她当即找到常书鸿，直截了当地说，自己愿意作为监护人，资助常沙娜前往美国深造，以拓宽这个孩子的艺术视野。

过了两年，她兑现了自己的承诺。

1948 年 10 月，常沙娜赶赴美国，就读于波士顿艺术博物馆美术学校，接受了全面、正规的西方绘画训练。因为学校直属于博物馆，她有充分的条件可以在博物馆里直接看到东西方古代艺术的珍品，艺术修养有了一次腾跃。

1948 年，常沙娜来到美国，就读于波士顿艺术博物馆美术学校。图为进校时在校门口与新认识的同学（左）合影

在美期间，常沙娜加入了当时全美最具影响的中国学生团体——“北美基督教中国学生会”，时常参加进步爱国活动，并结识了爱泼斯坦。

1950 年底，这位“杰出的国际主义战士”，在跟常沙娜会面时，毫不客气地催促道：“你赶紧回国吧，大家都回中国了。”常沙娜听话，毅然放弃了尚未完成的学业，提前回到了祖国。

陪伴她一起回来的，是一沓照片，其中有一张与黑人孩子的合影，诉说着一个年轻女孩子的智慧与心地的善良。

尽管叶丽华负责她的全部费用，但假期里，常沙娜还是到夏令营照顾孩子，勤工俭学。这群小朋友里，有个黑人孩子，总是闷闷不乐，不太合群。

常沙娜领着孩子们洗澡。一个白人孩子突然手指这个黑人孩子，以近乎高傲的语气发问：沙娜，为什么她的皮肤是黑色的？你看我多白。

种族歧视的空气已经开始玷污孩子幼小的心灵。

常沙娜蹲下身来，耐心地说：这就像蝴蝶，有黄蝴蝶、黑蝴蝶、白蝴蝶，都是一样的，长得可漂亮了。你难道不喜欢黑蝴蝶吗？

这个白人孩子点了点头：啊，明白了。朝黑人孩子笑了笑。

常沙娜在波士顿留学期间与美国小朋友亲密留影

这是友好的昭示。黑人孩子感受到了尊重，心情大好，玩得开心。

孩子难得带着一身阳光回家，父亲满脸的诧异，赶紧细问缘由。孩子迫不及待地把上述情景和盘托出。

这位父亲坐不住了，第二天特地前来，向常沙娜鞠躬致谢，表达敬意。并带上相机，要她跟孩子留影，以示纪念。

这个故事意味深长。但常沙娜认为没有必要进行过多的解读，“我从小就喜欢大自然，喜欢蝴蝶，顺口就说出来了”。

对大自然的爱意，融入了她的血液。

学艺术，到底要学什么？常沙娜开出的“方子”很简单：学传统，学大自然。

从事艺术设计，当然要掌握国际潮流趋势，但要摈弃浮躁，切不可盲目地赶时尚、追潮流、玩概念，不是真实地去表现，而是沦为恶俗的表演，“要从广阔的自然景物、宏观的宇宙行星到微观的花鸟鱼虫中探索自然的美的源泉，以不断充实、装点、美化人们日益提高的生活需要。此外，我们也需要从祖辈传统的艺术宝库中汲取精华，古为今用，在我们自己的土壤上培育、发展具有我们特点的新时代艺术风格”。

她让学生分析各种蝴蝶的色彩关系和比例，并对典型蝴蝶进行临摹或写生。在她看来，大自然本身的色彩是协调的，如漂亮的花卉、蝴蝶、鸳鸯，其色彩仰仗于大自然的造化之功，有的是从生态平衡保护自己的需要，有的是繁衍的需要，它们“各美其美”，让大自然的色彩丰富、和谐。

她住处的前后绿意盈眼，郁郁葱葱。这些大树曾经濒临被砍伐的边缘，不是要换树种，就是要辟为停车场。她得知消息，不顾病痛、不计较时间，站出来坚决反对，“成了一个爱管闲事的老太太”。

她酷爱花朵，以心托付，要为她们挥洒丹青。

这源于20世纪70年代初，她下放到河北农村劳动，经常在野地里、菜园里看到一些不起眼甚至没有名字的小花，静悄悄地开着，“极可爱的”“纯真好看”，而且，花、叶的形态和色彩配置得体、和谐，“富有天然完美的装饰性”。她们为人类孕育着果实，却被遗忘了，“人们却从不识她们的姿色”。她要替花朵抱不平，于是拿起了画笔，为她们塑形“立传”。

跟花在一起相处久了，她觉得这些大自然的精灵富于人的特性，“有着各自的性格和容貌，有清淡素妆的，也有艳丽浓妆的；有纤细秀丽的，也有粗犷淳厚的。她们都毫不掩饰地真诚地展示着各自的特征，为我提供了再现美的灵感和素材。这大自然纯真的写照，是我思绪变化的记载，也是我对大自然美的憧憬”。

所以，常沙娜和这些花以友相称，特地叮嘱，说及“花”时，

指代词应该是“她”。

花，色彩绚丽，馥郁芬芳，给人以美的遐想。来而不往非礼也，再说，秀才人情纸半张。于是，常沙娜给自己画就的小花一一谱写花语，让她们一下子有了灵性，获取了生气。

“野地里长出如此精美的小花草，红与紫的变化多么微妙，小叶的衬托象秀丽剔透的花边。”“生就旋转式的姿态，托着蜡烛台似的座，举起仰首的针形种子，为了繁衍我们的后代。”“我长得很不起眼，但随形敷彩，轻松点染，同样能感受到大自然的勃勃生机。”……这些，她一并送给了“不知名的小花”。

有时，这些花朵也爱比美，纷纷“吐槽”，搞起“自我营销”，彰显自身的优长。大金鸡菊就毫无忌讳地这般自我介绍：“我们长得很平凡，没有什么惊人的样子，属于菊科。我们长势很舒展，比那长得整齐有序的菊花，更加随心所欲和洒脱。”

有时，这些花朵通过她的笔墨，向人类提出“抗议”。比如，二月兰就有点怒了：“我们野生在较阴湿的树丛中，开出成片带着芳香的紫色花丛。年复一年自身繁衍，是极简单的春季‘绿化’品种，遗憾的是人们不会观赏我们这种野趣，常把我们当作野草铲除。”

有时，常沙娜甘当翻译，给人类捎来小花的“忠告”。百合就正色直言：“我们常常与土地分开，作为花束供人装点室内环境，也为披婚纱的新娘作嫁妆，不论在何处我们都不失洁白的本色，给予人类‘纯洁’的感受和憧憬，人们需要的是多几份‘纯真’才是。”

甚至，有的小花成了“友谊使者”，呼应着“国际交往”，带来了异国的深情厚谊。郁金香就公开表态：“我来自荷兰，侨居中国的土地上，带着火焰似的簇生叶，迎着春光，闪烁着浓郁的赤金色的花朵。”

花与人的边界，不设防。

她画下的这些美丽的花儿，被年轻编剧柏邦妮看见了，爱不释手，写下一篇名为《让常沙娜芬芳一屋》的博文，臆测现在的常沙娜即使不再画花儿了，也会“眯起老花的眼睛，在神奇的光与影之间，在水分和土壤之间，在脉络和气韵之间，温柔注视着花儿，她的心里一定还有支不枯竭的画笔。她会在心里画画的，醮心血为颜料，铺展时光为画纸。然后，我们便能在她的画上闻见芬芳”。

她猜对了，现在常沙娜很少画花儿了，不过她还在固执地为敦煌艺术忙碌着。

时代在变化，但美的精神岿然不动，传统的审美情趣魅力恒远；形式在瞬息翻新，但人类的精神本质，却是万变不离其宗。

传统的东西不能丢，这是她的一贯主张。

她曾经要求自己的学生在传统色彩的临摹和运用上下大力气，并且把他们的视线再度引向敦煌。

“敦煌的色彩每个时代都有它的特点，简要概括起来，北魏以土红为主色主调；到了隋代则以土红和石青、石绿，加上白色的线和点的点缀，层次增加了；到了唐代加上各色退晕的手法，和朱红、曙红的运用更加富丽了，加之有金有银……”她期待学生能通过临摹感受到传统色彩的微妙关系，再在具体的设计中加以创新运用。

她领着学生前往敦煌，现场教学，照搬当年父亲常书鸿对她进行的“密集轰炸”战术，让壮丽绚烂的石窟艺术将他们紧紧包围，“从而‘不点自破’地领悟到敦煌历代装饰图案的精华，也理解了我平时对他们的作业作出苛刻要求的原因”。

在这样的时代，临摹是否还有必要？到现场，可以拍照片；画册，可以复印。

常沙娜果断地投了反对票。还是回到原点，临摹的目的是为了让你通过自己的脑、眼、手的实践，加深对临摹对象的认识，理解其精髓，再输入自己的脑中，加以储存，供日后随时调遣。这个过程，也锻炼了眼、手、心的协调能力和统一能力。

写生是否还有价值？过时了吧？

常沙娜反感动不动就说“老一套”。写生，是向大自然学习的一条路径，撷取自然美的造型、构成和色彩，怎么可能过时呢？只是不同的时代，赋予自然美的形式和意念不同罢了。

有人婉转地批评她太保守，常沙娜毫不客气地予以反击：“艺术不能赶时髦，要立足自我，立足自己的文化。只有这样，才能根深叶茂。我从里到外都‘洋’过，我知道选择什么。当我面对‘洋’的东西时，我非常冷静。艺术不必今天染一撮黄毛，明天染一撮红毛，黑色是我们的本色。当我们的艺术拥有自己的颜色时，我们就真正成熟了。”

对中华民族艺术传统一概不知，对大自然美的感受和运用视而不见，好意思说自己是炎黄子孙？有什么资格置身于大自然之中？

儒雅的老太太有时说起话来也“咄咄逼人”。

她担任过全国人大代表，在各地考察时发现，主宰第三产业大半命运的，竟然是旅游局。这些人对艺术并不在行，看到市场上某种工艺品畅销，就在本地盲目开发，希望增加旅游收入。其结果是多数旅游景区的旅游纪念品、工艺品大同小异，没有特色，适应性差。

回到老家敦煌。市场上飞天、观音的临摹本泛滥成灾，敦煌题材的商品画粗糙、拙劣，了无生气。她怒火中烧，干着急。

1999年，教育系统的高校合并浪潮汹涌澎湃，她供职达42年的中央工艺美术学院被“吞并”了，更名为清华大学美术学院。此时她已经退休了，但“这种难以割舍的情愫仍无法抑止”，公开发言说这样的决策是错误的，“把一个已拥有社会效益和知名度的学院名牌砸烂了，把一个学院的优良传统和特色丢掉了”。针对有人解释说这是为了发展“大美术”，常沙娜短兵相接，“对‘大美术’的概念，我始终不明白，‘大美术’是大在哪里？是规模大还是数量多？是否

还需要有个‘大音乐’‘大文学’”?

一切都是因为内心充满了爱，爱她的敦煌，爱她的艺术，爱她的父亲。

她庆幸有这样一位父亲，没有性别的偏见。试想 20 世纪 40 年代，她那个年龄，在城市里是大小姐，在农村是童养媳。但是她“超然于外”，父亲用心培育，让她在少女时代就明白了“艺术是一种没有性别的自然人生”。

父亲的座右铭，始终在她的脑海里盘旋：“人生是战斗的连接，每当一个困难被克服，另一个困难便会出现。人生是困难的反复，但我决不后退，我的青春不会再来。但不论有多大的困难，我一定要战斗到最后!”

1980 年 8 月 21 日，76 岁的常书鸿送给她一本与敦煌有关的书，并且附上一封信笺，上边写道：“沙娜，不要忘记你是‘敦煌人’，……也应该把敦煌的东西渗透一下的时候了。”

所以，她始终闲不住，奔波依旧。

她房间里的花在竞相吐蕊，她心底里的花在幽静怒放。

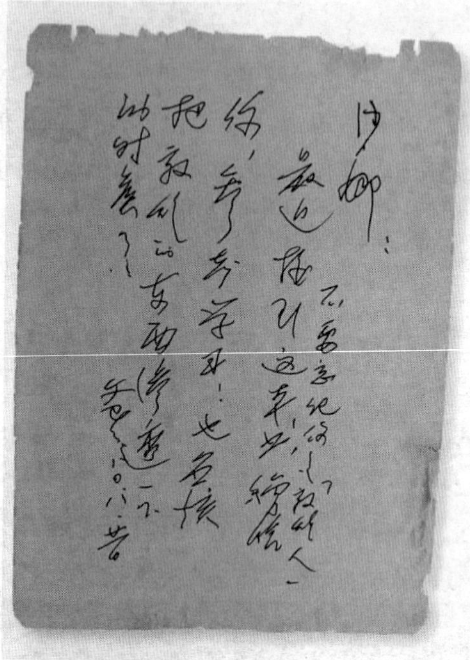

附录

2013年4月中旬，我随同中国新闻代表团出访日本。4月19日晚上，在同接待方代表、日本新闻协会的木村凌子女士餐叙时，我们聊起中日之间的文化交流。当时由日本神奈川大学朱琳老师担任翻译。

我谈及日本作家井上靖对敦煌很痴迷，曾经写过一部历史小说，就叫《敦煌》。木村女士说她早在上学的时候就知道敦煌，而且在学校里听过常书鸿老先生的讲座。老人家还振臂高呼，希望年轻人好好学习。这一幕令她印象深刻，一直印刻在脑海里。

我告知她自己采访过常书鸿的女儿常沙娜，可惜没有与常书鸿老先生谋面。木村女士很荣幸自己有一段这样的经历。

当年7月，在翻阅《常沙娜文集》时，里边有一篇文章，题为《寄思于井上靖先生和生江义男先生》，写于1993年1月，恰好提及她陪同父亲出访日本的情景：

> 令人难忘的是1979年10月30日的下午（也是我们访日的第三天），我们在生江校长的带领和井上靖先生的陪同下，访问

日本著名的桐朋学园的激动场面。当时操场已集合了两千余名初中和高中部的全部学生和教师，学生们穿着统一整洁的校服，精神飒爽。生江校长主持大会，井上靖先生陪着我们作为贵宾坐在主席台上，日中文化交流协会的横川健先生作为翻译。作为桐朋学园的校长和东道主，生江先生热情洋溢地向全体师生介绍了我父亲常书鸿在中国甘肃从事敦煌艺术的研究和保护工作，以及生江先生1978年去敦煌访问时的经历和受到我父亲的关照等等。他话语生动幽默，不时地受到学生们热烈的鼓掌，从而把我们的访问活动推向了高潮。紧接着就是著名文学家井上靖先生的讲话，他通过对敦煌艺术的历史意义和对我父亲的介绍，非常亲切地向日本的青少年进行了对中国文化艺术传统的宣传和教育，也表达了日本与中国两国学者之间的友谊与盛情以及两国文化的渊源关系。最后是我父亲讲话，他早被生江先生和井上靖先生出自真情的讲话所感动，也回报以激情的即席讲话。其间，他举起双臂向着青少年们激动地欢呼："你们像八九点钟的太阳……你们要努力学习本国和中国文化，今后要靠你们来加强两国文化艺术的交流，中日两国人民要世世代代地友好下去。"当横川健先生逐段把话翻译过去时，全场不时地响起热烈的掌声。在这种气氛下我深切体会到：像桐朋学园这样的学校，在生江义男校长的领导下，在著名学者的亲自关怀下，这些青少年们受到国际主义和传统文化的良好教育。学校很重视提倡教养和礼仪的教育，强调基本素质的全面训练。我深信通过这样的教育，青年们定能够全面健康地成长，实现中国和日本两国人们世世代代友好下去的愿望。

我意识到，这段记述应该与木村女士的经历相吻合。7月22日，我给朱琳发了一封邮件，把这段话摘录下来，请她翻译成日文，传给木村女士，加以确认。

7月30日，朱琳回复邮件，说木村女士“读了非常感动，眼泪都出来了，当时16岁，真的记得很清楚，印象特别深刻”。同时，她还写了一段感想，讲述自己的心情：

> 常先生访问桐朋学园的时候，我16岁。当时作为迎接先生的一名学生在操场上，已是34年前的事情。虽然时光荏苒，过去很久远了，但是我现在依然记忆清晰。真有些不可思议。但我觉得现在依然记得的理由在于常先生身上有种不可思议的力量。我虽然忘记了先生讲演的细节，但是，对他所说的“好好学习”“日中两国必须友好”的话语，记忆犹新。还有，先生教诲我们努力的重要性，以及从先生身上感受到他对我们的爱，这些都还记得很清楚。
>
> 常沙娜女士的回想，忠实地记录了当天的情景，读了那一小段，对于我来说就像是时光倒流一样。
>
> 那天，天气晴朗，在秋季的校园，因为有有名的先生从中国远道而来，学生们都非常兴奋。我们的校长生江义男对于中国非常了解，我们平时就有听讲有关中国文化的机会，所以大家都非常感兴趣。
>
> 印象最深刻的是，常先生张开双臂，向我们大家呼吁。还有，我们被先生的话语深深感动，觉得很多想法都是相通的。我能够非常近距离地感受到先生的心情。
>
> 我后来得以从事国际交流的工作，为日中交流进行服务，

我觉得其源泉中也有与常先生相遇的影响。

在通读这部书稿清样时，我又翻阅了常沙娜的上述回忆文章。她还写道："十三年过去了，当年还像八九点钟太阳的青少年们，如今都在做些什么呢？我相信他们如今已经成为风华正茂的建设者或者是已有成就的艺术家。其中一定有成为发展中日友好事业文化交流的积极分子。我想，他们是不会辜负培育过他们的母校——桐朋学园已故的生江义男校长和老学者们的期待的。"

这段文字，事先没有提供给木村女士。而她在来信中，"主动"地承认了自己就是常沙娜期待的"积极分子"。

这个世界有很多不期的巧合，令人感怀。更让人不得不承认的是，文化确实拥有神奇的力量，跨越时空，散发光芒，生生不息。

【小 传】

1922年出生于湖南省浏阳县，1945年7月入西南联合大学社会学系学习，1952年开始任北京《新观察》杂志摄影记者、编辑，1960年7月调人民文学出版社任美术编辑，1961年7月至1976年4月，调中国摄影学会《中国摄影》杂志任编辑，1976年5月至1979年6月调中国戏剧家协会《人民戏剧》编辑部任摄影记者，1979年7月至1987年6月调回复刊的《新观察》杂志社，1987年离休。2012年5月，获第九届中国摄影金像奖终身成就奖。

【相关人】潘光旦、费孝通、巴金、穆青

【放　言】『我们搞纪实摄影的人，拍照片从来不用喊一、二、三的，从来不会让你站这边，他站那边。』

张祖道：镜里波澜千万重

1922年出生的张祖道人生信条是“做老实人，干老实活，比较快乐”。

这么想，有时不讨好，老实人容易吃亏嘛！但是这位摄影家“一根筋”，“老实”到现在，而且要继续“老实”下去。

还别说，这个老实人慢慢变得吃香起来，有点“大器晚成”的意思。因为有人发现，他留下的部分影像是独一份的，无可替代又不可或缺。他家有口金丝楠木箱子，是他1956年随同社会学家潘光旦到湘鄂川边区进行土家族识别调查时，在湖北恩施利川县买的，花了7块多钱。如今，这个箱子被有识之士视为“无价之宝”，因为里边的底片和资料，记录了一个时代远逝的绝景。

箱子无言，忠诚地伴随着主人历经风雨；箱子里珍藏下来的影像从头到脚透着朴实的质感，像它的主人，一身的故事，堪称传奇，直到人生暮年才有人赶来慢慢地聆听。

记录战时的革命激情

穆青对他说：“你谈的这些是别人没有了解到的，赶快写出来，我要拿去发表。”

张祖道出生于湖南省浏阳县，中学毕业，一举考上了中山大学和广西大学，但学费太高昂了，不敢靠近。1944 年 4 月，他辗转抵达昆明，准备投考西南联合大学，在先修班念了一个学期，翌年 7 月如愿以偿。

1947 年 4 月 27 日，清华大学 36 周年校庆。原西南联合大学校务委员会主席兼清华大学校长梅贻琦（右二）与北京大学校长胡适（左二）、原西南联大训导长兼昆明师范学院院长查良钊（左一）、南开大学秘书长黄钰生合影留念 **张祖道摄**

当时的先修班班主任由生物学系主任李继侗兼任，“李先生个子不高，脸上总是眯眯笑着，对待同学宽厚，但是对同学们的学习却是抓得很紧，很认真”。恰好张祖道的生物成绩不赖，李继侗觉得是个好苗子，就“近水楼台先得月”，打算把他纳入门下。但这个老实人有点“不识好歹”，婉言谢绝了，理由是这兵荒马乱的，只要填饱肚子维持生命即可，他要攻读社会学，要了解人。

没过多长时间，张祖道就见识到了“人”的残忍与罪恶。这就是“一二·一”惨案：1945 年 11 月，国民党当局对解放区发动军事进攻。25 日，云南昆明的几所高校联合召开反内战演讲会，遭到特务的鸣枪警告。12 月 1 日，国民党云南省党部、军官总队、三青团省团部的 80 余人，冲入西南联大和云南大学校园，包围了坚持罢课的各校师生，并当场杀害 4 人，打伤 20 多人。

张祖道没有置身度外。白天他组织义卖，担任纠察，晚上帮化学系的同学冲洗照片，用于鼓动宣传。哪知道这几乎成了他人生的转折点，“这些照片都是同学们在 12 月 1 日那天拍下来的。每次显影时，看着一张白纸从什么都没有到慢慢显现出同学们在宣传、被打甚至惨死的一个个场景，对我来说都是很大的刺激，也是触动我从事摄影的重要起因”。

问题是没有相机。恰好他有个男同学在热恋，女方家有钱有势，拥有一台折叠式的皮老虎相机。这可是个“奢侈品”。老实人张祖道长了个心眼，伺机陪伴他们俩出外游玩。年轻的恋人免不了要合影留念，相机自然就挂在了张祖道的脖子上。他一边给人家帮忙，一边讨教起摄影的初步技法来。

不仅是摄影，张祖道还爱好戏剧，他加入了联大剧艺社，2007 年国家最高科学技术奖获得者、中国科学院院士吴征镒当时也是会员。张祖道说吴征镒当时既是生物系的研究生，也是教员，“他虽然戴了大眼镜，但是喜欢演话剧，就和我们这一群学生混在一起。他还喜欢昆曲，联大一个知音很少的昆曲组织他也参加了”。

如梦如歌的联大岁月在1946年5月宣告结束，恢复北大、清华、南开三所大学。张祖道被编入清华大学社会学系，随校北上。这时的北平，反蒋反美爱国民主运动风起云涌。张祖道满腔热血，他用相机记录下了那段火红岁月。

张祖道越拍越有劲，省吃俭用，他终于拥有了自己的“武器”。他记得购买相机的那天是1946年12月29日，地点在王府井。相机的情况也是熟稔在心：一台老式的蔡司依康旧相机，韦尔塔（Welta）牌，折合式120拍16张，75mm/f4.5诺瓦（Novar）镜头，快门时间1/25秒～1/175秒，有B门和自拍……

清华大学女子排球队员的集体照（摄于1948年5月）**张祖道摄**

买相机的第二天，他拍下了北平学生抗议美军暴行大游行的全过程，其中有清晨誓师动员时的凝重，有记者站在公交汽车顶上拍摄时的艰辛，有宣传队员叠罗汉张贴标语时的认真……

他拍下了1947年5月20日北平学生“反饥饿、反内战、反迫害”游行示威的全过程，其中有自行车队飞驰而过的壮观，有普通百姓为游行队伍鼓掌的坚定，有特务慑于游行队伍的声势匆忙逃离的惨相……

他还拍下了1949年2月3日中国人民解放军举行的北平入城仪式的全过程，其中有学生在前门打起腰鼓欢迎的欣悦，有骑兵部队进城时的英姿，有学生跃上坦克欢呼时的得意……

这些照片朴实无华，没有刻意的角度追求，也没有光线上的特别考究，但历史气息迎面扑来。

它们都收录在北京市档案局（馆）编辑出版的《解放战争时期北平学生运动图集》中。编者特别感谢张祖道提供了大量的图像资料，而其他收录的照片大多数已经找不到主人了。张祖道家里的那口木箱子应该为此感到骄傲。

1947年5月20日，清华“反饥饿、反内战、反迫害”游行大队通过东四牌楼　**张祖道摄**

1949年2月3日，北平和平解放后，人民解放军举行入城仪式，受到群众的热烈欢迎　**张祖道摄**

1949年1月21日，清华大学校务委员会代主席冯友兰检阅“迎接解放人民服务队”队伍并讲话　**张祖道摄**

为了这份历史记录，张祖道煞费苦心。

事前他要对游行路线掌握得一清二楚。游行开始了，他就骑着借来的自行车先行一步，沿途观察环境，选择有北京地标的背景。然后挤在群众队伍里，把相机捂好，等游行队伍过来，举起相机就按快门，让周围的人察觉不出来。

有时要爬到高处拍游行队伍，但他从来不求助于同学帮忙，因为这等于告诉特务他也是这个队伍里的。他就眼观四方，看周围哪个老百姓面善，请他助上一臂之力，“这样特务不会太注意，心想这就是个照相的，没什么关系”。

拍摄军警阻挠游行队伍的场景是件困难的事，但张祖道自有对策。他穿上绿色的夹克，军人模样，自行车往旁边一靠，不上锁，一副“自己人”的模样，紧跟在军警队伍的后边，“他们一共有三层，最前面是警察，中间是军队，最后是穿便服的流氓特务。我挤到他们中间，找准机会就按几张，然后骑上车就跑。他们来不及发现，发现了也不知道我是哪一方的”。

挎着自己的相机，张祖道参军了。

北平解放，全国形势一片大好。张祖道按捺不住，他思忖：将来的孩子可能要问，爸爸，当年解放全中国的时候，你都干什么啦？他觉得要有所行动，抓紧时间入伍，争取赶上末班车，参加解放海南岛的战斗。于是，他报名参军进入了南下工作团。

由于有摄影这个特长，张祖道被派往《前线画报》（后更名为《战士画报》）当摄影记者，与新华社资深记者穆青和其他同仁一起工作，于 1949 年 10 月 1 日乘军车从汉口翻过幕阜山进入湖南省，淋着绵绵秋雨在山谷水田中找到战斗部队。

他们以第四野战军第 12 兵团 45 军为采访目标。张祖道冒着生命危险深入前线，下到班里参加战斗总结会议，边拍照边采访。一天晚上，穆青通知大家及时赶到军部，了解采访情况，尽快拿出稿子来。张祖道所在的师部只剩下驮马，不仅没有战马那么高大，跑起来缓慢，而且还没有马鞍。张祖道用随身带着的半条军毯搭在驮马背上，找个绳子把军毯系紧、绑好，就上路了。

由于军毯总在马背上打滑，走着走着就歪了，张祖道只好时不时下来把军毯正一正，重新绑好再骑。“因为出发之后走的一段都是土路，不好走，后来上了公路就没那么颠了，速度也快了。那时我想，实在不行，我把军毯丢掉，抱着马脖子，也要赶到军部去！”回忆起当时的场景，尽管嗓子有些沙哑，但张祖道不乏激情，让人感觉他作出的这个决定至今也是不容置疑的。

跑了30公里的路，张祖道如约赶到，穆青当即召开会议。由于条件有限，张祖道的摄影作品无法冲洗，穆青就把张祖道搁在一边，向文字记者了解情况。结果没有得到满意的答复，他就顺带问了问张祖道，哪知道这里有条“大鱼”。

“我把我看到的情况如实地向他说了，穆青很高兴，说你谈的这些是别人没有了解到的，赶快写出来，我要拿去发表。”摄影记者干了文字记者的事，张祖道觉得自己还行。

这篇文章叫《速度就是胜利》。穆青要部队用电报直接传到《人民日报》发表，但由于密电码出现差错，就在当时的《新湖南报》即今天的《湖南日报》上刊出了。

如今，文章躺在那个金丝楠木箱子里。尽管纸张单薄松软，已经发黄，甚至还有老鼠咬啮过的痕迹，但其间洋溢出的革命激情力透纸背，依然焕发出光芒——

一幕剧烈的竞赛开始了，敌人在山沟里奔逃，一营的战士们就在没有道路的山岭上急进，山又高，树又密，遍地是刺人的荆棘和草木，密聚着矮小的灌木丛，更是挂人衣服，割人脸面；天是阴沉沉的，刚刚下过雨，使山坡又湿又滑。可是追击的队伍不管这些，从出发起，就用的小跑步，上山是如此，下山更是连滚带跑，一个劲的直往前追。机炮连也和步兵一样，把炮扛在肩上，紧跟在后面，没有落后一步。队伍里只是听到一片急促的“跟上跟上”和“都跟上了”“到齐了”的传话声。副师长看见部队走的太快，叫他们放慢一点，敌人跑不了的，可是谁也觉着不放心，照样的跑。一个扛着炮身的战士，鞋子被烂泥拔出来了，他就提着鞋，赤着一只脚跑，副师长叫他把鞋穿上再走，他只回答一句“来不及了”，人已经走出三四丈远。有的战士滑倒在地上，一骨碌爬起来，顾不得擦泥土，又跟上部队，一面咒骂着“他妈的，老子跌不死，你就跑不了！”浑身流汗，一句话也说不出来，还是一个劲儿的跟上队伍，不肯掉队。有几个战士因跑的太快，晕倒在山上，班长赶紧送上水壶，拿水漱漱口，挣扎着又向前奔。二连一排战士戴明玉两个膝盖生疮，也挤在队伍里面，要去抓俘虏，一再劝他，都不肯下去。荆条把战士们的衣裤挂破，帽子抓丢了，他们就光着头跑，烂泥把鞋子拔去了，就光脚板鸭子跑；山太陡，不好下，战士们就哧溜哧溜的一个个滑下去。只要前面有敌人，任何天险都阻不住我英勇的人民解放军的前进，速度就是胜利，崇山峻岭在战士们的脚下显得多么渺小啊！

定格乡土的生活表情

费孝通对他说："你就专心拍摄，我不提什么要求，就拍村子的生产和生活。"

1952年，张祖道从部队调到北京《新观察》杂志，成了摄影记者。一有时间，他就往潘光旦和费孝通家里跑。这两位社会学领军人物都是他在清华大学时的恩师，他们的住所门靠门，师生一道经常海阔天空地聊。

1956年11月，潘光旦要到湘鄂川一带进行实地调查，识别土家族。那时土家作为单一的民族还没有得到确认，他们被认为是瑶族、苗族或者是汉族。

潘光旦向《新观察》杂志社点将，要张祖道随同前往，拍点照片，并且许诺此行的文章将在这本杂志上独家发表。杂志社的领导自然是求之不得，张祖道也高兴地领受了任务，"这是多么难得的社会学实习课啊，事实也证明这趟经历是我一生的财富"。

调查历经65天，沿途路过18个县市，行程达7 000多公里。张祖道最大的感慨是见证了潘光旦的学术大家风范。

尚在清华大学读书时，潘光旦爱好运动。一次跳高右膝受伤，他没有在意，结果发作起来，感染了结核菌，当时医疗水平低下，只好锯了腿，此后拐杖不离身。

这趟路途多是山区，有"天无三日晴、地无三尺平"之喻。"走路时，脚指头要用力钻进泥里，手要攀着树干走，我们就这样整天地穿行在高山低谷里，潘先生拄着拐杖，很要强，不要搀扶，走得满头大汗，有时腋下都磨破了，他也不肯停歇。”

尽管历尽艰辛，但潘光旦始终幽默风趣。从重庆到綦江，他们想带点广柑在路上吃，车小放不下。坐在副驾驶位置上的潘光旦把这篓广柑放在了自己伤残的右腿下，正好有空隙。

1957 年 1 月 6 日，社会学家、优生学家、教育家潘光旦（拿烟斗者）为土家族识别工作，来到四川秀山县石堤与土家族老人座谈

张祖道摄

潘光旦从来不避讳自己身有残疾。有一回，他说自己在西南联大教书时，二女儿考取了联大附中，由于离家远，就跟他住在一起。但教工宿舍小，只有一张床，父女俩不便休息。潘光旦计上心来，和女儿一人睡一头，让她正好睡在他右腿的空当处，“潘先生说这不仅解决了问题，而且还绰绰有余，但我听来难免有些心酸”。

过武汉，师徒入住江汉饭店，是席梦思，人一躺上去，就蜷曲成了一个虾米。潘光旦适应不了，但是又不肯麻烦服务员调换房间，乐呵呵地拿起被子就睡在地毯上，自称安逸得很。不过，他倒是安逸了，服务员却纳闷了：这客人是怎么睡觉的？怎么床上一丝不乱？

在张祖道眼里，潘光旦在生活上没有架子，但一工作起来就全身心地投入。每到一个地方，他就要来当地志书，彻夜地读，还和当地百姓打成一片，“话桑麻”，聊家常，从中找到研究线索。

在奉节的某天早上，潘光旦看见一个小孩在院子玩，就跟他聊了起来。得知孩子喊外婆为“家家”，顿时来了兴致，因为这是土家语。潘光旦就同孩子一起找到他的父亲，了解到不少土家的情况。这相当于现场教学。这让张祖道学到一招：“做学问，就应该处处留心，不放过任何一个小的线索。”

一路走来，张祖道觉得这位授业恩师就像一只老母鸡，不停地“咯咯咯”直叫，“每天茶余饭后，谈天说地，不只讲‘土家’，其他什么都聊，获益良多”。

在轮船上，张祖道用英文朗诵狄更斯的散文，“英语说得比英国人还好”的潘光旦指出了不少发音和轻重语气上的毛病，而且还亲自“秀”上一段，以为示范。

寒冬时节，在海拔 1 700 米的武隆县白马山山顶上歇息时，张祖道发现身边有一丛花朵，就顺手采了一枝，“呈铃状、蓝紫色，花上有细毛，长得很柔美；结的果实是朱红色的小珠子”。随行的司机师傅是当地人，说老乡叫它红珠子花，灾荒时可以充饥。潘光旦一看，“上课时间”到了。他说这种花在欧美叫 Holly，过圣诞节时用来装饰在圣诞树上。又说，Holly 是冬青属的植物，在它的后面再加上一个英文词，就可以变成另外一种植物。

在彭水县行走时，发现一个小温泉，附近有些大石块，有不少孔洞，有人言语一句：这有点像江南的太湖石。潘光旦的大脑又开始急速转动：看太湖石，应该去一趟苏州。景德路上有一所环秀山庄，原是五代时金谷园故址，明为宰相申时行的住宅。乾隆时请叠山名家戈裕良用半亩地堆砌了一座假山，是一处瑰宝，堪称“山形面面看，景色步步移”，玲珑剔透，值得一看。

潘光旦不时还有即兴的对子脱口而出，比如，“酉阳坝少，小坝为大；永顺寨多，矮寨为高”。这都是他们一行经历的：重庆酉阳县最大、土地最肥沃的坝子，反而叫小坝；湘西永顺县内最高的那个寨子，却被称为矮寨。张祖道说，这个对子看似简单，却反映出了现实生活中的一种谦虚态度和存在的矛盾。让他惊诧的是，普普通通的一个名字，经过潘先生的提炼与思考，竟然有了哲学的意味……

一番耳濡目染，承担拍摄任务的张祖道也不仅仅是随处按快门。他拍下了沿途的风土人情，如当地百姓汲水、喂猪、赶场、筑堤、喊号子、跳摆手舞时的情景。这些照片还是一如既往的“老实”，甚至有点四平八稳。但是，他的思考隐隐地融入他择取的那片光影之间。

“摄影是观察、调查、见证事物的方式，社会学的调查态度就是老老实实，看待事物需要从正反、矛盾和效益入手，尽量详细、全面、客观。这两者之间有共通的地方，也能相互帮助。从这个基础上发展，就是老老实实做人，老老实实拍照。”张祖道这样阐述社会学实践对自己摄影观念的影响。

这一影响贯穿了他的摄影生涯。1957 年 5 月，费孝通决定重访成就自己学术高峰的老家——江苏省吴江县“江村”，特邀张祖道一同前往。他对张祖道说："你就专心拍摄，我不提什么要求，就拍村子的生产和生活。"

张祖道"故伎重演"，拍摄村里的桥，农民怎样在河边浸稻种，小学生腰鼓队如何操练，以及老太太采蚕茧的情景……

为什么张祖道把镜头对准这些场景这些人？此间大有学问。张祖道拍下的这些照片，是为自己释惑。

到江村没两天，张祖道发现了问题，村子里没有牛的影子。不像当时其他的江南水乡，栽种水稻，就肯定有水牛或黄牛卖苦力。

他向费孝通请教，得到的答复让他豁然开朗：这里位于苏州、杭州之间，农民的生活水平比其他的地方要高。但这儿人多地少，人均只有1亩8分地。如果要养牛来耕地，还得专门腾出地来种草喂牛；如果把种草的地拿去种其他农作物，比较下来，反而不养牛比养牛要合算。

1982年1月，费孝通在江苏省吴江县震泽镇江村调研

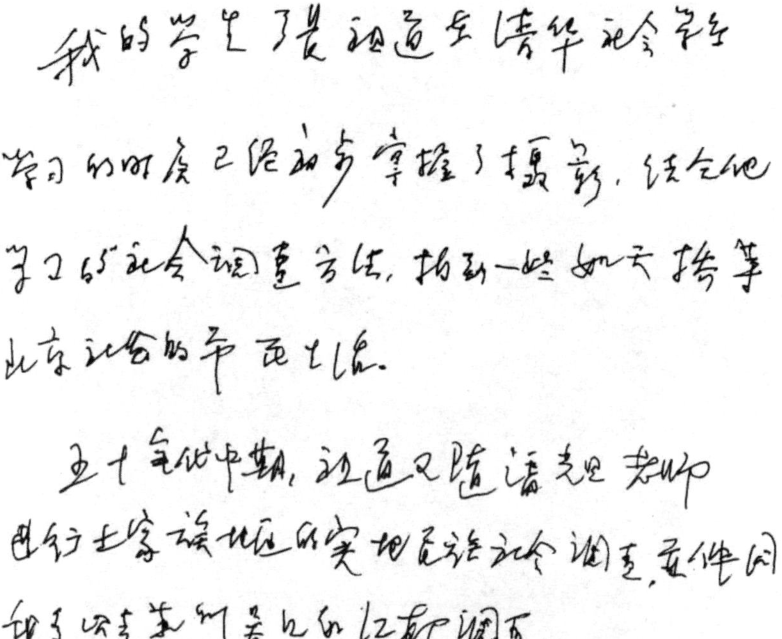

我的学生张祖道在清华社会学系学习的时候已经初步掌握了摄影，结合他学习的社会调查方法，拍到一些如实描摹北京社会的市面生活。

五十年代中期，祖道又随潘光旦老师进行土家族地区的实地民族社会调查，在[illegible]同[illegible]苏州吴江的江村调查。

祖道以其五十多年的摄影实践，称得上是一名田野调查的摄影者，摄影的田野调查者。

是为贺

费孝通 2003年3月29日
时年九十三岁

费孝通给张祖道的题词

1947年12月，费孝通（前排左一）偕夫人孟吟（前排左二）和学生留影。后排左一为张祖道

明白了此中原委的张祖道特别关注村民饲养的家禽家畜。他拍了放学后到田间割羊草的小姑娘徐锡宝，因为羊比牛吃得少；他拍了圈养在水缸里的小兔子；他还拍了兽医周文昌正在给村民周金山家的小猪治病……

这些有点土气的照片一度无人问津，理由是缺乏艺术性。张祖道也甘愿把它们锁在金丝楠木箱里，继续着自己简单而清贫的生活。直到2007年，他85岁寿辰的前夕，首部个人摄影集《江村纪事》

面世。只过了4个月，“江村纪事”系列作品入选第三届连州国际摄影年展特别展单元，获得年度摄影艺术特别贡献奖。

这是张祖道的第一本书、第一个与摄影有关的奖项。但熟悉他的人都知道他的价值。继承父亲潘光旦衣钵的潘乃谷担任过北京大学社会学人类学研究所所长，20世纪90年代她力邀张祖道再度参与新时期的土家民族调查，称赞他是“一个用图片表达的最忠实的记录者”。

2003年3月，93岁高龄的费孝通命笔为张祖道题词：“祖道以其五十多年的摄影实践，称得上是一名田野调查的摄影者，摄影的田野调查者。”

捕捉大家的日常神情

巴金说：“张祖道的校对水平很高。”

老实人张祖道这辈子做的“最不老实的事”，恐怕要算他“雪藏”了一批照片。

他在杂志社工作，经常接触到一些社会名流，为他们拍照，供杂志刊用。但时代使然，大家热衷的都是标准照，刊登出来的人物照片都多少有点“高大全”。为了工作需要，这样的照片张祖道一幅也没有落下，但他不就此罢休，心中自有算盘。

张祖道觉得，标准照上的人总是端着的，不真实，不生动，没有人物的个性与神韵。而在日常的某个瞬间，人的一颦一笑、一举一动，往往饱含魅力，顿时让胶卷上的一团影子有了生命的气息。

所以，那些社会名流们在张祖道的镜头里有两副面孔，真实的、日常的面孔一直不合时宜，他就藏在那个金丝楠木箱里，直到2009年8月集纳成册，名为《刹那——中国当代文化名人剪影》。

1958年，张祖道被下放到了河北省怀来县农村，同他一起的有中国文联和中国作协的知识分子。由于有门特长，是年秋天，张祖道成了《怀来报》的摄影记者，一批文化人有幸走进了他的镜头，成就了他们的本真面目：

诗人田间，拎着个篮子，面带微笑，正在播种，陶醉其中。从穿着和神情上看，他与旁边的农民兄弟没有什么两样。他的诗句，一向如擂响的战鼓，但这个时刻，他把生命付诸田间地头。

作家徐迟，蹲在地上，手扶怀来的特产马奶葡萄架，眼望前方，充满期待，像个老农，期盼有个好收成，但手腕上的手表“抢戏”了，暴露了他的外来者身份。

诗人郭小川，时任中国作协党组副书记，年终前来看望大家。他坐在一张大桌前，正在吃着花生之类的干货，旁边是大搪瓷茶碗，自然随意，谈笑风生。

…………

1958年12月26日，中国作协党组副书记、诗人郭小川（左二）和《文艺报》副主编、文学评论家侯金镜（左三）来到河北怀来看望、慰问下放人员

张祖道一直保留着这样的创作风格，不经意间成就着经典：

1956 年的刘开渠，人民英雄纪念碑雕塑组组长，站在浮雕前，似乎在跟雕塑上冲锋陷阵的战士面对面地交流着什么，神情专注地看着对方。

1959 年的黄永玉，那么年轻，正在家里创作，画室凌乱不堪，但他全然不顾，右手撑着脑袋，对着画板发呆、冥想。

1959 年 9 月，画家黄永玉在家中创作

1964 年的老舍，蹲在家里的花草旁，小孩子一样灿烂地笑着，仿佛创作时的劳累一下子释然了。

1979 年的高士其，这位科普作家历经浩劫，出现在了中国文学艺术工作者第四次代表大会上，正要投票，他坐在轮椅上，耷拉着脑袋，下巴上别着口罩，双眼无神，但脸上却写满了逼人的坚毅力量。

1979年的巴金，刚从国外访问回来，眉宇之间有得到身心解放时的轻松，均匀地呼吸着，没有太多的悲伤，也似乎没有表达的欲望，只是坐在那里，安静地看着张祖道的镜头。后来，巴金再版《随想录》时，张祖道通过与巴金相熟的同事主动担当起校对的工作，结果还真是发现了几处错误，赢得了巴金的首肯，写信称赞他的校对水平，并送上大32开线装五卷本《随想录》作为感谢。这部大书至今还躺在张祖道的书柜里。

1984年的叶浅予，这位画家怒目相视，眼珠子睁得圆圆的，头发倔强地耸立着，感觉一团火焰正在他的身上燃烧。

1986年的艾青，出席《诗刊》的座谈会，手指半捂着嘴唇，入神地聆听着，但额头上的青筋暴突，像一道闪电，如他的诗句，撞击着人的心灵。

1986年的丁聪，半闭着眼睛，拉着二胡，与他用画笔针砭时弊时的剑拔弩张完全不是一回事，优哉游哉的派头十足，宛如在公园里娱乐休闲的慈祥老者。

1987年的曹禺，出现在中国戏剧梅花奖的颁奖典礼上，演出结束，他被邀请上台与演员握手。但是他行动迟缓，拄着拐杖，站到台上时大家都在忙着寒暄、谈笑，刹那间，他被遗忘了，没有人理他。是众人皆醉我独醒，还是人到老年必须要直面的落寞？张祖道的感受是那个瞬间的曹禺“就像冬天里的梅花，在丛中笑，他已经迎接过春天了，功成身退了，有这个味道”。

…………

1987年4月15日，曹禺在第四届中国戏剧梅花奖颁奖典礼上

1953年8月30日，画家齐白石在北京西单的家门口送别客人

1979年11月6日，沈从文出席中国文学艺术工作者第四次代表大会

汪曾祺。摄于1997年

这些人似乎整齐划一地在张祖道的镜头前活了一回自己。

“我的原则是不干涉人，不干涉被摄对象，要从他们的活动中选择时机来表达他们。我不会因为某个人长得漂亮、胡子长得长就拍，我总是因为那个人做了什么事，和别人有什么样的关系，我才去拍。”这是张祖道所推崇的摄影理念。

2012年5月26日晚，湖北武当山，张祖道问鼎第九届中国摄影金像奖终身成就奖。他斜挎着一台老尼康FM2走上领奖台，在人生中的荣耀时刻，他要和这个“老伙计”一道分享喜悦与荣光。主持人提议请他给台下的观众拍张合影照片时，老人一边谦逊地表示“老相机了，试试看”，一边举起了相机。主持人好意喊起“一、二、三”，希望全场配合拍摄。张祖道连忙摆摆手，放下相机，两手一摊，说：“我们搞纪实摄影的人，拍照片从来不用喊一、二、三的，从来不会让你站这边，他站那边。”

掌声响起，盛满了敬意。

他最为反感的是摆拍，但有时难免被摆拍。

电视台的记者到他家里拍摄生活场景，他们发现地方不够宽敞，屋子里都是书，不好摆放机器，就把张祖道的图书、报刊都搬到了走廊上。折腾了一个多小时，让张祖道坐在床上，身后是一面空墙。

“我当时就看不懂了，我的生活就是到处都是书啊，怎么可以这样?”张祖道心里很不舒服，难以理解，但是他没有多说什么，尽量地配合拍摄，“不管怎么说，这些孩子也不容易，为了工作”。

在中国摄影家协会副主席、中国艺术研究院摄影艺术研究所所长李树峰看来，张祖道为人本分，不图名，不谋利，不争不抢，认真地做着自己喜欢的事，“他是一位纯粹的学者型摄影家，他的作品富于文献价值，记录了社会发展的历史进程，为探索摄影艺术的文化功能和学术功能树立了一个标杆”。

李树峰对张祖道的认同是有所指向的，因为当前摄影领域存在着过于追求摄影艺术性的不良倾向，“有一些摄影人完全满足于在小圈子里自娱自乐，光线不好，就不愿意按快门，只有遇到个漂亮的小女孩，或者一栋别致的小房子，或者满脸皱纹的老人家，他们才有创作的冲动。这等于是作茧自缚，钻牛角尖，耗费了大量的时间、精力和金钱，结果一事无成，白白放弃了好多值得记录下来的东西”。

李树峰说，摄影艺术不仅仅是艺术摄影，不仅仅是为了狭隘的漂亮与美，而是要走向更广阔的文化场域，获得更为博大的生命力。张祖道的实践就证明了摄影具有民族学、社会学、传播学意义上的价值。

“张老越来越受到尊重，不仅仅是因为他的高龄，更因为摄影人慢慢明白了从事这个职业，需要像他这样具备踏实的作风和务实的态度。但是有多少人真的能像张老这样纯粹呢?”李树峰满是感慨。

他或许不知道，张祖道也有着自己的愧疚。

如今“吸烟有害健康”的观念深入人心。但有段时间，叼个烟斗，或者吐着烟圈，腾云驾雾，被认为是有风度的象征，文化名流中好这口的不少。他们抽烟时的“风采”都被张祖道收进了镜头，并且编入了《刹那——中国当代文化名人剪影》这本影集里。张祖道后悔自己当初怎么少了一根弦，把这些照片拿了出来，“摄影工作者应该有社会责任感，应该有所担当，我做得不好，我深表歉意”。

人无完人，张祖道始终走在完善人生的道路上。1982 年，恩师费孝通对他说过这样一席话：“我已经是 70 岁出头的人了，口袋里只有 10 块钱，也就是我只能再工作 10 年，干到 80 岁就到头了吧。

我要努力工作10年，把失去的20年追回来，你比我小一些，都属狗，你数数你的口袋，不是只剩下22块钱了么？好好地花，别浪费。”

张祖道说当时他就头皮一紧，心头涌出一股急迫感。

如今，按照费孝通的说法，张祖道已经透支了。但是他依然关注着摄影器材的功能变迁，喜欢给报纸上的文字纠错，尽量弄明白“雷人”这类词汇的含义……而人们期待他身旁的那口金丝楠木箱，能够不断地溢出动人的故事，如实地揭晓历史的秘密。

小贴士

上世纪40年代考入西南联大社会学系，社会学的训练和背景奠定了张祖道一生摄影的基调。他在革命时期随军转战南北，和平时期进入媒体继续从事报道工作。他带着学者的思考，以文化自觉的态度记录下丰富的人文世界。上世纪40年代清华园的校园生活和北平天桥街头的艺人，随潘光旦、费孝通学术调查拍摄的社会学、人类学、民族学文献，以及众多的文化名人影像，都是中国摄影史上的珍品。他是中国纪实摄影的先行者。

——第九届中国摄影金像奖颁奖词

附录

勇敢和机智

□ 张祖道

战场上光凭猛打猛冲是不够的，“老子不要命，不怕牺牲。”对呀！你是好样儿的，可是牺牲了，任务没有完成，怎办?！所以说，咱们打仗还得动动脑筋，机灵点，要讲究个不伤亡，还得完成任务，老话说“胆要大，心要细”就是这么个意思。

四〇一团三连的战士张连和，这次衡宝战役立了一个大功，没别的窍门，就是个心细，机灵。

洪乐庙战斗中，要夺山头，别人没有上去，他跟组长刘殿忠两人，走在前头，班里其余同志，随在后面掩护。他看好地形，利用死角，敌人打不着，接近了，一阵子炸弹冲锋枪，就把敌人赶跑了；占领了阵地，马上布置好，把敌人的两次反冲锋全干垮了。白匪军就是一个组织反扑快、猛；但是不能持久，你沉住气一嘟嘟，一轰轰，马上就垮下去了。懂得灵活的抓住这点，就能治得住他。

还有第二次，是老张一个人拿下一个更大的山堡，不赖吧？任务本来是叫好多个人一起完成的，老张说："人多了容易暴露目标，不好，我一个人去吧！要是拿不下，再一齐去！"你看，他有胆量；可是并不是冒失鬼似的胡搞一通。他沉住气慢慢的往上爬，山上满是荆条树棵子，挂破衣服，划破脸手，可是他还是一声不响的摸上去，敌人一直没有发觉，快到山顶时，天也黑了，看不到敌人。敌人也真滑，一句话也不说，没有一点声音。老张知道，决不能先暴露，大家泡吧。还好，猛的敌人咳嗽了一声，被老张辨清了方向，好险啊，就在眼面前啦，要不是沉得住气，早被敌人干掉了。于是，张连和掏出四个手榴弹，用手捧着，一下子全摔出去，赶紧端起冲锋枪，顺着方向一嘟嘟的就是一梭子，炸死两个敌人，打翻两个敌人，其余的摸不清，全吓跑了，把阵地乖乖地让给老张一个人。

在严家殿抓俘虏，张连和的办法也比别人巧些，独个儿悄悄的沿着山上的小路搜过去，仔细的听，仔细的瞧，看到树棵子密的地方，暗的地方，或是听到一点点响动，不管里面是不是有人，马上就高声喊话："老乡！缴枪吧，缴枪不杀，解放军优待俘虏，不搜腰包。我也是天津解放过来的，快下来吧！"这样喊了几回，果然在一个树棵子很密的山顶上有人答话，问他是不是真的优待，是不是真的不杀俘虏。他用和和气气的语调保证优待俘虏，敌人就都从山上悉悉索索的走下来。一数，嘿！有三十六个零半啦！（那半个是没有战斗力的女眷）。

瞧人家老张，实现了决心，完成了任务，还立上功，多美！这是勇敢加上机智的结果。

（注：衡宝战役，因战役发生在湖南衡阳和宝庆即今天的邵阳市而得名。又称中南战役，与海南岛战役、西南战役并称为中国人民

解放军渡江后的三大战役，是中国人民解放军进军中南地区以来的首次重大战役，是横跨开国大典的唯一大战，1949 年 9 月 13 日至 10 月 16 日，历时 34 天，歼灭国民党军 4.7 万余人，解放了湘南和湘西大部地区。）

【小 传】

1930年4月19日生，湖南省醴陵市新阳乡易家渡人，号青槐，字仕龙，毕业于信阳步兵学校。任中国人民解放军军事博物馆研究馆员，解放军书法创作院院长，中国艺术研究院博士生导师，第三届中国书法家协会副主席等。2001年获中国书法艺术特别贡献奖，2006年获第二届中国书法兰亭奖·终身成就奖，2009年11月获中国文联第八届造型艺术成就奖，2011年12月被聘为中国文联荣誉委员。多次应邀到日本、东南亚地区参展和讲学，作品流传到20多个国家、地区和组织。在国内，其作品除见诸报刊和展出外，还为许多重要博物馆收藏。

【相关人】启功、欧阳中石

【放 言】『书道犹兵。胜军推进，势如破竹，万马嘶冲；作书布阵，纵情挥洒，心绪亦然。统兵追击，不获全胜，决不收兵；挥毫作书，不尽纸墨，不肯罢笔。』

李铎：且歌且吟一青槐

一身戎装，笔挺端坐。

李铎手擎放大镜，朗诵起自己创作的诗词来，抑扬顿挫，洪亮有力，就像他的书法，壮丽雄浑。

情，一字千钧，弥漫在他的言语间，荡漾在他的诗句中，铺陈在他的墨海里。

他以深情，回望着故土山水的滋养，报答着军旅生涯的锤炼，承继着中华传统文化的优长。

“青槐”，是他的号，宛如一个戳印，嵌入他的生命。

槐，喜光，能适应寒冷气候，根深而发达，抗风，也耐干旱、瘠薄，寿命长，国槐为上品，是闻名的文化树种。

李铎的艺术人生，犹如一棵青槐树，枝繁叶茂，郁郁葱葱。

这棵“青槐树”，种在故乡的渌水河畔

“上有青冥之长天，下有渌水之波澜。”这是李白的诗句，其中的“渌水”释义为“清水”，而属于李铎的母亲河恰好唤名为“渌水”。

尽管离开家乡已然有60多个春秋，但湖南醴陵的山水人情不时在他的内心泛起波澜。

在这里，他接受了最初的书法启蒙。5岁读私塾时临帖，手把不稳，笔道不力，先生可能知道达·芬奇初学绘画时被要求一直画鸡蛋的故事，就让他从画圈练起，画得越圆越好。

和达·芬奇一样，起初李铎觉得很有趣，但画了一段时间就疲了，何况这算不上美差，因为画起来不是粗了就是细了，不是长了就是扁了。有一回，他自认为找到了捷径，“用笔杆的头蘸上墨往纸上盖，倒是挺圆的，就这样盖了一篇交上去”。

这样的讨巧轻易地被先生识破了，自然少不了戒尺“伺候”，李铎依稀记得当初自己一顿号啕大哭。

不过，李铎将这件事视为人生的一个转折点，“以后再也不敢弄虚作假、糊弄先生了，而是认认真真，老老实实，狠下功夫读书、背书、临帖，字越写越好”。

而字越写越好，受益于师长的“恩威并施”。

李铎发奋练字，书艺大有长进。私塾先生看在眼里，但半信半疑，就把李铎喊来当堂面试。李铎心里有底，从容应对，终获先生“不错，有出息”的赞许，信心顿时燃起。

1948年，李铎初中时的学生证照片。这也是他最早的一张留影

初中时师长的激励更让李铎信心满满。他的字越写越见功力，参加全校的书写比赛，拔得头魁。颁奖仪式隆重而热烈，有升旗，有唱歌，有校领导致辞，奖品是10个湘东中学（现更名为醴陵第一中学）的信封和一沓印着红竖格的信笺。喜悦之情，难以自抑，周末他捎上这些奖品，徒步40里山路，向父亲报喜。此番情景，李铎历历在目。

1949年，李铎（二排左一）参军前，与初中二年级一期学习小组成员相聚在母校湘东中学的“青云亭”

学书，让李铎早早地感受到了纯净的荣光，而家乡的父老也让他早早地领略到了人性的暖意。

1948年春，他考入县城湘东中学，家人喜忧参半。喜的是总算出了个“秀才”，忧的是学费是个老大难。当时，一个学期要缴纳上千斤谷子，家业困窘，奈何了得?

村里人哪能袖手旁观，你一斗，我一袋，送上门来。“进城报到那天，我清楚地记得，七八个乡亲推着独轮小车，载着谷子，载着歌声和欢笑，组成了长长的车队，向醴陵县城进发。”在《谷子铺出求学路》这篇追忆文章里，李铎感慨自己能读初中，是父老乡亲们用血汗换来的；自己学到的一些知识，打下的文化底子，是用一粒粒的谷子堆出来的，“我懂得它的金贵”。

所以，他时刻不忘反哺故土的养育，捐资修桥，开办农民图书馆，举办农民书法班，在母校设立奖学金……书法创作时，落款处，他总是要冠以或“湘人”或“湘东”或“湘醴”的字样，让“李铎”这个名字沾染乡土的亲近气息。

“日梦潇湘风，夜梦潇湘雨。更梦潇湘一片云，载我潇湘去；俯首看潇湘，美景清如许。帝子乘风下翠岚，我亦随风与。”他赋诗吟句，清丽婉转之间夹杂着几分缠绵与可人，情感迸发如歌如诉，真挚而热烈，貌似犯了诗家大忌，差遣“潇湘”二字五度入诗，但读来却不显冗繁和堆砌，反而给人以步步深入与升华之感。

对家乡的咏叹不曾停歇。“汨罗西向洞庭间，晓雾初开水接天。远看千帆分雪浪，一螺青黛落苍烟。”对于这首描摹洞庭的诗作，他的学生子央击节称好：这“远看千帆”与“一螺青黛”，将家乡山水的妩媚之态移来纸上。仿佛纳须弥于芥子，藏日月于壶中，而诗人的怀乡恋土之情亦宛在其中。

“香樟渌水大王山，白鹭纷栖雪满巅。少小扶竿舢竹渡，嬉玩犹在数天前。凭窗几度怀乡远，老病仍依桌案边。索隐探幽三味久，神游太古八荒天。”八十寿辰之际，他回眸感慨人生，怀乡的意绪依然饱满。

2006 年 4 月 27 日，他和老伴李长华在母校醴陵一中栽下一棵桂花树。如今，这株桂花树每年如期飘香，替他守候着故土，承载着他的浓郁乡情。

这棵“青槐树”，种在军营哨所旁

在进行书法创作时，李铎有个特殊的癖好，那就是穿上军装，提神提气，“这样心里才踏实”。

李铎应邀书写文艺界核心价值观的具体内容——“爱国、为民、崇德、尚艺”。夫人李长华在一旁协助 **原瑞伦摄**

他与军营有着隐隐的“姻缘”。

1949 年 8 月，醴陵解放，迎来新生。解放军捎来好消息，中南军政大学湖南分校开始招收新学员。

那时的李青槐看到招生简章心里发怵，其中的一项条件是个硬门槛：学历要求是高中毕业，最起码是高中肄业。而他读初中不到两年。

“不抛弃、不放弃”的军人气概在 19 岁的李青槐身上已有端倪。他独自前往招生办，力求说服考官。事先他做好“功课”，未雨绸缪，决定起个新名字，“当时主要是怕考不上让人笑话，你一个初中伢子，要考军校，这不是癞蛤蟆想吃天鹅肉么？好在当时不要身份证、户口本等证件”。

他开始翻字典，发现了“铎”字，很是满意：音好，读起来响亮；意好，有唤醒民众之意；笔画多，写起来好看。

考官见他参军愿望强烈，就问有何特长。那时李青槐还对“特长”一词缺乏概念，不懂何意。当得知是问“会什么”时，他连忙应答会写字、会画画。考官应允，记下他的名字，“李铎”。

通过考试，他顺利中榜，“李铎”这个名字符号开始伴随一生。

铎，《现代汉语词典》的一项释义是“有战事时用的大铃”。他让自己的名字与戎马生涯紧紧地粘连在一起。

而且，他还让自己的书艺风格融入了军营岁月的生气。

在军校学习半年，他开始接触唯物的观点、辩证的观点、劳动的观点、群众的观点、发展的观点等新鲜内容，思想面貌焕然一新。后来被分配到 41 军，陆续参加了护路、剿匪和解放南澳岛的战斗，并三次光荣立功。

行军途中，政治宣传颇为关键。李铎有了“用武之地”，他拎着石灰水，拿起扫帚就刷，见墙刷墙，逢桥刷桥。他将这段经历视为练习书法的良机，特别是部队行军奔赴各地，总是能遇到庙宇祠堂、名胜古迹，这些地方恰是碑石铭文、匾额对联扎堆的所在。这时，李铎说自己的反应是“腿就轻了，眼就亮了”“驻足临摹，流连忘返”“有条件的，还要用铅笔摹拓一点带走，回去慢慢地揣摩和品味”。甚至有一回部队在某寺庙歇息野炊时，他被一块行草碑文深深吸引，废寝忘食，专心临摹，“等临完了又开始行军，这顿饭只好边走边吃了”。

渐渐地，部队大熔炉练就的钢铁意志和威武气魄，被他遣送到笔端，铸就他的书艺风范。

“书道犹兵。胜军推进，势如破竹，万马嘶冲；作书布阵，纵情挥洒，心绪亦然。统兵追击，不获全胜，决不收兵；挥毫作书，不尽纸墨，不肯罢笔。数十年戎马生涯，锻就此性格，磨砺此意志，濡染此精神。精神所染，气势所趋，融之于书，不无补益。吾谓书道犹兵，不为过也。”他这般阐述军旅岁月对自己书风的渗透。

早在1988年，文艺批评家陈先义就发现，李铎很轻易地就能与普通战士结下深厚的情谊，其中的一个重要原因，就是战士对他的书法情有独钟，“战士喜爱他的书法，认为他那古拙沉稳、苍劲挺拔的风格，很能体现军人的阳刚之气。而在李铎看来，正是那充满阳刚之美的军营生活，为自己的书法艺术提供了创作的源泉”。

1995年，书写创作《孙子兵法》是他艺术生涯的一个高峰。

在谈及创作缘起时，他感觉自己来做这件事占尽“天时地利人和”。因为孙子是古代的大军事家，本身就是军人，古代军人的军事著作，由现代军人书写，将来展览也在北京军事博物馆，从头到尾贯彻一个“军”字，体现“兵”味，意义非凡。

决心已下，他开始了“战前准备”。就书风而言，他默默思量，要写出“气势”来——

军魂之气。就是“知己知彼，百战不殆”，把情况搞清楚之后，要神算、谋划，运筹帷幄，决胜千里，这是兵法的魂。

军势之气。军队是打仗的，软绵绵的不行，就得摧枯拉朽，所向披靡，无往而不胜，无坚而不摧，字里行间要体现这种气势。

军戎之气。作为军人，写兵法要透出军人的风度与气质，像统帅布阵、击鼓催征那样，展现一种“战斗”的气息，写出阳刚、雄强之美。

展览既出，名动京城。

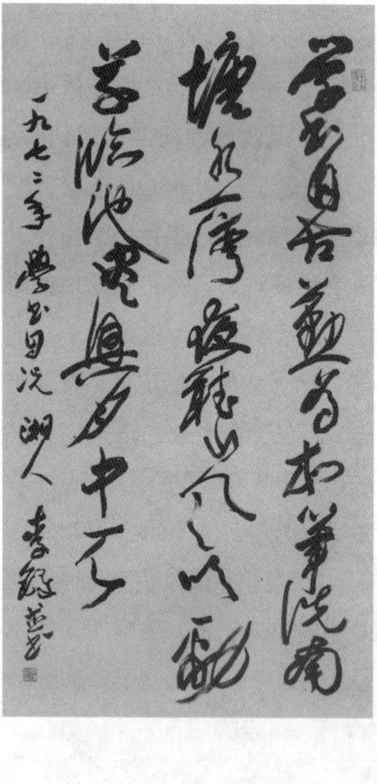

学书自古勤为本，笔洗南塘水一湾。夜听山风吹劲草，临池尽兴月中天。(行草)

李铎在研究古文字

原瑞伦摄

“猿臂伸来录异书，淋漓点画古藤粗。鸿都门下中郎笔，视此豪情逊不如。六千文字百余石，信手镌来若等闲。纵使庞涓逃树下，也难擎此重如山。”时年83岁高龄的启功先生欣然命笔，赞誉李铎的这一创举。

在笔墨之间浇筑军人气概，李铎身体力行，也希望军营里的书法爱好者全力践行。

“学习书法就像部队冲锋打仗，站岗执勤，不能想怎么练就怎么练，想怎么写就怎么写，来不得半点马虎。”学生彭相泰铭记着恩师李铎的教诲。

“军队的书法家要姓‘军’，应该努力创造出健康向上、具有时代精神、充满阳刚之美的作品。”李铎如此寄语军旅书友。

在他看来，军队特殊的使命和任务，锻造了军人特殊的品格、气质和情操，集中体现了时代的阳刚之美。军队的书法家生活在这样的环境中，最容易受到熏陶、启发和感悟，进而把这种美质融入书法创作中，拿出一批体现军人坚贞豪迈、勇敢大度、无私奉献、勇于牺牲、勇往直前这种内在精神和风貌的力作。

李铎言传身教，使得追随者众。

同为军人的老伴李长华多少受到李铎的濡染，写得一手好字。

李铎说，如果说自己在书艺道路上有所建树，“军功章”有她的一半。

炊事员、通信员、资料员、理发员、助理员、卫生保健员、家政管理员、税务员，在他的眼里，夫人是“八大员”。

李长华是他的左臂右膀。至今，他的头发还是交给夫人打理，多年来已成习惯。

“提笔作书，往往受书者情绪、心境之影响，喜、怒、哀、乐每每体现在字里行间……书之佳者，当为见情见性之作。”李铎的心思，李长华懂得。军医出身的她发挥所学，熟稔心理调适，李铎有时难免脾气急躁，她以柔克刚，“你急我不急”，温文尔雅，全力协助李铎保持良好的创作心境。

老李要挥毫了，李长华把宣纸铺展，把毛笔润好，摆正印章、印泥，劝导在场的人安静下来……他们配合得默契而自然。

对于师母，李铎的门生纷纷有话要说。

彭相泰有次带着作品向李铎请教。李铎逐字批阅，当发现“细”字的田字旁左上方多写了一撇时，怒火中烧，足足批评了十多分钟。即时，李长华患牙疼，正在休养。彭相泰记得师母四次起身，开导他，第二天还向他的朋友致电，拜托他们一起给彭相泰做工作，希望他能对老师的严厉给予理解，“当我以无比激动的心情给李师母回电话，进一步表明了态度，老人家才放下心来”。

杨代好记述了这样一则往事：“生进门，见师母挽袖洗衣。夺其活，曰：‘吾洗之，此比临帖易百倍矣。’遂尽力揉搓清洗。洗毕，以得意色问母曰：‘请判吾分。’母曰：‘可得良好。’生惊望母，母又曰：‘若与妻亦如此，方可得满分矣。’生略带悦色，曰：‘努力争取耳。’”

“家庭政委”，这是李铎给老伴的“定位”，特指她善于做思想工作。

正是这位“政委”的“柔”，给了李铎一份不可或缺的依傍，让他在艺术道路上酣畅淋漓地“刚”，铸就了当代军旅书风。

这棵“青槐树”，种在文艺百花园里

李铎以书闻名，但也身怀多套笔墨，诸艺兼修。

“诗书画，血脉相连，如同胞姐妹。三者兼学并举，相得益彰。古之大家，大抵如此。故习书之外，旁涉诗词画艺，不无裨益。”他以身作则，在不同的领域纵横捭阖。

譬如画。他的家乡到处都是竹子，赶上好天气，月光下，院子里的竹子映在窗户纸上，构成天然的墨竹图。年幼时，他就照着这个“影子”画，兴致盎然。尽管后来专习书法，但始终没有放弃对绘画的热情，《芥子园画谱》一度是枕边书，而且他还是故宫绘画馆里的常客。一有闲暇，来了兴致，乐于将自己的心绪付诸丹青。有论者评述道，他的国画格调高雅，花鸟画将草书古藤苍劲的线条融入其中，章法求其大疏大密，山水画以写生为基础，弥散生活气息。

譬如诗。风格豪迈奔放的不少，金戈铁马；清新婉约的也有，小桥流水。“谁家女，牡丹花，针针线线绣手帕。绣出红艳艳，绣出心里话。待到心花绣满枝，悄悄送给他。”这是他给名为《绣手帕》的画作题写的小令，文字朴实无华，近乎白描，但韵味迭出，情趣盎然，“将少女初开的情窦刻画得入木三分，令人在诗内驰骋，神在诗外飞扬”。

而在面对一位年轻的司机朋友索诗时，他的笔墨满是父辈的叮咛："车行千里欲精心，左右纵横座不惊。处处安全人竞乐，频频礼让最堪钦。"

他的诗，启功先生曾经击掌称好。1985年，他参观黄鹤楼时挥就一首七绝："客子停舟欲上楼，登临回望楚江秋。乡书日夜浮黄鹤，闲却霜天万里鸥。"李铎向启功求教，老人家从头念了一遍，把目光停留在最后一句，一边打起了拍子，一边轻摇着头，慢慢地吟。继而转身道："李铎同志，我可不是奉承你呀，你这诗写得真好，确实不错，格律没问题，内涵好。就这样写。"

后来，启功在评述他的书艺时，还有"不能不谈的一件事，即是李铎同志不但书法功底好，还擅长作古典体的诗词……我读他许多诗作，用旧术语说，都极其'有诗才'，既'无失律'，又有意韵"。

2002年3月，李铎与启功在全国政协九届五次会议上

也就在这篇文章里，启功谈及李铎曾经对郭沫若的书法学得十分相似，后来发现他“变”了。启功认定，李铎琢磨玩味过晋之二王，唐之颜褚，宋之苏黄米蔡，明末清初人王铎、傅山的行草书，有时又以隶魏笔意入行，独具风格，“但绝对无法说出他哪些笔法是专学哪个人的，只看他用笔不拘束，结字求紧密，行气要连贯，章法则是在左伸右缩间取得行距的平衡。足见他是在一向放胆落笔中渐疏渐密的”。

如今，李铎在书坛成就斐然，自成一家，这得益于他践行着“临、立、变、创”的理念。

临，就是临帖，要继承，在古人的笔墨间揣摩书法艺术的法度，借此祛除随意而就的“自由体”，把自己的习惯写法统统排挤，“这叫改造手，‘改造’得越彻底越好，‘挤’得越干净越有成效”。假以时日，就能立住根基，积累资本与实力。

临帖重要，读帖也不容忽视，“如果说临是侧重于练手练腕，那么读帖则是侧重于练心练脑”，把名篇佳作统统装进自己的眼睛里。

读帖主要是读什么呢？李铎有自己的一套理论——

读结构。盯着字的造型、体貌，看笔画与笔画之间为什么要这样搭配，为什么要这样组合。有的中宫紧聚，外围疏放，如黄庭坚；有的中宫宽绰，如颜真卿；有的取纵势，上下高；有的取横势，左右伸展……但都好，都美，读时要细辨差异，把各自的特点一一吃透。

读用笔。同一个字，用笔不同，效果和感觉大不一样。怎么入，怎么行，怎么收，怎么出，微妙之处怎么变化，一一搞清楚。

读章法。一篇字，“开头怎么写，下面怎么衔接，行与行之间怎么照应，字与字之间怎么连带，哪里轻，哪里重，哪个大，哪个小，等等，要全面地分析把握。好，好在哪，不足，亏在哪，也要心中有数”。

读韵味和精神。因为每个人的字，都有其独特的精神气质，读时要注意捕捉、揣摩这些字携带着怎样的内在情感与格调，在意会中获得滋养。

但就此罢休则是“逃兵”，临帖再逼真，读帖再细心，也是在他人的阴影之下过活。这就需要“变”。临帖讲求“意临”，既要有古帖的韵致，又要有自己的感悟，要从“临”时的“像”变得“不像”，最终由“入帖”而顺当地“出帖”，创造出新的面目，形成新的“体”，写出真正的自我。

“变”的过程，艰辛而痛苦。

同是书法大家的欧阳中石颇有感触：研习书法，写到一定程度，谁都想再进一步，但朝哪儿使劲呢？

小家子气的人会感到取得了这么多成绩，已经够可以的了，于是就有了“小富即安”的心理，觉得没有必要闹来闹去，免得连老本也丢了。

“即使有点心胸的人，在已经取得了一点成绩的途中也往往会形成一种定式，一方面感情在留恋，一方面习惯在留恋，要想再进一步的确是不容易的。”其结果是，曾经的才俊，年纪轻轻就显露峥嵘，但由于缺少“变”的冲动与实践，艺术功力被定型了，踏步不前，甚至倒退不少。

“如果真的能前进一步的人，那非是大勇之者不可。”欧阳中石在评点李铎书写的《出师表》时感慨，他就是一位这样的书家。

如何实现有质量的“变”呢？除了怀有毅力和耐心，李铎主张锤炼字外功夫：“书家只有投身社会，寄意自然，笔墨辞章才具时代感。倘躲进书斋，一味临摹，游离生活，用功虽勤，终难脱俗升华，自出机杼。”

成都杨升庵祠的一棵藤萝令他着迷，当即展纸写生，还拍下照片，细细端详，此后就以古藤为师，“喜其曲屈盘结、苍老枯健、钢拧铁铸、跌宕遒连之美。余尝拟其势，用其意，落笔涩进，以臻古拙、沉雄、苍涩、浑厚之气”。

他把自己的经历与情感融入了自己的书法世界。

年少时求学，家庭生活拮据，乡亲尽管不时地救济，但他们的处境也好不了多少。读到初二，只能依靠举债和卖地维持学费。向大户借，今年借一石，明年还一石半。卖地，要写地契。此时的李铎，也算半个先生了，写地契的活儿落到了他的身上。

这是一张怎样的地契！

自幼习字的李铎，如何下笔，用颜体，还是赵体？

2011年李铎在北京昌平与农民交流书法 **原瑞伦摄**

“这是全家赖以生活的田亩啊，签字时，我的手在颤抖，心在滴血。”这一幕，长在了他的脑海里。

在信阳步兵学校就读时，体育是一道坎。单杠、双杠、跳远等项目尚可，唯独木马，始终是个障碍，训练时一次也不曾成功。李铎也破罐子破摔，干脆放弃了这个项目。

当时的考试，采取的是随机抽签的办法。怕什么来什么。毕业考试，李铎“完美中标”，考的项目恰好是木马。要栽了！

没有办法，只好往前冲了，“我心一横，一咬牙，一跺脚，一个纵跃，总算跳了过去”。满分是5分，结果得了4分。

这段往事，他跟学书联系了起来。对于他而言，跳木马，就是一次冒险。而孙过庭在《书谱》中论及：“初学分布，但求平正；既知平正，务追险绝；既能险绝，复归平正。”可见，书法上有“险绝”之势，才不平乏，而是给人以清新奇异的感受，“我的书写风格，是很重视险绝意识的，追根求本，与当年跳木马闯险以及长期军旅生涯的磨砺不无关系”。

对于过往历史，李铎主张辩证地看。他曾经专门撰文，探讨书法家王铎的艺术成就，大有替他“翻案”之意。

王铎自 13 岁开始临习王羲之，后以明朝遗臣的身份降清，这成了他的人生污点。受“书如其人”和“人品即书品”观念的影响，王铎的书法价值不被重视，“蒙上了一层阴影”。

李铎站了出来，替他说话。

他希望人们能拂去这层阴影和尘埃，“从书法艺术角度看，王铎的成就和贡献却是鲜有其相匹者”，进一步认为王铎“无愧是一座时代的高峰”。并以身说法，透露自己对王铎的作品曾进行过临习，而且花了大力气，至今还不时地意临，“对他那种排山倒海之势、横扫千军之力尤为钟情”。

他以学养书，一手伸向传统精髓，一手伸向自然造化与生活实践，创造性地为我所用。

李铎的这些理念，已经超越了书法艺术本身，而获得广泛共鸣。整个文艺创作领域，都存在如何面对传统、如何有效创新、如何观照生活、如何善待自然的问题，他的“书论”给出了可行的答案。他论的是“书”，却可以四处挪移，从而“书论”也是“文论”，进入一个公共场域，为其他文艺样式谋求健康发展提供有益的借鉴。

这些都是他大半辈子笔耕砚田的经验之谈，然而现实总是有些杂音让他揪心不已——

今之所见，仍有迷途者，鄙视传统，抛弃法度，聚墨涂形，任意为之。更有甚者，以口吹字，以脚代手，以发濡墨，反抹倒写，双手同书……五花八门，近乎杂耍。

近观时书，流行一体，多以变态面目出现，结字扭曲，支离光怪，施笔草率，点画狼藉，背离法度，放荡不羁。因上手快，极易见效，便趋之若鹜。从者颇众，略观其形，大有千篇一律之势，掩上名款，则众人一面，如出一辙。

时下，凡用笔蘸墨在宣纸上胡乱涂鸦者均被看作“书法”，不仅付之展览，且不惜重金，纠集出版。此种时风实为可虑。

…………

五官科

医生：你父亲这病是怎么得的？

王献之：就昨天看一个书法展看的。

李滨声绘

令他费解的是，形式主义也渗透到了书坛，一些人鼓吹现在已经步入“展厅时代”，乐于“制作”适合于大展厅的东西，追求所谓的“震撼力”。结果，展览作品的尺幅，要么越来越大，大而无当，华而不实；要么越来越小，小而琐碎，故作姿态。用的纸张五颜六色，花花绿绿，喧宾夺主。

爱之深，责之切。他以己之力，呵护艺术园地的纯净。

有人来函，计划通过征稿的形式，举行一次书画篆刻“精品展”，征求他的意见。他去信建议将“精品”二字更改为“作品”，叮嘱这样才符合实际，“一个大展总得有几百幅以上的作品，真正的精品不会多，何况展评中本来就分出了若干个层次呢”。

他奉劝那些习惯于把字写得不堪入目的人，多了解一下艺术上“美”与“丑”之间的辩证关系。他说，有一回收听广播，讲的是京剧丑角演员肖长华的故事。肖长华有一句名言，叫“丑角不丑”。指的是丑角演员上场前，心里要装着观众，演的虽然是丑角，但给人的形象要美。一招一式，穿衣戴帽要讲究，着装要做到“三白”：领口白、水袖白、袜子白。另外，脸谱要干净，台词唱腔也要干净，“演丑角，不能靠插科打诨或卖弄低级下流的动作去挑逗观众，恰恰相反，要通过高超的演技，展现丑角的内心世界，充分发挥映衬的作用，给人以有力的感染”。

2004 年 9 月 5 日，李铎出席“庆祝中国第二十个教师节高等院校名师美术作品邀请展”开幕式并致辞，右四为常沙娜

尽管京剧是表演艺术，书法是造型艺术，但两者自有相通之处，“这就是对‘美’的要求是一致的，都要给人以美的启发和陶冶”。

他把希望寄托在年轻人身上。2011 年 9 月 28 日下午，李铎来到奥运村，参加“书法大家进社区、进课堂”主题活动，积极响应中央部署开展“走基层、转作风、改文风”活动的号召，在北京师范大学朝阳附中举办题为《学习书法，提高中学生的综合素质》的讲座，劝导中学生重视学习书法，着力于提高综合素养。他还对学生们的书法习作逐一点评，并现场挥毫“开卷有益”四个大字，鼓励他们多读书，读好书。

当时，底下的孩子们恐怕不会知道，在讲台上侃侃而谈的这位老爷爷，不仅腿脚不太灵便，而且视力微弱，但他依然坚持学习，收听广播，让老伴读报，了解社情，感知世态。

“探幽索隐，继日以追。”这是八十寿辰时李铎的自勉联句。翻看他的记事簿，工作还安排得满满当当，家乡正在建设的李铎艺术馆牵引着他的心，战士们来电索要学习资料他不肯怠慢……

“只顾攀登不问高”，这是他曾经许下的诺言。

附录

李铎的署名写法隐藏了哪些“秘密”

□赵　勇

书法作为一门艺术，一个明显的特征是要在落款处署名、钤印。否则，就不称其为完整的艺术品。署名写得好，会使整幅作品增色；写得不好，整幅作品都受影响。为此，历代书家都非常重视自己的署名。作为当代著名书家的李铎，自然也不例外。李铎把署名看成是“门面”，是“作者看家本领的真实反映”，因而对署名更是给予了特别的重视。李铎的署名，不但写得好，而且变化多、变化快。20年来，差不多每年都有新变化，甚至一年之内还有明显的变化。在这方面，他恐怕是书家当中少有的了，很值得分析研究、鉴赏审美。

如果注意观察分析就不难发现，李铎署名写法变化的发展轨迹大体上是按照年代划分着的。这就是：70年代以“悬针式”为主，80年代以“垂露式”为主，90年代以“章草式”为主，进入新千年则又变成了“横卧式”。当然，这几种样式的划分，主要指的是“铎”字。“李”字笔画较少，不便作较大的变化。说这样划分是大体上的，是由于每个年代的后期书家都穿插着一些过渡体；有时书家受着情绪、环境的影响，在写法上也还有前后参差的现象。当然，这些都不是主流，主流还是按照年代来划分比较适宜。

我们先看70年代的署名（见图一）。70年代初、中期，书家在“铎”字的最后一笔上用的是悬针竖，故我们称之为“悬针式”。这个时期，由于书家受郭沫若的影响比较深，“李铎”两个字写的基本是郭体。用笔的最大特点是，回锋转向，逆入平出。笔画的粗细变化虽然很大，但搭配得自然、得体。初看用笔并不经意，实际上格调很高，墨气酣畅，意态端庄，起伏顿挫。既刚健有力，又灵活绰约。看得出是经过深思熟虑、精心设计而成。做到了意随心到，笔随势生，让人从静止的字形中领略出雄放崇高的动势。两个字都有粗细线条的搭配。“李”字的上半部分写得笔画比较粗，下半部分比较细，但由于上半部分写得小，下半部分写得大，整体看上去却是协调的。“铎”字的左半部分写得粗，右半部分的上边又显得细了，如果下半部分不注意处理好，必然压不住阵脚。书家清楚这一点，很自然地又粗了起来。尤其是最后一笔悬针竖，写得厚重有力。可以看得出，是在徐徐行笔至后半部分时，稍驻，便向右斜了过去，又逐步提笔引伸出锋，空抢收笔。这一竖写得酷似郭沫若60年代初署名中“郭”字的一竖。对郭老的书法，那时，李铎能见到的不多。据书家介绍，他还没有见到郭老书写过“李”或“铎”两个字。看来，这两个字的具体写法是书家仿照郭体自己悟出来的。两个字粗细搭配不同，都曾出现了“险情”，但书家用“大”“粗”的方式都化险为夷了，达到了和谐统一的效果。70年代后期，李铎署名的写法，开始逐步脱离郭体，向“垂露式”过渡。这时的署名写得灵动飘逸，粗细变化也不明显了。“铎”字开始向笔法纷披的行草过渡，最后一笔的写法明显特征是由细逐步变粗，并且向左倾斜。

80年代，李铎的署名写法基本以“垂露式”为主（见图二）。也就是“铎”字的最后一笔以垂露竖的笔法出现，逆锋起笔，中锋行笔，回锋收笔。这一时期“李”字的书写，同70年代也有了较大变化。上半部分向左斜，下半部分向右斜。既有怀素《自叙帖》中类似字的特点，又有黄山谷《寒食帖跋》中相同字的风格。而“铎”字写的是行书繁体字，笔画比较多。特点是，左半部分采用了隶书的笔法，向左倾斜。右半部分取黄山谷、董其昌的笔法，主体向右倾斜，而最后一笔垂露竖的写法是，开始也向右倾斜，渐渐地又向左斜去，使整个字站稳，与“李”字也呼应了起来，又是一个化险为夷。到了80年代后期，“李”字的变化不太大，“铎”字开始向草书发展。整个字形是左小右大，左高右低。最后一笔垂露竖，开始向右倾斜，显得更加有力、厚重。由于与左半部分上下错落排列，垂露竖的力向、力志、力感所呈现的力度美，给人以力扛千钧之感觉。

90年代，李铎署名的写法趋向于“章草式”，以环式回收的笔法处理“铎”字最后的一竖（见图三）。那种悬针竖、垂露竖形式不见了。用笔连缀萦带，结构趋于简化，收笔带有雁尾似的上挑，渗进了汉隶的某些法式，形成了独特的风格。尤其是“铎”字变化明显。开始的几年，主要取唐孙过庭《书谱》和明宋克《停云馆法帖》中一些字的写法，逐步地又趋向于王铎署名中有的“铎”字的写法，字体由长方向方形转变，左右仍然错落着排列，但大小基本相近。到90年代后期则又向怀素的狂草转变了。“李铎”两个字的写法完全连带在一起，写得越加灵动飘逸，像体操运动员在舞动手中的飘带，给人以舞蹈与音乐所引起的力线律动的空间感觉。“铎”字摆脱了错落排列的手法，变成了左长右短的形式。用笔特点是：纵横驰骤，挥洒自如，奔腾飞扬，笔势疾速，回绕奔放；结构简省，诡奇多变；上下字讲求贯串一气，连绵不断，很富于浪漫主义色彩，表达出了作者纵横的才思与奔放的思想胸怀。

进入2000年后，李铎的署名写法又转向了方中带圆的“横卧式”（见图四）。“铎”字的特点是：整体为方，左高右低，右上方由

图一

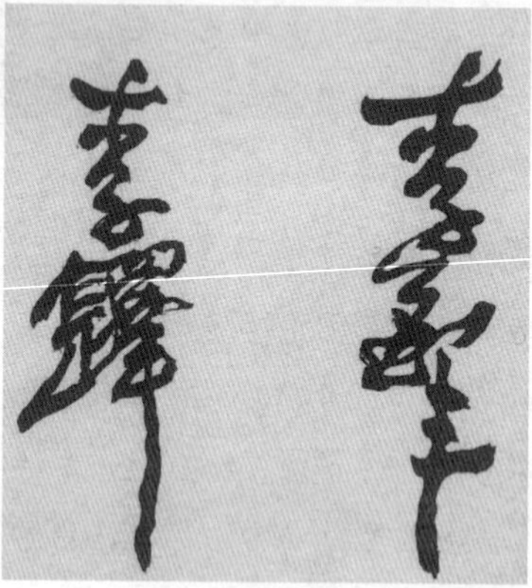

图二

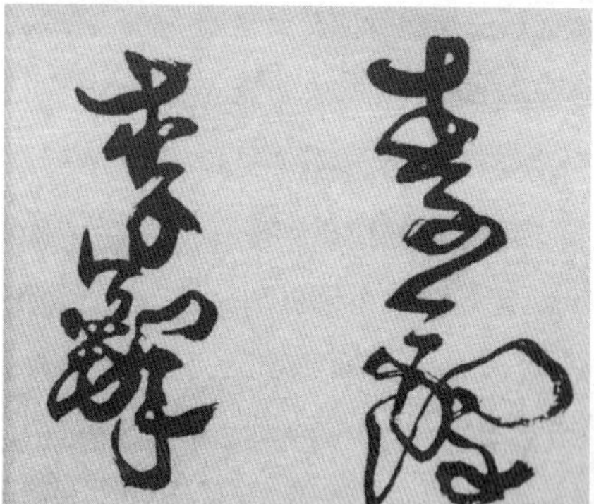

图三

图四

大变小，那种屋宇式遮挡下半部分的笔法不见了，收尾横卧，结体严峻，用笔明显地慢了下来，显得更加苍劲、老辣，给人以人书俱老的感受。

从李铎署名的不断变化，使人们直观看到的主要是他书风的变化。这20多年来，李铎不仅署名写法在变，整个书风也在变。由开始时的酷似郭沫若体，到逐步摆脱掉郭体，形成完全属于自己风格的一种书体，而且自己的风格也在不断地变，直到现在还在变。在李铎整个书风的变化过程中，人们如果留心观察，就会发现，影响着李铎书风变化的是署名。署名起的是“开路先锋”的作用。

（摘自《李铎和他的艺术》，解放军文艺出版社，2000年4月第1版）

【小 传】

1929年生于河北阜平，1940年投身革命，1944年1月加入中国共产党，9月参加八路军。先后在晋察冀画报社、华北画报社、解放军画报社从事暗室、通联、摄影档案工作15年。荣立二、三等功各一次，1955年授大尉军衔。1958年由北京转业山西，曾任《山西文化》《山西戏剧》杂志和山西人民出版社专职摄影记者兼编辑，《山西画报》总编辑等。1987年被评为编审，1989年离休。曾担任山西省摄影家协会副主席，2009年获第二届沙飞摄影奖特别贡献奖，2012年5月荣获中国摄影金像奖终身成就奖。发表过摄影作品6 500余幅，文章百余篇。参与《中国解放区文艺大辞典》《中国解放区文艺发展史》的编写工作，与他人合作编著的图书有《中国解放区摄影史略》《崇高美的历史再现》《中国摄影史》《沙飞纪念集》《中国红色摄影史录》等。

【相关人】

沙飞、石少华、田华、赵树理

【放　言】

『若是长期搞下去，精神上根本也没有这种准备。十几岁的小孩，岂能束缚在这种工作上？』

顾棣：为红色历史影像“站岗”

说白了，顾棣不过是一位资料管理员。

但是，经由他的双手，历史变得可以触摸、可以通感，跨越时空，清晰如昨。经由他的双眼，迷雾风吹云散，还给那些历史影像一个清白，找回自己的归宿。

更多的时候，顾棣躲在那些珍贵史料的背后，为他人作嫁衣裳。他没有了自己，却留存了一个时代的显影、一段历史的回响。

偶尔，他也端起相机。一出手，往往就是一幅远逝的绝景。

与顾棣初次相见时，他已经迈入 85 岁的门槛，耳朵不够灵敏，眼神难免模糊，他在央视《新闻联播》里有个亮相，尽管镜头在他的身上停留了几秒，他盯着看，但还是没有反应过来，遗憾地揉了揉眼睛。

遥想当年，他好演戏、踩高跷、滑冰，穿行在广阔的解放区地带，奔赴朝鲜战场，四十里路“不知不觉就走到了”……

年事已高，岁月无情，但依然可以从他的脸上读懂一个词：敦厚。

与他对谈，知晓他的经历，聆听他的故事，“纯粹”的力道触手可及。

“小小顾棣”“瓦丽”“小胖子”“74块炖牛肉”

——顶着四个绰号，在沙飞的引领下，他当上了“小八路”

河北省阜平县凹里村是晋察冀边区政府驻地，出生在这里的顾棣年幼时就是个“红小鬼”。

他的父亲顾清和秉持“不抗日就要当亡国奴”的信念，1938年毅然加入党组织，被任命为村动员会主任。他的兄长顾棠年纪轻轻就参加了抗日先锋队，没多长时间被推选为青救会主任。

顾棣“不甘示弱”，走着自己的路：1938年6月，9岁，村儿童团团长，领着小朋友站岗、放哨、查路条；1939年，开始打理6个村的儿童团事务；1940年2月，“官升三级”，出任阜平县一区儿童团团长，“势力范围”扩充到22个村，健全组织结构，参与慰问伤员，工作有板有眼；1941年1月，被派遣到平山县李家庄华北联大群众工作部培训，四天独步上百公里才抵达，学期八个月，毛泽东的《论持久战》《新民主主义论》硬是被啃了下来。

这个“小大人”在大人的眼里是个人物。他的乳名叫“二鹿”，似乎上不得台面。兄长名唤“顾棠”，郭沫若有台话剧叫《棠棣之花》，他就顺着取名“顾棣”。喊他“小顾棣”吧，感觉把他给喊大了，于是他就成了大家嘴边上的“小小顾棣”。

1944 年“四四”儿童节，原晋察冀边区阜平县一区儿童团团长顾棣（中间持旗者）向先进集体和个人颁奖，并合影留念　**白连生摄**

所以，1943 年盛夏的某日，放学回家的路上，被一位“八路”问起日寇经常来“扫荡”，老百姓怕不怕、苦不苦，对抗战有没有信心时，“小小顾棣”自然对答如流，头头是道地分析了一番形势，再加以总结：“抗日战争打的是持久战，目前正处于相持阶段。”

陌生人有些讶异：小鬼从哪里学到这么多道理？当得知原委，“他一下子把我抱住了，摸着我的头说，原来是‘团长’啊！”

随后，陌生人“自作主张”，让眼前的这个孩子长大了跟着他学摄影。

“社音”？是乐器，还是兵器？“小小顾棣”第一回听到这么两个字。陌生人解释道，摄影，就是照相。随即把肩挎的“小方匣子”取了下来，现场教学：这是镜头，这是取景框，这是暗箱，里边装着胶卷……

“顾团长”大开眼界，急不可待地要上手。陌生人记下他的名字和住址，并口头协议，来年“团长”毕业时，再招他入伍，当摄影“小八路”。

顾棣的人生轨迹在这个当口划下了一道深深的印痕。

陌生人叫沙飞，中国革命军队首位专职摄影记者，时任晋察冀军区新闻摄影科科长、晋察冀画报社主任。

1944 年 11 月，顾棣（左五）与沙飞（右二）、石少华（右六）等合影

1944 年 9 月，沙飞没有食言，派人找到顾棣，力邀他参加军区首期摄影训练班。当时，刚刚入党的顾棣就读于华北联大教育学院。

是参军还是继续学业？这原本应该是个问题。但自小就想着上战场打鬼子的“顾团长”毫不犹豫，踏上了革命的征途。

“我要牢牢记住1944年9月17日这难忘的一天，这是沙飞把我引上摄影之路，领进摄影艺术大门的最值得纪念的日子。”顾棣将其视为人生的节点。

尽管当时部队的生活艰苦，生死一瞬间，但对于一个孩子而言，革命大家庭总是弥漫着欢乐的气息。

1945年2月，顾棣看了一场名为《俄罗斯人》的演出，女主角叫瓦丽，恰好和顾棣老家“凹里村”谐音，于是他就成了“瓦丽”。过了两年，好友章文龙给他写信，结尾深情款款：“再谈，紧紧握手，亲热地叫你一声‘小瓦丽’。”

还有人直呼他“小胖子”，这让顾棣有些不好意思，因为之前自己还很瘦弱。“谁知道这一年多光景身子肥了起来。人家说我胖时我就否认，有时人们把我的胖当成笑话谈料，许久不见的朋友同学同事也叫我小胖子，我有时也为此心里欢喜，因为身体强壮了。身体是革命的本钱，有了好身体，才能干好革命工作。”他在1946年3月15日的日记里写道。

在同年9月28日的日记里，顾棣记述自己一餐就吃了74块炖牛肉，“光荣”地被同事取了一个“74块炖牛肉”的绰号，他的解释颇为直接：“我今年18岁，身体正在大发育，故吃得多。”

他还试着写诗，赠送给好友：“我们生长在太行山/战斗在晋察冀/共产党是母亲/革命队伍是家园/我们像一颗待拉弦的炸弹/要在日本鬼子面前开笑脸。”

革命的激情洋溢在他的整个身心。

同学打算要结婚，他觉得过早了，在日记里“吐槽”，说这影响进步，将来一定会后悔。

1944年12月18日，他的党组织关系终于转到了单位。当晚，他特地记录下个人的这一历史性时刻："我真高兴，组织关系是一个共产党员的生命，组织关系来了，我怎会不高兴呢?"

遇到一位很有才华的青年木刻家，之前早有耳闻。但是他提醒自己不要搞个人崇拜，"人只看表面不成，要从他为人民服务、给人民以多大贡献上着眼"。

日本鬼子轰炸，留下一片狼藉。他在断壁上，用木炭画了一幅一人来高的毛主席头像。就因为这幅画，他差点被调往抗敌剧社从事美术工作，"其实我根本不懂美术，也根本不会画画，是出于对毛主席的敬爱，仿照人家画的毛主席像，一时高兴随便画成的"。

15岁时，在暗房工作，亲手冲洗出了毛泽东的照片，"看到人民的伟大领袖毛泽东同志还是这么年轻健康，感到无比的兴奋、无比的敬仰"。

不过，这个"小八路"文武兼修，热情地拥抱革命之外，内心也留存一份柔软，懂得享受人生的情趣。

1944年11月，顾棣受沙飞委派，到家乡给同龄人做工作，充实革命队伍。哪知道遭遇了不小的阻力，几个动员对象，各有各的困难，都无法随他参军。他心想，领导交办的任务，看来是没有办法完成了，当初还信誓旦旦地说自己能拿下来。如何是好？惹得他"差点哭出来"。

此时，恰好遇到曾经的代课老师张俊芝。这位张老师，喜欢诗词，拿出自己写的几首诗作，跟顾棣一起分享。他顿时来了兴致，破涕为笑，把"大事"搁置在一旁，品鉴起诗词艺术来："沙河浪声警梦魂，小鸟悠悠鸣虚空。最喜深更皎洁月，频步缓缓到院庭。"

他是个典型的革命浪漫主义者。

偶尔也憋不住，要么黯然神伤，要么大发牢骚，显得真性情。

下雪了，景色宜人，却也令人揪心："多美啊！过了一夜，房顶、地上都盖了一层白雪，飞蛾般的雪花随风飞舞，顷刻撒遍了大地。巍峨的神仙山是那样寂静，好像穿了一件翻白毛羊皮大袄，无声地坐在小山庄的背后。村前小河里的水不停地在石矶中奔流，几只可怜的小鸟凄凄哀鸣，飞来飞去，找不到一粒粮，也找不到住窝。雪天，给我带来了喜悦和欢乐，给鸟儿却带来了饥饿和忧伤。"

有时心情不由得烦躁起来，什么都不顺眼："刚爬出山的太阳似一面圆圆的镜子，无力地放着淡黄色的光，照着平坦光滑的柏油马路。电灯公司和解放饭店突入高空的四方大烟囱，一缕缕黑烟不时向外散发着。各街道都响起了卖食物的喊声，还有来往不绝的脚步声，还有那令人讨厌的大车吱吱咕咕的车轮滚动声，更有清晰洪亮的汽车拉笛声，这一切嘈杂的声音同时传入耳鼓，令我看书也安不下心去。"

不过，面对历史性的喜悦，那是要"喝上一壶的"。日本无条件投降的消息传来，他欢呼雀跃，"仿佛一阵清香的凉风吹动着我们，大家像渔人得了珍珠般的快乐起来"。

他还忍不住开始了一番展望：建科学的暗房，住高楼，使用显影罐冲胶卷……

这是关于工作的，还有关于个人生活的：游历西湖、庐山、苏州、杭州、哈尔滨、南洋群岛、新加坡……

"总而言之，脑子里老回旋着一种幻想而又能实现的东西，我的幻想也许会变成现实。无论如何要出出山，到辽阔的平原上，把土豹子也变成洋豹子。”品读他当时写下的日记，不得不让人感慨，这个人，拥有一颗冲动而敏感的心脏。

“心里一惊，差点窒息过去”

——闹着小情绪，他跌跌撞撞地成长

然而，生活的轨道并不总是那么流畅。

部队的生活，歌曲少不了，甚至摄影人也有属于自己的歌：“我们是革命的摄影工作者，带着我们的武器，走进人群去，奔驰战斗里。把人民愤怒的心火和子弟兵的胜利，摄进镜头，把敌人的暴行和无耻，印成千万张照片昭示国人……”

可是，这首歌，顾棣唱得心里一万个不舒服。

1944 年 12 月，摄影训练班开学，顾棣发现自己有点特别。其他学员都是从各军分区战斗部队选送来的，翌年春结业时都回到原来的部队，从事摄影工作。而他被安排学习洗印技术，后来甚至根据指示留在了后方，从事底片档案工作，“实际上摄影成了我的副业”。

他说过，写日记要灵活，要真实，要说心里话，决非做报告式的或者糊弄人的东西。所以，他的不满甚至愤怒，很直接地充斥在他的日记里，毫无掩饰——

1945 年 1 月 23 日：“摄影训练队要实习……我因被沙主任带到群英会工作，不能和大家一起参加实习拍照，心里不大痛快。对摄影训练队，我既羡慕又忌妒……”

1945 年 2 月 16 日：“我何时才能有一架自己专用的相机

呀？……搞摄影的没有相机，和战士没有枪一样，怎么打仗？”

1946年4月8日：“……让我暂时做好底片整理工作，有了机会可以采访。我也同意这样做，不过总感觉这样下去没有前途。”

1946年4月10日，沙飞召集资料组的人员开会，强调资料工作的极端重要性，指明这是终身事业。顾棣提出自己能力小，沙飞解释说只要工作态度与精神好就可以了。看来，恩师的这番说辞，他并没有听进去，“真的谁一辈子老做这个工作呢？再说谁能确定别人的一生前途呢？”说得倒是在理，不过在当时的环境下，这多少有点“犯上”的意思。

1946年4月12日：“若是长期搞下去，精神上根本也没有这种准备。十几岁的小孩，岂能束缚在这种工作上？”

1946年6月18日：“……中午时候，偶然听到杨森、红枫要到联大学习的消息，心里一惊，差点窒息过去。半个月前我多次要求到市中或察哈尔中学上学，沙主任说画报社工作忙离不开，可现在一下就走两人，工作就能离开吗？”

他不安心工作了，想奔赴延安，还想去剧社，要么干脆回到华北联大教育学院，重新读书算了。看到戴着这个学院校徽的学生，心里羡慕，犯嘀咕：要是没有弃学从戎，自己的学习进步，肯定比现在要快……

面对这个“火药桶”，沙飞苦口婆心，循循善诱：你只有十七八岁，身体素质和工作经验都不具备上战场的条件。再说了，画报社积存了整个晋察冀八年抗日战争的原版摄影底片数万张，它们的主人，有的刚刚上交底片，再匆忙地奔向前线，结果就不幸牺牲了，何况还有八位战士为了保存这些底片与天地长眠。它们是边区军民八年浴血抗战的真实记录，是无数革命先烈血汗的结晶，历史不会重来，没有相同的第二份，是珍贵的革命斗争史料。

说到激动处，他向这个自己看中的这个“红小鬼”吼了起来：你从小参加革命，又出生在革命老区的革命家庭，政治上可靠。这是命令！人在底片在，人与底片共存亡。

有如醍醐灌顶。顾棣放下“小我”，长大成人。1948 年 1 月 12 日，他在给好友黎呐的信里写道：“我相信在明年（旧历）咱们再重逢的时候，你就再不会叫我顾棣，前面一定要加上一个‘新’字。”

他一心扑在这些底片上，寻找资料整理的基本规律，“只有从繁忙的工作中做出成绩才是本领”。

他觉得自己从睡梦中醒过来了。他体会到，作为一个革命者，最大的愉快就是把工作任务完成好，“个人的利益、自私的打算是极微小的”。

偶尔情绪上有所反复，立马就开展自我批评：“你坐在房子里不受风吹雨打地整理一下东西还有什么委屈吗？”

“我愿意把自己的思想锻炼得像雪一样的洁白！”他以“雪”为镜，检点自己，立下誓言。

1945 年 5 月，晋察冀画报社暗室工作者宋贝珩（右）与顾棣在阜平合影

刘克己摄

伴随着这些底片，他和战友历经磨难。1946 年 11 月 29 日，晋察冀画报社从张家口撤退到阜平县花沟掌村，老乡准备着午饭，临时有事，就离开了灶台，结果旁边的柴火被引着了，碰巧大风乍起，火顺风势，顿时火焰冲天。

顾棣正在写日记。按照计划，就要跟大家出去打柴了，写到哪里就算哪里吧。忽然听见嗡嗡响，难道国民党的飞机又来了？有消息说，上午敌方扫射，打伤了三个人，还有一头猪、一只驴。

出门一瞧，傻眼了。

底片！底片！

“就冲了上去，哎呀，都是烟，鼻子喘不过气来，赶紧搬底片，行李都顾不上。总算搬完了，火更大了，都到不了房子跟前。”往事历历在目，回望起来也是心有余悸：假如早一点出发去打柴了呢？“越想越可怕”。

顾棣说，和他并肩抢救底片的战友必须铭记：方弘、吴群、潘力模……

1948 年 6 月，在平山孟岭，突遭空袭。炸弹在发威，机枪在狂扫，底片面临毁灭的威胁。顾棣和战友李文芳、刘克己冒着生命危险将底片搬入预先挖好的地洞里，收拾妥当，再来虑及个人的安危。幸好他们所在的位置不是敌人的目标，“否则我们三人必当烈士无疑”。

顾棣慢慢地进入角色，重新出发，开动脑筋，和同仁一道摸索，改进保管底片的方法和工具。例如，让杨柳木做的保管箱“下岗”，换成了喷了漆的铁皮箱；为了延长寿命，把重要的底片都翻了一两份副版，规定放大 8 英寸以下的照片，一律用副版替代；又把全部底片进行了严格的检查，将以往冲洗不好、保管不善、被弄脏了底片取出，一一漂洗干净，重新整理登记……

“我决心做一个资料工作专家，我把这一工作看成一种事业，终身为这一工作努力奋斗，不仅把本职工作做好，更重要的是创造出一套科学完整的理论出来。”1951年1月7日，他在日记里许下诺言。

“这是×××同志的作品，不许他人随意强夺！顾棣声明”

——他成了“打假斗士”

陪伴着这些底片，顾棣跨入了新中国。他完成了自己的使命，这些底片至今躺在解放军画报社的资料室里，发挥着光与热。

他的功绩如何计算？恐怕无法精准地衡量。《人民摄影报》原总编辑司苏实搜集了一些令人遗憾的历史记载可以视为反证：1947年9月的一次战斗中，有大量保存七年多的底片、照片全部掉进黄河，无力回天；日本投降前夕，张爱萍将军把40多张底片交给地下工作者带到上海出版画册，在扬州附近渡江时，遇到敌人搜索，底片扔入长江杳无音信；抗大成立三周年时，石少华在延安举办过一次图片展览，共160余幅珍贵图片，有人将底片用铁盒装着随身携带，一次过封锁线时，战马在炮火中受惊跑了，马背上的铁盒子连同衣物消失得无影无踪……

顾棣以生命为掩护，郑重地提交了“答卷”。

他要做点自己的事了。一生受到过沙飞、石少华、郑景康、吴印咸四位摄影前辈耳提面命的顾棣，整理过的数万张底片，都是

“老师”，所以他拥有良好的条件自己从事创作。其实，即便是为底片保管工作所累，他也见缝插针，不时地拿出一些作品：1947 年 1 月，联合国向晋察冀解放区空投救灾物资，整个现场就他一个人拿着相机，至今侥幸地保存了 7 张绝版小样片，让这段历史有了影像的依凭。

1958 年，从北京转业到山西，顾棣逃离了那些底片的“羁绊”，放开了手脚，创作进入了高峰期：尚小云在太原指导徒弟学戏的情景，他定格在镜头里，生动而亲切，尚家后人、中国戏剧家协会主席尚长荣看到这些照片，激动难抑，连呼“好！太好了！”

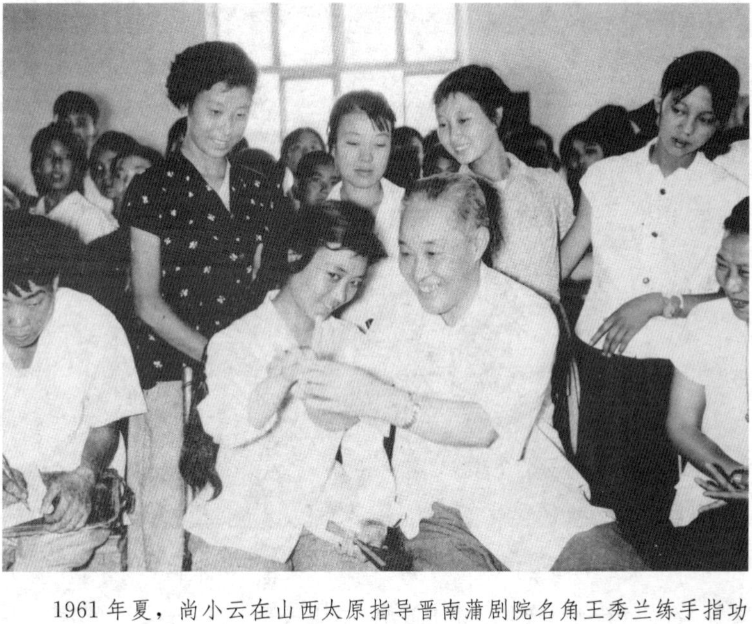

1961 年夏，尚小云在山西太原指导晋南蒲剧院名角王秀兰练手指功

顾棣摄

1961年夏，尚小云来到太原，山西省文化局在迎泽宾馆主持举行了拜师收徒仪式，图为尚小云和夫人与新收弟子合影留念。右起环圈排列如下：李爱花、冀萍、王爱爱、刘元彤、田桂兰、薛林华、肖桂叶、高翠英、张友莲 **顾棣摄**

1982年秋，田华回到河北阜平凹里村看望老房东和众乡亲。图为田华和84岁的韩奶奶亲切交谈。前左一为县长顾金兰（顾棣二妹），右四为顾植（顾棣三弟） **顾棣摄**

1982年田华（右）与顾棣在阜平大沙河畔合影

苏凡摄

还有，周恩来接见郭兰英，邓颖超漫步乡间小路，朱德在发表演说，郭凤莲在庄稼地劳作，田华看望老房东，这些场景一一被他的镜头激活。

他还自编《初学摄影四字经》，普及摄影基础知识："……一张照片，画面有限，突出什么，需要挑选。取景构图，并无公式，根据情况，适当处理。基本原则，突出主题，宾主分明，均衡统一。联系呼应，合理布局，弃繁就简，干净索利。杂乱景物，不吝斧劈，画面和谐，线条优美……"

但事实让他无法潇洒地转身，那些底片的魂魄萦绕在他的身旁，历久不散。

战争年代，炮火连天，条件所限，工作上难免有头无尾。一些摄影战士从前线匆匆赶来，把底片交给顾棣和其他同事，"马虎地把底片放在一起，套子外面写上一个总标题就算完事大吉”，随即就重新上路了。

和平时期，这些照片逐步重见天日，价值越发凸显。但往往与照片有关的信息不够完整，“主人”是谁，何时拍摄，拍摄的地点在哪里，内容是什么，成了“悬案”。有的以讹传讹，有的胡编乱造，有的浑水摸鱼，跳出来将不是自己的作品归至名下，躺在功劳簿上睡大觉。

司苏实在解放军画报社资料室翻阅了顾棣亲手整理登记的抗战时期资料册。他发现不止一处“笔仗”的痕迹，内容包括这张照片为某某所摄而不是某某所摄，有的还不惜恶语相向，试图以这般的方式赢得“上风”。但是，这样的“上风”堪称“歪风”，顾棣自然不会袖手旁观，他在旁边写下警语：“这是×××同志的作品，不许他人随意强夺！顾棣声明。”

顾棣难掩内心的痛苦，因为中国解放区摄影史在他那里有千钧重，“是中国摄影史上最光荣，最伟大，最辉煌，最崇高，最神圣，最震撼人心，最富有革命性、战斗性和思想目标最统一，也是最纯、最真、最善、最美的阶段”，并且“没有杂色污染，没有团伙帮派，没有大奖红包，没有版权名利之争，没有金钱诱惑”。他连续用了12个“最”和5个“没有”来抒发他油然而生的敬仰之情，岂能这般轻易地玷污？

他果敢地“应战”，维护着基本的正道与原则。

底气源于自身是个有心人。他12岁就开始写日记和笔记，至今已经写了三百多本，字数达上千万，记录下来的一些内容成为底片准确信息核实的有力依据。

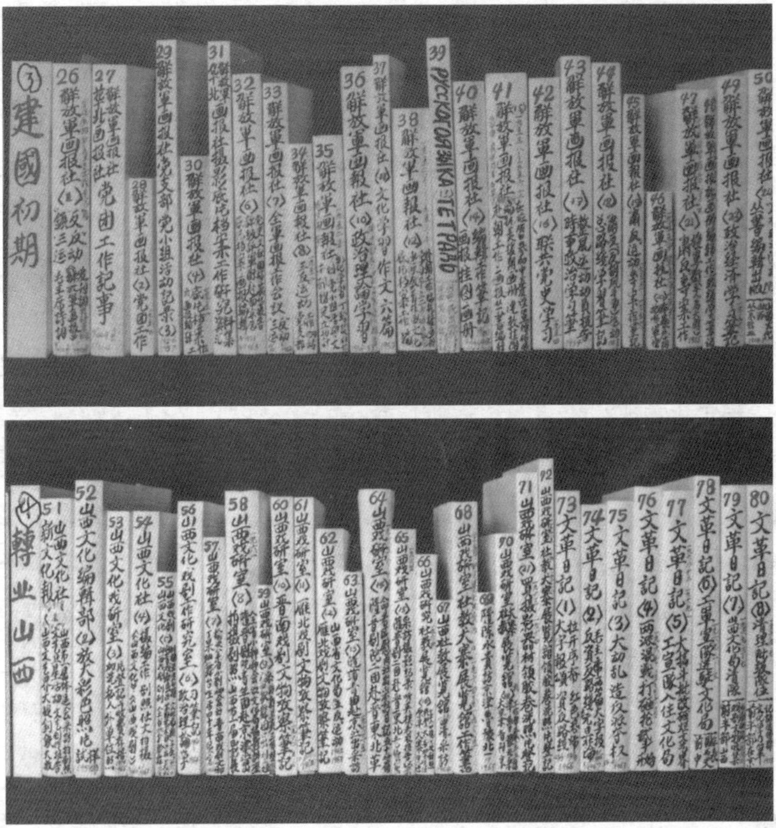

顾棣自小开始撰写日记，至今已经写有上千万字，图为日记的一部分

万般无奈，他怒不可遏，恢复了“战士”的气概，誓为红色历史影像“站岗”，对肆意篡改的行为展开严厉的声讨。

1999 年 7 月中旬，顾棣前往江西出差，在宾馆的书店看到了上下两册的《老满洲》图片集，封面上注明是“伪满洲老照片私藏版系列，最新发现 1 000 幅绝版遗珍首次面世”。他毫不犹豫花了 42.8

元买了下来。

他惊讶地发现，自己上当了，买到了“伪劣产品”。在这套书里，解放区、八路军和华南抗日游击队的照片摇身一变，成了东北抗日武装的照片，日寇在晋察冀抗日根据地的暴行生生被拉扯到东北伪满地区。

更让顾棣纳闷的是，书里收录的晋察冀解放区的几十幅珍贵照片，由沙飞把底片交到他的手里，他进行了分类整理，保管了十几年，再转交给了继任者，“从未离开过底片资料库，不知怎么忽然又在东北新发现?”

他命笔写下《两本〈老满洲〉让我吃三惊》的长文，直指这套书的编者明目张胆、偷天换日，对上百处疑点逐一进行了评述，亮出证据，有的甚至举出三个正例，以不可辩驳的力度加以澄清，“作为一个参加革命工作 60 年的老同志，有 56 年党龄的老共产党员，干了一辈子新闻出版事业的老战士，对这样一部有重大政治错误的书，不能漠然视之，有责任有义务本着对党、对国家、对人民、对历史负责的态度，把《老满洲》错误之处公布于世”。

譬如，一张照片上，有两个儿童团员正在站岗放哨，手持红缨枪，浑身的稚气，一脸的神气。这是石少华的代表作，拍摄于冀中平原，“活灵活现地塑造了解放区儿童团的典型形象”。但《老满洲》的编者移花接木，硬是把拍摄地点从“冀中”置换成了“东北”，强行地“为我所用”。

这等于是向顾棣的历史记忆发起“挑衅”。不过，他没有谩骂与嘲讽，而是翻开日记本，冷静地说理，一剑封喉：“这幅作品，我于 1947 年夏在晋察冀画报社驻地冀西阜平县花沟掌村与赵启贤一起分类整理，底片编号为 G317－48，6×4.5 规格黑白底片，现收藏在北京解放军画报社，新华社、军博都有复制版保存。”

再如，有张照片，背景是“天下第一关”，一支队伍健步向镜头走来，显得有几分豪迈。这是张进学的作品，拍摄于1945年8月30日，内容是“八路军解放山海关”，是作者遵照沙飞指示，日夜兼程赶到山海关拍摄下的历史时刻。但是，到了《老满洲》这里，却摇身一变，时间被挪移到了1933年，内容则是“日军越过山海关，中国军队退出长城一线”。

顾棣搬出《中国解放区文艺大辞典》《人民战争必胜》《老战士摄影集》《第二次世界大战画史》等图书，以正视听。他还查明，这张照片首发于1945年12月出版的《晋察冀画报》，而且还是封面照，“原版经我手整理，编号为G106－149，现存解放军画报社”。

《老满洲》的编者哑口无言，低头致歉。

他的日记本应该感到骄傲。然而，也有“失手”之时。

有一张名为《休息时间看新闻展览图片》的照片，解放军画报社资料室的档案上注明作者是杜铁柯。顾棣当时的日记提供了佐证，上边赫然地写着：“杜铁柯送来七张底片：……7、《休息时间看新闻展览图片》。”

但杜铁柯就是不肯对号入座，否认这是他的作品，并列举了多条理由，结论是底片可能是他替别人送的，一时疏忽，“张冠李戴”。

顾棣日记的“权威”有所动摇。但是他乐观其成，在给杜铁柯去信时，他赞誉道：“您这种实事求是的态度和对历史、对作者认真负责的精神令我十分钦敬。”

“顾棣一直在竭己之力完成中国战争摄影史的梳理，2009年，出版两卷《中国红色摄影史录》，用完整坚实的大批文献档案为中国摄影留下一部严谨、翔实的有关中国革命战争年代的摄影断代史，成为前无古人的扛鼎之作。这也使他由一名摄影史料的保护者成为一名历史学者。他完整保存了战争年代革命摄影的数万张底片及相关文献资料。他是当之无愧的‘摄影历史档案的保护神和记录人’。”2012年5月，顾棣问鼎中国摄影金像奖终身成就奖，授奖词如是说。在现场，他穿着一件特地买来的大红外套，笑吟吟地领受全体摄影人的敬意。

红，是他的人生底色。

他呵护着一段红色的历史，他又以这样的方式步入了历史。

附录

我为赵树理两次拍照

□顾 棣

赵树理早在建国初期就成为全国人民非常熟悉敬仰的作家了，许多人都想见到他的形象，但是他却非常不爱照相。因此他一生留下的照片，特别是正面肖像照片很少。20世纪五六十年代我与他同在山西工作了许多年，却只得到了两次为他拍新闻照的机会。

我听说赵树理的名字是在1948年，当时晋察冀和晋冀鲁豫军区合并为华北军区，晋察冀画报社和晋冀鲁豫的人民画报社合并成华北画报社。在那之前，我在晋察冀边区，赵树理在晋冀鲁豫边区，没有接触的机会。合并后，我见到了一本《赵树理文选》，读后非常喜欢，他的《小二黑结婚》《李家庄的变迁》《李有才板话》等让我这个在农村长大的孩子感到格外亲切。1958年9月我从部队转业到山西，听说赵树理是山西人，就萌发了为他拍一套个人照片的想法。但因他当时在北京工作，我的工作也很忙，一直未能如愿。

1964年，我第一次得到机会为他拍照。当时晋东南专区在长治举行了一次“自编革命现代戏观摩汇演大会”，我作为山西戏剧工作研究室的摄影记者，需要采访报道这次会议。当我得知因有一部赵树理编的剧本参加演出，赵树理也应邀参加了此会时，真是高兴极了，认为自己多年的愿望这次可以实现了。

会议第一天上午，赵树理开完会走出会场，等在门口的我赶紧举起相机准备拍照。没想到赵树理看到我要给他照相，很快地把右手一伸，挡住我的镜头，笑着说：我长得太丑了，别砸了你的镜头。说完马上就走了，我一听，很不好意思，赶紧收起了相机，照片就没有照成。事后，我非常后悔：快门为什么不早按动？我还不死心，就央求晋东南专区戏剧研究室主任李近义去向赵树理讲情，因他俩是老乡，我想这事一定能办成。可是赵树理同志在拍照这个事情上真是坚决极了，说什么也不答应，李近义也没有办法，我当时感到挺失望。

没办法，我只能在以后几天的会议中抓拍一些赵树理讲话的镜头。当时我只有两台禄莱相机，只有标准镜头，一台照黑白，一台照彩照。在会场上拍照时，要想照赵树理的正面像，不得不在代表们的后面离得远远的，照片中的人太小，又没有长焦镜头，无法拉近距离拍特写。本想靠前照得大一些，一方面出于对赵树理的敬仰，觉得那样不太礼貌，另一方面又怕引起人家的反感，结果照的好多都是侧面像。最后，连彩色带黑白我为赵树理照了有十几张照片，大部分是作报告、开座谈会及会见演员的镜头。回来后，我把较好的片子放大后存档，一些自认为不太好的就随便地放在了一边。由于赵树理当时大部分时间在中央工作，我又常出差比较忙，因此这些照片我一直未找到机会让他亲眼看一看。

1964年4月，赵树理在晋东南专区“自编革命现代戏观摩汇演大会”期间给文艺界作报告，并会见演员　　**顾棣摄**

我第二次得到机会给赵树理照相，是1967年初“文化大革命”开始半年多的时候。当时领导干部和文艺界知名人士大都被造反派群众打成了“走资派”和“黑帮”而遭到批斗，文艺界的“造反派”不断对他们进行游斗。有一次，山西文艺界的六位领导——包括赵树理、马烽、贾克、张焕、巨玉秀等在山西大剧院集体接受批斗，我当时还在戏剧研究室工作，出于职业习惯，对于文艺界的这种大事自然要用相机记录下来。

但是照片拍完洗出来后，我看到自己拍摄的这些场面，心里感到非常难过，画面中被肆意侮辱的这些人都是我素来非常敬重的前辈老领导和十分崇拜的大文艺家，批斗场面简直不忍目睹。我觉得对他们的侮辱太残暴了，太令人痛心了。但当时我还没有什么“为历史作见证”的意识，只是觉得很内疚。在这种心情的支配下，我一把火连底版带照片全烧了。

“文革”继续发展着，所有文化单位都受到冲击，我所在的文化局被外单位占领，成了武斗据点，干部们都被赶出去到处流浪。武斗过后，我回到办公室一看，顿时痛心不已，只见文件柜全被打开，里面的东西荡然无存，其中光我拍摄下来存在里面的，就有彩照2 500多张和黑白照10 000多张，是我在1958年至1966年9年间拍摄的，而且连底版也基本上丢光了。只有地下还散落着一些零星的照片，都是以前因照得不好未放入资料柜中的，有100多张。我把它们归堆打包，带回家随手塞在床下。这包东西中就有那次戏剧汇演我给赵树理照的照片，但我当时并未留意。

很快，我又被下放农村，接受贫下中农再教育。从1970年到1974年我在吕梁地区待了5年后才回到太原。“文革”后我忙于工作，一直未得闲暇整理自己手中的资料。直到1990年我离休后，才开始一点点地整理。1995年我整理到那包东西，赫然发现里面还有8张赵树理的照片，感到十分珍贵，立刻翻拍放大装裱。后来山西要成立一个赵树理纪念馆，委托当时任山西美协主席的美术家董其中为赵树理做一个木刻头像，他到处寻找有关赵树理的形象，但很难找到。有一次开会，我们俩碰在一起，他提到曾在另一个原先晋东南地区文化局摄影记者吴向周的手里借过一些赵树理的照片，但觉得不够，很是遗憾。我立刻表示我可以把自己的资料给他，当时我心里很高兴，觉得是为赵树理尽了一点心意。

现在我把自己保存的赵树理照片公布出来，也是这个意思，希望能为我敬重的人民作家尽一点心意。

（原载《党史文汇》2006年第8期）

裘沙

王伟君

【小传】

裘沙，生于1930年4月15日，浙江嵊县崇仁镇人。清华大学美术学院副教授，曾任中国鲁迅研究会第一届理事，现为中国萧军研究会名誉副会长、新西兰汉学会顾问。1951年毕业于国立杭州艺术专科学校（现中国美术学院），任中国青年报社美编、记者和美术组长，三次受到毛泽东等中央领导接见。

王伟君，生于1932年12月25日，杭州人。1947年中学毕业时开始学习绘画，1948年进入国立艺专西湖艺术研究所学习。1949年5月参加中国人民解放军，投入解放大西南战役，负责编绘部队内部的《战场画报》。1950年秋毕业于第二野战军军政大学，冬天参加中国人民志愿军，赴朝鲜前线。1953年由部队派遣回国深造。毕业于鲁迅美术学院，又调中央戏剧学院舞美系学习，1956年调入共青团中央工作，历任中国少年儿童出版社、中国少年报社、《万年春》外文杂志社美术编辑。1974年调到北京市少年宫从事教学工作。

【相关人】

林风眠、黄胄、冯雪峰、王朝闻、钟惦棐

【放　言】

『一谈，他喜欢的，我也喜欢，彼此很投机，有共同语言。这没有什么好说的了，结婚吧！』

裘沙、王伟君：迎着鲁迅的目光

他轻轻地拍了拍她的膝盖，说："你少说点，让年轻人多说说。"

她轻轻地拍了拍他的膝盖，说："今天中午吃你们绍兴的梅干菜肉面，好不好？"

他叫裘沙，1930 年生人；她叫王伟君，生于 1932 年。

"头发如刺猬，形容消瘦"，"相貌平平，谈吐木讷"，这分别是电影美学理论家钟惦棐和鲁迅研究学者王得后眼里的裘沙。

"一个今天看来也不乏'天真纯情'的少女"，"虽已年过半百，依然是那么苗条、秀丽"，这分别是华中科技大学教授王乾坤和记者郭梅尼曾经对王伟君的评价。

岁月无情，傲然地爬上了他们的面庞。但，"神"还在。裘沙依然慎言，须发还在张扬着他的个性；王伟君好笑，喜欢发表意见，天真写在脸上。

他们温和，平静，有着恬然的神色。行动迟缓了一点，记忆差了一点，住宿环境苦了一点，没关系，内心还有浪花在不时地翻涌。

鲁迅！

这个人，一路上陪伴着他们走到如今，也是他们大半辈子人生的主题。

墙上挂着他们合作画就的鲁迅肖像，有的在微笑，神秘莫测；有的在思索，无边无际；有的在怒视，铁骨铮铮……

书柜里几乎没有空地儿，而且大多跟鲁迅有关，整套的《鲁迅全集》就有 7 个不同的版本，上边都有批注的痕迹。

桌子上也是鲁迅的“天下”，石膏像，铜像。有一个看来像是外族的工艺品，算是“另类”。一问，是大翻译家杨宪益生前赠送的礼物。当初，他们要出鲁迅的画本，冒昧地上门，邀请杨老先生把说明文字翻译成英文。杨老先生不顾身在病榻上，一口应允，还顺带搭上礼品以示情谊——拐个弯儿，又跟鲁迅联系上了。

裘沙、王伟君与翻译家杨宪益（左二）、戴乃迭（左三）夫妇合影留念

鲁迅，俨然成为他们这个家庭的一分子。

“要以自己的微力构建鲁迅的思想殿堂！”说话间，裘沙几欲起立。欠了欠身子，又坐下了。

他们，至今依然活在鲁迅的世界里。

“你们依附于鲁迅身上，鲁迅也依附于你们身上。”戏剧家黄宗江的评点，哲理味十足。

他们属于“闪婚”族，鲁迅是远远的“媒人”

黄胄把两个年轻人请到家里聚餐，只过了三个月，他们结婚了

裘沙和王伟君是校友，但不曾在校园里谋面。

1949年，位于浙江省绍兴市嵊县（今嵊州市）崇仁镇的裘家后生伯浒考取了国立杭州艺术专科学校，这就是日后的裘沙。他前脚踏进校门，比他年轻两岁的王伟君后脚踏出校门，从这里出发参军了。

这时的裘沙是个没有母爱的孩子。

“我妈妈是上过新学的，有点新文化。当时，我们乡下妇女都不上学。村里有五个女孩子上过新学，四个都是自己找的对象，只有我妈妈是‘父母之命、媒妁之言’结婚的。”谈及母亲，裘沙难掩激动。

这个新式女子嫁的是个封建礼教森严的家庭。裘沙的父亲在城里做事，她要跟着一起生活。不行！女孩子哪有不伺候公婆，到处乱跑的道理？

娘家堂兄弟来了，她到客厅接待一下。不行！这不是越轨吗？男女授受不亲。

村里有个上过新学的姑娘私奔了，她被“连坐”：凡是上过新学的女孩子都不是好东西。她回娘家，只有十几分钟的路程，也得有一个老妈子跟着，而且家规严苛，当天去，必须当天回……

她精神错乱了。被打是经常的，最终被赶出了家门，四处流浪，凄惨度日。

她喜欢做的一件事就是挨家挨户地问：“伯浒在你们家吗？”

没过多长时间，她在落魄中走到了生命的终点。裘家把她的丧事办了，轰轰烈烈。

后来，裘沙读鲁迅的《祝福》，突然在祥林嫂的身上找到了母亲的影子。他开始感受到了鲁迅深邃的目光。

裘沙给母亲立过墓碑，但后来荡然无存。他只好借用鲁迅在《阿长与〈山海经〉》文里的感慨，祭奠母亲：“仁厚黑暗的地母呵，愿在你怀里永安她的魂灵。”

其实，母亲的悲剧人生，祖父无疑是施害者。但他何尝不是受害者？

裘沙回忆起他的家事。他的曾祖父写得一手好文章，考举人时，答卷的水平跟另一位考生旗鼓相当。录取哪一个呢？主考官左右为难。最终想出“良策”：摆起香案，祷告天地，由上苍定夺。

裘沙的曾祖父在这场抓阄儿的游戏中败下阵来，最终饮恨而终。

“在我的童年时代，老家的楼上还摆着曾祖父留下的两个大竹书箱，从来没人去打开。我出于好奇，有一次悄悄打开一看：啊！一层层，一摞摞，全是线装的经书。我从来没见过的两寸长的小本子，字很小，纸雪白……”

曾祖父辞别人世，直接影响到裘沙祖父的人生轨迹。他的祖父，早年主修西医。裘沙依然记得，老爷子喜欢收藏洋装书，爱好用毛笔写英文，潇洒流畅。但封建礼教的力量太猛烈了，家里顿生变故，他不得不自断前程，回家守孝，操持祖传家业。

祖辈的命运，直接撞击着裘沙的心，“这使我对封建的科举制度，对鲁迅笔下的孔乙己、陈士成等人物比较容易理解了”。

不过，对鲁迅思想的感悟，是有了人生阅历积淀之后的事。在国立杭州艺术专科学校就读的日子，裘沙尽情地徜徉在艺术的海洋里，林风眠和江丰宛如灯塔，给他以精神的指引。

素描老师苏天赐是林风眠的高足。他继承了林风眠的教学风格，要求学生全神贯注地观察，全身心地感受，让自己的感觉强烈到“发烫”的程度，再全力以赴地将自己的感受铺洒在画布上。

裘沙好的就是激情四溢。

他赢得了苏天赐的赏识，这位苏先生决定带他到林风眠的府上行走。

地毯上全是画，堪称艺术珍品，惹得裘沙目不暇接。林风眠说了什么，他忘了；怎么回到学校的，也没有了印记。唯独有印象的是当天苏先生提及，林风眠习惯在夜阑人静之时才开始作画，直至深夜。裘沙觉得这是“正道”，暗自模仿，以图与大师共时空、同创造。

他凭借记忆和想象即兴挥就了一幅风景画，让林风眠瞅到了，点了点头，出人意料地赞誉这幅作品有贝多芬名曲的味道。

裘沙跟触电了一般，“它不仅成了我终生难忘的一种巨大的鞭策，使我后来虽然多次陷入困境，多次在艺术上已经感到全然绝望的时候，还能苦苦支撑下去的一种巨大的动力。尤其重要的是，本来需要我用毕生精力去寻求去探索的自己的艺术素质和艺术生命力，林风眠先生的慧眼却一下子就帮我找到了。我对音乐至今也还是一窍不通的门外汉，那幅林先生欣赏的习作，有的只是我感情上的那股回肠荡气、震心动魄的激流而已”。在题为《深沉的大海》的文章里，裘沙这般深情回忆。

而江丰乐意把压力扛在自己肩上，一心“护犊”。

在艺术世界里，裘沙浑身充满了躁动，总想成为“这一个”。当时，他热衷于画正面光线的石膏素描，引发周遭的不满，认为这是在搞资产阶级现代流派的艺术趣味，应该大加批判。哪知道裘沙坚持己见，我行我素。授课老师怒气冲冲，把时任院长的江丰请来“断案”。

江丰看了看裘沙的作业，一声不吭，走了。一场风波骤然平息，雁过无痕。

习艺的道路上，贵人屡次相助，让裘沙前行的步伐越发坚定。而这时的王伟君，正在抗美援朝的前线经受生与死的考验。比如，行军时，走着走着，有轰炸，赶紧趴下，再爬起来，身边就有人永远起不来了。

王伟君参加过解放大西南的进军，所在的部队还是著名的上甘岭战役的主力。行军途中，她一边画宣传画、写标语，一边体味精神的内在力量，“志愿军的条件很艰苦，拿的是步枪，顶多也就是个机关枪。敌人是飞机、高射炮、军舰，没法比。我们上前线，不是为了死，而是为了活，随时准备死的思想是错误的。一个人有了精神支柱，就可以超越实际情况，想出办法来”。

这种力量，她从绘画里也找寻到了。出生于杭州的她打小就这么个爱好。但当时家里的经济条件不允许，父亲的反对更是关键，

“他说学画有什么出息，中国有几个唐伯虎？就是学出来了也是个穷画家。但是，我认定在尔虞我诈、充满铜臭的旧社会，只有艺术才是清高的”。

她的偶像是德国版画家珂勒惠支，特点是泼辣，不羞涩，不克制，“简练、丰富、深刻”，很对她的口味。

这也是裘沙喜欢的风格。读中学时，他向老师借到珂勒惠支的画册，欢喜得想哭。

1957年，在中国青年报社担任美术编辑的裘沙，受中国少年儿童出版社的邀请，给一本关于工人运动的学生读物画插图。结果，浓烈的珂勒惠支色彩遭到质疑。拿到出版社的美术组讨论，几乎一边倒地投了否决票，原因是太粗糙了，不适合孩子阅读。

正在出版社工作的王伟君读懂了画里的门道，觉得用这样的风格表现主题再好不过。她站了出来，据理力争，还真把大家给说服了。

画家黄胄的夫人跟她共事，回家说起了王伟君。哪知道，黄胄是裘沙的采访对象，彼此颇为熟络。他决定做东，把两个年轻人同时请到家里聚餐。

“一谈，他喜欢的，我也喜欢，彼此很投机，有共同语言。这没有什么好说的了，结婚吧！”王伟君说得干脆。

相识才三个月，他们就步入了婚姻的殿堂，至今不离不弃。

对于这段姻缘，裘沙觉得充满了神奇：“我们太一致了，缺点也是一样的，她的缺点也是我的缺点，例如我们都不会生活，不会同人打交道，日常生活上马马虎虎。”

回望遭遇过的伤痛与磨难，王伟君庆幸有了这桩婚事：“唯一使我感到欣慰的，是我依靠对艺术真挚的爱终于没有放下画笔，而且身边有一个志同道合的裘沙，使我能够在工作与家务之余的短短时间里，在家庭斗室的最小空间中，有坚持自己艺术追求的可能。”

他们都感恩鲁迅，因为鲁迅是把珂勒惠支版画介绍到中国的第一人——1931 年 9 月 20 日出版的《北斗》创刊号上，发表了珂勒惠支木刻组画《战争》中的第一幅《牺牲》。这是她的首幅介绍到中国来的版画，“红娘”是鲁迅。为了纪念“左联”五烈士，鲁迅特意选刊了这幅作品。另外，1936 年 5 月，在中国面世的首部珂勒惠支版画集，是由鲁迅自费以三闲书屋的名义出版的。

鲁迅以这样的方式同时和他们“相遇”。

他们矢志用线条和色彩“翻译”鲁迅

印章，明灯，闪电，这是法国鲁迅研究学者米歇尔·露阿读画时的印象

1957 年 7 月 13 日，他们领了结婚证。9 月，处于“资产阶级右派分子边缘”的裘沙自觉报名，要求组织把自己下放到基层接受锻炼和改造。

由于上过前线，王伟君暂时安全，“但知识分子的毛病不少”，也需要回炉。裘沙下放的申请当天就得到了批准，王伟君当即向组织请示，甘愿一起下放，组织竟然点头同意了。

好一次人性化的安排。王伟君觉得，这是从天上掉下来的惊喜。

“我们两个人，一个之所以积极争取，一个之所以乐意接受，还另有自己艺术上的原因：从文艺工作者本身的需要出发，首都虽好，如果这辈子就这样飘浮在上层领导机关而不能扎根到工厂、农村等

基层生活中去的话，那无疑只能成为一个空头的美术家。而这次竟能夫妻双双一起下放，一起深入基层去认识社会、体验生活、探索人生，这在我们的艺术生涯中，将是一次极其难得的机会。”尽管眼看着就要背井离乡，去一个陌生的所在扎根，何时归来尚不明朗，但是他们并不沮丧，而是充满了期待。

目的地是山东莒南县大店公社何家店大队。

裘沙有点不情愿。他想去的是工厂，单位有一批同事被派往天津的工厂，为何没有自己？

前一年，他游历了抚顺、本溪、沈阳和上海，感受到了中国工人身上蕴藏的能量。他要用画笔去塑造他们的形象，成为一个为工人代言的画家。关键是珂勒惠支曾经走过这样的路，他要踏着偶像的足迹一路前行。

他迅疾把自己心里的“小九九”摁住了，“这是资产阶级个人主义成名成家思想的顽固表现，必须予以连根拔除。再说了，既然自己的第一故乡是上帝的安排，那么，第二故乡岂能容自己选择！一切听从组织上的安排”。

事实上，这是一段愉快的时光。他们扑在沂蒙山区的这方水土上，劳动的间隙，农村妇女抓紧时间纳鞋底，老汉们闷头抽一袋烟，他们掏出纸与笔，画速写，为父老乡亲留下人生的一道刻痕。

他们在这里过春节，还在联欢会上表演了节目。王伟君跟搭档跳红军舞，裘沙跟同事合唱民歌小调。他刚一开口，就走了调，“出了怪音”，同事给吓着了，临阵脱逃，到一旁捂着肚子笑，把整个舞台留给了裘沙一个人。

老乡没有那么多讲究，热切地瞅着他。裘沙硬着头皮，吼了一通。台下的掌声骤起，“好哇！老裘，再来一个！”28 岁，被喊“老裘”，裘沙不仅不介意，反而歌唱的欲望开始膨胀，准备“加演”。结果硬是让同事拉下了台——他们实在忍受不了，整首歌没有一个音是准的。

第二天他们下地干活，两个小男孩跑过来，问：“老裘，你昨天晚上哇啦哇啦地唱了些什么？怎么俺们一句也没有听懂。”旁边的大婶一边开骂，一边解释：“老裘唱的，只是俺听不懂，唱还是唱得好呀!”

王伟君说，这段往事，一旦想起来，就让人发笑，笑得眼泪都流出来了。

裘沙说，老乡的心胸很开阔，都是好人。

但是，美好的时光总是短暂，内心的创伤接踵而至。

“四十不惑”，这句话在裘沙身上失效了。

“文革”岁月，他四十岁上下，越来越看不懂当时的世界。“把裘沙揪出来”的大字报铺天盖地。他被批判为“修正主义党委拉进来的党员”，预备资格被取消了。“莫须有”的罪名“轮番上阵”，他实在招架不住。更可怕的是，没有了工作。

他抑郁、彷徨、苦闷、迷惘……

人在遭遇灭顶之灾时，首先想到的，应该是母亲吧。但这对裘沙而言，是奢望。

退而求其次，那应该是家园吧。

他的目光，投向了浙东大地，紧紧地锁住在一位同乡的身上。

深夜，他捧读鲁迅，其中蕴藏的硬骨头精神熠熠闪亮。

他恍然大悟，茅塞顿开，社会上的林林总总，鲁迅早就说得明明白白。

“以前读鲁迅，只是觉得写得好，但好在哪里，不知道。到四十多岁的时候，经历了不少事，再读鲁迅，就发现他太伟大、太超前了。”以阿Q为镜子，裘沙发现，自己何尝不是阿Q？而当时那些跑上跑下的“红人”，不也拖着阿Q长长的影子么？

裘沙重新认识了鲁迅，也唤醒了自己，他情不自禁地拿起了画笔，要把鲁迅画出来，“我要用绘画传播鲁迅精神”。

失去工作的他重新“上岗”，自己单干。

外部的支持弥足珍贵。茅盾、冯雪峰、萧军、曹靖华、周建人等熟悉鲁迅的人士，纷纷为他提供第一手资料；王朝闻、江丰、钟惦棐等学术大家，自愿成为他的“智囊团”，随时准备奉献学术智慧。

1981年9月，在北京举行“纪念鲁迅诞辰100周年——裘沙、王伟君‘鲁迅文学作品插图展览’画展”研讨会后，与会者合影。左起：裘沙、许鲁野、朱正、萧耘、戈宝权、王伟君、艾青、钟惦棐、高瑛、萧军、彦涵、江丰、王琦、郑振庭

视裘沙夫妇为“一生最后的两位朋友”的冯雪峰，推荐他去拜访胡愈之，请这位老先生谈谈鲁迅当年的情景；在裘沙一无所知的情况下，冯雪峰抱病找到鲁迅生前好友、人民文学出版社资深编辑杨霁云，请他出面和周海婴商量，帮助裘沙解决工作问题。

1973 年仲夏，裘沙、王伟君和冯雪峰相识；1976 年 1 月，冯雪峰因病辞别人间。人生暮年之际，冯雪峰的心愿唯有协助裘沙圆就“一个雄心勃勃近于痴迷的鲁迅梦”。

冯雪峰还饶有兴趣地讲起了故事：有一回，鲁迅一边吃芒果，一边和他说着话。一不小心，鲁迅把剥好的芒果从手上滑落了。鲁迅马上俯身，从地板上捡了起来，竟然没有冲洗，直接塞进嘴里吃了。整个动作娴熟、连贯。冯雪峰一脸的诧异，鲁迅却笑开了，说这芒果实在太好吃了，舍不得。

——原来鲁迅也有普通人的性情，不总是“横眉冷对”。

美学家王朝闻，通过书信的形式给裘沙、王伟君上理论课：插图作为小说的一种“解释”，首先是以画家对小说的理解为基础的，理解得越深，“解释”得越准。要想做一个有所贡献的插图画家，必须要求自己成为一个有创造性地理解原著的欣赏者。插图应该具备高明的导游一样的本领，有效地启发读者对原著的认识。要警惕丧失插图的独立性，沦为一种“装饰门面的奴仆”。

——插图不是简单的“直译”，而是要通过扎实的案头工作，创造性地“意译”。

这些，裘沙听到心坎上了。

他画《祝福》，心里缺少“一盘棋”，哪个情节需要入画，哪个场景需要重点处理，常常犹疑不决。

例如，祥林嫂关于人死之后有没有灵魂这个情节，应该表现希望还是恐惧？还是因为希望和恐惧相互折磨而身心交瘁？还是应该表现她对神权世界的疑惑与控诉？

没办法，只好把几个设想都画出来，摆在一起进行比较。又似乎都有道理，都说得通，还是没有主意。

他遵循王朝闻的建议，回到小说本身，通过反复的阅读和分析，试图进入鲁迅的精神世界。结果他紧紧地抓住了一个关节点：祥林嫂是怎么死的？

比较公认的说法是她死于风雪交加的凄冷。但裘沙发现，祥林嫂是在别人祝福的时刻感到自身的寂寞，相信了人死之后大概有灵魂的回答，为了和死去的一家人相见，她自行走上了绝路。

他当即撰写了论文，阐明自己的意见："地狱的最后审判，是封建礼教惩罚祥林嫂改嫁失节最酷烈的手段，曾经给祥林嫂以极大的恐怖，然而这大恐怖终究敌不过祥林嫂追求幸福的渴望。她终于勇敢地走向地狱，目的是为了重温一下改嫁所带给她的、早已破灭的人生的幸福。通过这出格的行动，祥林嫂沉默而倔强的性格最后完成了，小说反封建的主题也最后完成了。"

这是不是在故意拔高祥林嫂的精神境界？裘沙引经据典：明代民歌中有一首《吴歌·甘认》，"乞娘打子好心焦，写封情书寄在我郎标。有舍徙流、迁配、碎剐、凌迟，天大罪名阿奴自去认，教郎千万再来遭！"这里的主人公，为了追求爱情，为了求得顷刻间生命的真实，哪怕付出最大的牺牲和代价，也不足惜。

这是不是过于主观地揣度鲁迅的意图？裘沙建议读读《伤逝》，里边涓生有过这样的内心独白："我愿意真有所谓鬼魂，真有所谓地狱，那么，即使在孽风怒吼之中，我也将寻觅子君，当面说出我的悔恨和悲哀，祈求她的饶恕；否则，地狱的毒焰将围绕我，猛烈地烧尽我的悔恨和悲哀。”

他试图以一个研究者的角色进入鲁迅的世界。

王朝闻来信为他欢呼：“尽管我还不能象你这么十分肯定地断定，祥林嫂的死一定就是为了在地狱中与亲人见面，但你敢于肯定鲁迅原著《祝福》里的祥林嫂是死于这种精神的‘自杀’而不是饥寒与风雪，这是一个艺术家敢于独立思考而不盲从的可贵的努力和好的作风。”

《一件小事》，如果要论中心思想，要么是说这部作品在歌颂工人阶级的高尚品质，要么认为体现了一个知识分子严于解剖自己的自觉意识。但是，裘沙和王伟君另辟蹊径，认为作品的主旨是以这“一件小事”来否定北洋军阀统治时期所谓的“国家大事”，即袁世凯称帝和张勋复辟。

“我认为，两位画家的这一看法，不仅是新颖、独特的，而且也是符合鲁迅原著的精神的。”北京鲁迅博物馆研究馆员李允经折服了。

裘沙和王伟君都有些疯狂了。

一瓶白粉，两支毛笔，一些小纸片，三个星期的时间，裘沙就把《呐喊》《彷徨》《野草》《朝花夕拾》《故事新编》的106幅黑白画小插图一口气勾成了。

为了尽量完整地搜集到鲁迅的照片，他们自掏腰包，四处奔波，欠下一身债。孩子又生病了，捉襟见肘，甚至连菜也买不起。王伟君不希望孩子干吃白米饭，下班时就顺道挖回来一袋野菜。

“那野菜叫二月兰，绿色的叶，紫色的花，可漂亮了。我们全家人都围着挑选野菜，洗干净后用开水一过，放上酱油一拌，挺好吃的。我们吃了两天。第三天，我发工资了。正好‘闰土’的孙子章贵从绍兴来，特地到家里来看我们，真使我们喜出望外。我们说，来得正好，今天是这些时来头一天吃有菜的饭，还有春节剩下的一点白酒。到了第二年这时候，孩子们还说，让妈妈再挖点野菜回来吃，咱们纪念纪念。”她曾经兴奋地跟郭梅尼回忆起这段经历，听不出来半点的辛酸与苦楚。

裘沙也是，以苦为乐，乐在其中。

他越来越感觉到，鲁迅 1907 年写就的《文化偏至论》，是研究鲁迅思想的一个纲领。但这篇宏论有滑向边缘的危险，他连续发文，以求引起重视。

撰写这篇论文时，鲁迅用词古奥，晦涩难懂。裘沙自认古文功底单薄，一刻也离不开辞书，而且还把家里所有的辞书来个总动员。

“一一查找，反复核对，边查边读，边读边查，最后才能咬定应有的词义。开始先查自己一无所知的生词，接着再查自己似乎懂得的；几种辞书各有所长各有所短，这部辞书上查不到的，有时在另一种辞书上查到了。同一个词，往往有多种用法，我们对原文的误解，恰恰来自那些自以为懂得的词汇的理解上。”经过这一番研究，裘沙深切地悟到，“经验主义”要不得。

不过，越研究，胆子变得越小，“一个词汇，往往得查遍几种辞书，反复推敲琢磨才能搞清鲁迅确切的本意。最后，弄得连自己常用的词，也不敢轻易相信了”。

书也跟着“遭殃”。起初，出于爱护书籍的考虑，他把查到的注释写在卡片上。后来觉得这样阅读起来不太方便，就放低标准，直接把注释写在书本原页的边上，“几年下来，把家里的几部辞书几乎都翻破摸脏，也把《鲁迅全集》上的那几页原文写得密密麻麻、脏乱不堪了”。

其成果是书籍《新诠详注文化偏至论》的问世。

这篇文章到底有多重要？裘沙的估量是鲁迅率先提出了“必尊个性而张精神”的“立人”新学说。

“鲁迅确信：中华民族要新生，中国社会要进步（摆脱长期停滞的落后状态），中国要在世界上争生存，根本问题，不但‘首在立人’，而且还首在必须以‘尊个性而张精神’的方法立人。只有张大个人之人格，发挥精神之辉光，才能使炎黄子孙被专制永长的历史所泯灭了的人的本性，从奴性的麻木状态中复苏，成为具有个性尊严，人格独立，思索自由和人类价值的人。只有这样一代新人的诞生，才能使中华民族久已槁丧了的独创之力，重新发扬踔厉，为中国‘雄厉无前，屹然独见于天下’带来无限的生机和无穷的活力。”裘沙对鲁迅这篇著述的解读，有着穿透历史、对接现实的力量。

迎着鲁迅的目光，他的研究触角尽量地向外伸展。

他广泛涉猎，中外不拘，大胆跨界，认真研读过德国戏剧家莱辛，对电影理论也下过力气，还把精通插图艺术的明末清初书画家陈洪绶作为研究对象，著有《陈洪绶研究——时代、思想和插图创作》，顺带了却鲁迅的一桩心愿：1934 年 12 月，鲁迅在给郑振铎的书信中说：“底本如能借出，我想，明年一年中，出《老莲画集》一部，更以全力完成《笺谱》，已有大勋劳于天下矣。”老莲，正是陈洪绶的号；这里的“底本”，指的是周子兢所藏的《水浒叶子》。

鲁迅说过：“书籍的插图，原意是在装饰书籍，增加读者的兴趣的，但那力量，能补助文字之所不及。”裘沙信然，并在陈洪绶的研究过程中寻觅到了例证。

陈洪绶给《西厢记》画过插图。这部元杂剧，其中有“妆台窥柬”一折，讲的是老夫人命张生和崔莺莺以兄妹相称。张生难耐相思之苦，就病倒了。红娘来探望，捎回一信，因担心小姐责骂，就装在她的梳妆盒里。崔莺莺拆看书信细细品读，红娘则在一旁偷窥。这样的情景，被陈洪绶用画幅定格了。

对于这一幅画作，裘沙也是细细解读。他发现，那时的崔莺莺，正当“晚妆残，乌云亸。轻匀了粉脸，乱挽起云鬟。将简帖儿拈，把妆盒儿按，拆开封皮孜孜看。颠来倒去，不害心烦”，陈洪绶偏偏把她挤到画面的一角，“这相当拥挤的空间，充分烘托出这‘窥’的心态”。

窥柬　　**陈洪绶绘**

更让裘沙感到巧妙的是画家对红娘的处理：让她用手指在嘴唇上轻轻一点，这是剧本上没有的动作，“熟悉《西厢记》原著的读者，马上就会想到，这小丫头当时的心情，正处于‘看她见了说甚么’和紧接着就要叫‘呀，决撒了也’这两句台词交叉点上的一瞬间”。

插图自然不是简单的装饰与附庸。裘沙仔细端详了陈洪绶的《水浒叶子》，“深感他的奇思巧构和力量气局的超拔磊落”。他隐约感觉到，鲁迅与陈洪绶在气质上有着遥远的呼应与承继。

他的心，依然向着鲁迅。

读万卷书，还得行万里路。一有时间，他就奔赴绍兴，体验生活，揣摩人物，找寻灵感。

他依稀感觉自己见过阿 Q 式的人物，见过他们怎样舂米、割麦，在小酒店里调笑，在戏台下偷摸女人的大腿……但如何与鲁迅笔下的人物相吻合，却是捉摸不定。

1977 年冬，裘沙在绵绵细雨中离开北京，自费前往绍兴，寻找“阿 Q”。

一天，裘沙随乡民去赶集，不远处的河埠上，有一个衣衫破旧的人，正被另一人摁倒在地，狠狠地揍屁股。裘沙正欲上前劝架，两人都已松手。这时，刚才还在口口声声讨饶的人，一骨碌爬了起来，紧跑了两步，马上回头，叉起腰，骂开了，等到那人作势又要追过去，他才边跑边骂，消失在水乡的晨曦中。

天大亮了，集市上开始热闹起来。裘沙正在画速写，有人猛拍了一下他的肩膀，一个沙哑的声音在耳边响起：“嘎，侬还是个画家?”

裘沙抬头一看，正是挨揍的那个人。他歪着脑袋打量裘沙，忽然又装着一副鄙夷的神色来，用教训的口吻说：“画画，嘿，侬画这些有啥用！偬（我）教把侬，侬有本事就该画钞票！画一张就是五元格！一张就是十元格！格（这）才有意思啦！”他越说越为自己的话得意，故意大声嚷嚷，见周围的人都哄笑起来，便洋洋得意地掏了掏口袋里的硬币，捣鼓得哗哗响，大摇大摆地到桥下的小酒馆里“潇洒”。

《阿Q正传二百图》之一（“你还不配……”）

裘沙赔着笑，看着他的背影，试图把他定格在速写本上。哪知道他当即就从酒馆里出来了，看见裘沙正在画自己，面露愠色，伸出两个手指头，大声斥责道：“我不是教过侬，叫侬画钞票！侬勿听。侬要是画我，我就把侬格本子扯掉！”

阿Q的形象，有了着落。此后的几天，裘沙采取紧盯战术，佯装闲逛，或者速写他人，但兴趣都在这个叫“长生”的农民身上。

原型有了，他并不着急，心里明白，看到的，只是表面现象罢了。

“我们所追求的并非单纯的艺术，而是活的生活，活的严峻的中国人生。”裘沙不肯懈怠，不容自满。

他做足了功课，不遗余力地“钻进去”，精细地阅读原著，理解鲁迅的思想；又适时地“跳出来”，清醒地划定绘画和文学作品的界限，充分发挥视觉艺术特有的性能和自身的主观能动性。

就这样，在“进出”之间，他的创作激情肆意迸发，灵感奔袭而至。王伟君在一旁出主意，夫唱妇随，通力携手，与鲁迅有关的画作接近两千幅。

他们办展览，出画册，搞讲座，忙得不亦乐乎。

1986 年 1 月 5 日上午，东京造型中心社社长藤山纯一、岩波书店顾问高草茂和美术编辑浅井和弘，三位日本友人专程赶赴北京，邀请裘沙夫妇前往东瀛举行展览。

三位选定了四百多幅作品，一边啧啧称奇，一边调整方案。起初，日方拟定展览画册名为《鲁迅小说插图选集》，后改为《裘沙王伟君画集·鲁迅之世界》——他们不再把这些作品看成简单的“插图”，而是认定为独立的创作。

他们还试探地问了一句：是否乐意将这些画作留在日本，进入市场交易？得到的答复很坚决：不可以。

他们还提出全球的版权要求。面前的两个脑袋摇得像拨浪鼓一样，“国内的版权不能给，我们希望自己的作品首先能在国内普及”。

同年的 8 月 29 日，画展在东京开幕。当时，《光明日报》驻东京记者陈志江发回的消息上说：“由四百三十八幅油画、木炭素描和黑白画构成的画廊把观众带入了一个奇妙的世界。这里没有花香鸟语、松青竹秀，更无万马奔腾，而是一幅幅重传神而不重形，略带夸张，用粗犷、泼辣的线条勾画出的‘阿 Q’、‘狂人’、‘祥林嫂’

等艺术形象。许多观众都是匆匆浏览一遍之后，再回过头来逐幅端详、揣摩。”

这是他们两口子首度迈出国门，一下子就感觉到鲁迅不只是属于中国，而且属于世界。

夫妇俩决定把视野再度扩张，不再局限于画鲁迅的肖像和小说，而是把眼光瞄向了杂文，“鲁迅思想的深刻最直接地体现在他的杂文上”。

而且，令他们俩感到揪心的是，由于文字深奥难懂，鲁迅越来越远离年轻人的视线。他们要用自己的“微力”扭转这样的局面。他们先把鲁迅的思想消化了，再酝酿，进行形象思维设计，用线条和色彩，把思想画出来，“让年轻人看了画，引发去读文章的兴趣；或者是他们读了文章，不太理解，再看了画，一下子明白了，原来是这样！”

他们雄心勃发。

身边的朋友不由得一惊，这是过去没有人干过的事，杂文的艺术生命力怎么能用画笔表现出来呢？很容易沦为简单的说明和图解。

王朝闻也婉转地劝说道：你们还是搞小说好！

这一回，裘沙和王伟君显得有些“叛逆”，他们硬着头皮，上！

画的第一篇杂文，是《三月的租界》。砸锅了，像一张漫画，没有唤醒文章的思想和内蕴。

他们冥思苦想。

他们“不择手段”。有的用水彩水粉，有的是油画小品，有的用水墨，有的是素描。

他们“放肆贪婪”。向一切艺术遗产和民间艺术学习，既吸纳蒙克、珂勒惠支、杜米埃等西方艺术大家的技法，又对陈洪绶、陶元庆的艺术风格尽情借鉴……

成不成功，还是要问王朝闻。当裘沙和王伟君把画杂文作品的照片送到他家时，这位美学家坐不住了，说画杂文的难关攻下来了。

鲁迅研究学者王富仁也坐不住了。裘沙、王伟君根据鲁迅杂文里的一句名言，创作了一幅绘画作品。王富仁精心地读画，把感想凝结成文字，连缀成一篇长长的文章。他们画一幅，他写一篇，“他说这些画让他受到了触动，勾起了他很多的想法”。

是印章。是明灯。是闪电。这是法国鲁迅研究学者米歇尔·露阿读画时的印象。

“我的心和他的心一起跳动。”她这般论述自己阅读鲁迅时的感受。于是，她组织了一支研究队伍，准备用10年的时间，把鲁迅的作品翻译成法文。但世事难料，这条路走得坎坷而艰辛。失望之际，她与裘沙、王伟君相遇了。

眼前的这些画，无声无言，却盖着鲁迅思想的戳印，准确地传达着鲁迅的思想。米歇尔·露阿读懂了，“我们每一个诞生在中国疆土之外，没有经历过那日渐远离的时代的外国人，都能从这些画面中接受鲁迅的思想，表达自己的‘世界’，因为在这里，它是完全忠实的双重‘再现’的结果：作者用词语传达和表现的，与两位艺术家用他们的表现手段传达的是同一真理”。

她把这些画作视为一盏灯，引导自己更深入地走进了鲁迅的世界，“铺通昨天因外界的阻挠而未能修建的道路，让人们得以继续曾被中断的旅途。这盏灯走在我们的前面，照亮了鲁迅作品中尚不为我们所知的天地，召唤我们继续开垦，继续耕耘。它预示着我们将紧随而至，引导着我们向那片天地前行，它使我们的事业名正言顺”。

她又觉得这些笔墨和线条宛如一道闪电，将鲁迅深刻的思想内涵加以揭示，“一旦从画面中领会了含义，鲁迅的世界便顿时一片亮堂，而我们则欣喜地发现鲁迅的世界原来也正是我们的世界”。

“拥有神奇的力量。”相信在落笔时，这位汉学家内心颇不平静。

他们以鲁迅的思维过着平静的生活

孙郁说，他们在鲁迅的世界里释放着困惑

直到退休，裘沙的身份是原中央工艺美术学院副教授。

还是王乾坤总结得到位：“对于他们的探索，弄学术的会不以为然，因为其中没有理论‘范畴’‘概念’；奔艺术的会不以为然，因为他们没有归落于某个画派和圈子；守教育的也同样会不以为然，因为他们乖违教学大纲和操作矩度太远。大概因了这些，再加上竖子般地不通世故，虽然其成就早已广闻于朝野，并饮誉于海外，他终于只能以副教授退休。”

他们成了“三不像”，但他们并不恼火，尽情地享受着内心的幸福。

他们并不是简单地画鲁迅，而是要与生活周遭紧紧地契合，“经常有这样的情况，看到鲁迅的一段话，感到很重要，但只有在生活中感受到了，才真正有非画出来不可的冲动”。

有没有坚持不下去的时候？

“没有犹豫，一直走下去。好像生活越艰难，碰到问题，越有要表达、要诉说的冲动，画起来更有感觉。没有地方发言，马上就想到画了。”裘沙说，他和王伟君其实没有什么得天独厚的条件，唯一的“资本”就是坎坷的人生经历。

鲁迅有过这般感慨：“有谁从小康人家而坠入困顿的么，我以为在这途路中，大概可以看见世人的真面目。”裘沙庆幸自己始终处于逆境之中，这让他们对鲁迅思想有了更为深刻的感悟。

1991年9月，在北京参加鲁迅诞辰110周年纪念活动之后，部分与会者合影。左起：华君武、蔡若虹、王伟君、张仃、常沙娜、裘沙

画鲁迅是这两口子内心的一个寄托，是他们向世界发声的一个通道。

夫妇俩的“小算盘”，被专家捕捉到了。鲁迅研究学者孙郁写道：“裘沙夫妇相信，在绘画世界，追寻鲁迅的足迹，可以找到一个属于自己的精神表达方式。他们的困惑与焦虑，在鲁迅的世界里，得到了自由的释放。”

他们活在鲁迅的世界里，游刃有余，云卷云舒，恬静自如。

王伟君说过：“多年来，我深感从事艺术的艰难。我要求自己用纯净的艺术标准来做人，又坚持用纯净的做人标准来作画。但无论是艺术上的真还是生活中的真，都使我一再碰壁。这逆境却又启示我更好地理解鲁迅的思想。”

她写道：“我们无声无息地探索着，一步一个脚印地走着。我们的画和人一样，没有惊人的笔触，没有讨人喜欢的色彩，没有美妙的曲线，有的只是一点自己做人的本色。我们想表现的，也仅仅是由鲁迅思想所照亮了的，对人生的一点真实体验而已。”

53岁时，裘沙大病一场。躺在病床上，看着白色床单、棉被，他惶恐，感觉生命的钟摆要停止了。但是，他迅速地战胜了自己，“这是一片雪白的原野，一片白雪覆盖的山峦，我躺在洁白的原野上……”他自我暗示，坦然地写下墓志铭，用的是红色圆珠笔——“这是一个用自己的一生，真正认识到鲁迅的意义，将自己毕生精力献给鲁迅事业的人”。

他们的书房有过两个斋名，一是“破砂锅居”，取“打破砂锅问到底”之意，不断地追问、探索；一是“零斋”，一切归到原位，始终“在路上”，重新出发。

如今，尽管年事已高，前行的步伐不曾停歇。以往，他们用插图和画传的形式，把鲁迅思想体系完整地加以发掘和表现；现在，他们要在这个基础上，再用高度概括的壁画的形式，把鲁迅思想体系简明扼要地集中表现出来，以求构建起一座能辉映世界的鲁迅思想殿堂。

“我不知道自己的拼搏是成功还是失败，只记着当年一位老领导在逆境中勉励我的一句话：‘为真理而战’。”裘沙的干劲依然充沛。

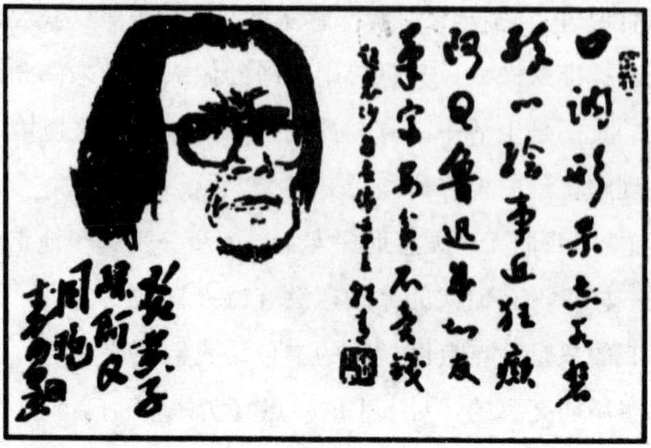

书法家孙轶青为裘沙自画像题词：口讷形呆志如磐，醉心绘事近狂颠。阿Q鲁迅成知友，笔富安贫不卖钱

鲁迅始终是一个有形的存在。孙女报考电影学院，结果遗憾落榜。王伟君给她分析原因，最终的结论是孩子没有读懂鲁迅。

有道笔试题目是放一部电影，让考生写篇评论文章。小姑娘觉得这部电影的水准不高，但她还是耍起小聪明：既然老师选了这部电影，肯定是他喜欢的，如果我说不好，就得不到高分。她违背自己的意愿，吹捧了一番。

“鲁迅说过，批评必须坏处说坏，好处说好。她没有遵守这条原则。”王伟君笑道。

他们的这些孙辈曾经也是画鲁迅的“新生力量”，老两口的住所还悬挂着他们的作品，充盈着丰富的想象力。但如今，他们基本上都把画笔放下了。“一上学就没有时间。”王伟君颇有些无奈。

无奈的事还不少。他们有部书稿，2003 年 9 月就整理齐全，计划出版，裘沙把后记都写妥当了。直到 2009 年，也没有问世；那年的国庆节前夕，裘沙写了个补记。2010 年 8 月，出版有了转机，裘沙再度写下几段文字，记述彼时的欣悦。但最终还是搁浅了。还好，这本书终于由学苑出版社在 2013 年 7 月推出，了却了两位老人的一个心愿。

他们没有卖过一幅画，只期待这些“宝贝”能有个安稳的归宿。有人来接洽，一开口就是要上千张。两口子不放心，也舍不得，提议先捐赠两百张，看看管理得如何。如果还行，再陆续地送。

对方不同意，不容商量。王伟君生气了：“讨价还价，像做生意一样，格调实在太低了。”结果不欢而散。

他们依然在憧憬。

他们是否沦为了鲁迅的“奴隶”?

鲁迅在他们心目中的地位已经超过了俗常意义上的“偶像”。

必须“立人”，力求“张大个人之人格”，要“以己为中枢”……鲁迅的告诫，他们铭刻在心，并身体力行。

1893 年，德国戏剧家霍普特曼的剧作《织工》上演，珂勒惠支看了一个早场，“感到全身沸腾”，并且把这次演出视为自己创作的一个里程碑。于是，她搁置了手头其他的工作计划，投身到组画《织工的反抗》的创作当中。

当初，鲁迅向中国读者介绍这套组画时，写道：“作者也许是受着一点这作品的影响的，但这可以不必深论，因为那是剧本，而这却是图画。”裘沙撰文，指出“深论”是有必要的。

裘沙通读了霍普特曼的剧本，惊讶地发现，面对这部令自己“全身沸腾”的作品，珂勒惠支在创作时，竟然没有择取其中的任何一个情节，“她在艺术上完全摆脱剧情，创作了一套完完全全属于她自己的作品，这就更加显示出作者足以和霍普特曼并驾齐驱的大艺术家的才华和风范”。

找到自己，成为独立的人，裘沙和王伟君始终在探寻。

“以鲁迅为中介，画家找到了一个属于自己的世界。”孙郁如是说。

附录

关于个人风格探索的问题，很多代表在发言中怕同学过早追求风格，基本功不扎实，容易流产。我以为防止流产，比治疗不育要容易得多。从我国的现状看，长期苦于形不成自己风格的情况比较普遍。至于在学生时期就注意风格的人，本来就很少，有的后来默默无闻、一事无成者，我看也并非由于探索风格，而是由于过去没有探索风格的空气和土壤。一搞风格便成异端，容易夭折。因此风格问题，我仍然认为受孕要早，怀胎要足月，分娩要晚。如果有个学生在学习阶段就有了风格，没有什么不好，更没有什么可怕，只要劝他不要就此定型，继续吸取多方面的营养就好了。风格不是想有就有的，故弄风格，首先就失掉了对艺术的真挚的态度。我在班上讲过风格的问题，并没有造成紊乱，正相反，倒是我讲风格即人格的问题，据反映，对同学的思想震动很大。我以鲁迅和周总理的书法为例，说鲁迅和总理并不是书法家，为什么大家这么喜爱他们的墨迹，就是因为他们崇高的品格，凝结到书法中去了。人们看到他们的墨迹，就可以感到这种崇高品格的无形的力量。这就是我所说的风格是要用作者一生为人的品格来最后完成的。相反的例子如明代的张瑞图，他的字写得很有气魄，有一定的才华，就因为他当了魏忠贤的干儿子，人格太低，斯文扫地，书法的价值也和他的人格一样为人所不齿。

——裘沙

（摘自《感到形式美的眼睛》，载《新美术》杂志1980年第1期，62页）

一般性的插图，不过是可有可无之作，而另一种插图则不同，一旦与作品同时刊出，读者立刻感到是非“有”不可的一部分……裘沙为鲁迅作品所作的插图亦然。

——美国汉学家葛浩文

1987年初，美国汉学家葛浩文到裘沙、王伟君家中，长谈三日

坚持和发展现实主义传统，鲁迅的传统，这是文艺理论中的一个问题，说老实话，我没有料到在你的画里这么强烈地表现出来，我真有点震惊。从你的画中，可以得到启发，作家艺术家与时代的

关系，与人民的关系。鲁迅是关心社会、关心人民和民族的命运的，是理解人民的。艺术要表现生活，表现社会，表现人民的斗争，这似乎是我们的艺术有没有价值的一条规律。

——诗人贺敬之

裘沙的可贵处在于坚持为现实服务，而且有很多创新。走这条顽强者的道路，好啊！

——诗人艾青

裘沙……还制作了深刻有力的鲁迅头像，我以为它是我所看到的鲁迅画像在神情和特征上最精湛的一幅。

——作家萧军

我发现鲁迅用语言文字所创造的一个艺术世界，在您的黑白线条和阴影中，又重新把它创造出来了……通过您的这些绘画，我看到您对鲁迅的思想和艺术，是经过深入学习和严肃思考的，不但从您的经历和体验中，非常熟悉鲁迅所写的生活环境与历史时代背景，您还具有一颗赤热的心，用深厚的感情和坚定的信念和力量，去理解，去热爱，去认识鲁迅笔下的人物和他必然走向的道路。

——作家、编辑家楼适夷

这里展出的近三百幅图画，并非供高雅之士赏玩之作。它带给人民群众以生活的信念和力量；它凝聚着作者对生活的严肃思考；它奉献给伟大鲁迅以一颗赤诚之心。正是用这颗赤诚的、颤动的心，挥运画笔，去理解、去揭示生活的底蕴……他对《阿Q正传》和

《祝福》等名著，经过反复研究，在理解上另辟蹊径，判异前贤；他笔下的阿Q和祥林嫂别开生面，自具典型。作者这种熔研究与创作于一炉的特色，发掘了人物形象的精神面貌，突出了造型艺术的个性表现。

——美术理论家江丰

在准备期间，裘沙夫妇还读了电影美学方面的书，构图不免受到电影的影响。因此几次用了赵太爷的大门，阿Q数入其中。每次进入的阿Q，神态皆有其不同。照我看，题材及其思想的深刻性，亦要求造型的坚实和丰富性，素描或者更有助于此。一些近乎中景和特写的场面，没有较高的造型能力，怕是很难以表达的。

——电影美学理论家钟惦棐

他所画的阿Q，喜怒哀乐和说不出的内心活动，都活灵活现。绍兴，我去过多次，看他的画，好像跟着阿Q走进了未庄。

——外国文学翻译家戈宝权

裘沙夫妇的画，是痛苦心灵的折射，几代人对鲁迅的读解，差不多都汇聚到了他们的色彩和线条间……裘沙夫妇可贵的一面在于，不仅努力地还原着鲁迅的世界，而且以韧的精神，将鲁迅以后的中国的风风雨雨，汇聚到自己作品的底色里。读解鲁迅，其实正是读解中国。这些作品以整体的方式，呈现出几代人心灵的历史，那生生不息的“民魂”，从这里向我们滚来。黑暗中诞生的光源是最迷人的，在血气与鬼气间生长的艺术，比象牙塔的闲适、雅致要更美丽、动人。

——鲁迅研究学者孙郁

中国画家裘沙，用绘画形式表现了鲁迅作品的深奥的艺术境界。他的画渗入肺腑。看过之后，我有了一种想再一次研究鲁迅文学的冲动，因为它打破了我迄今持有的对鲁迅的观念。

——日本作家井上靖

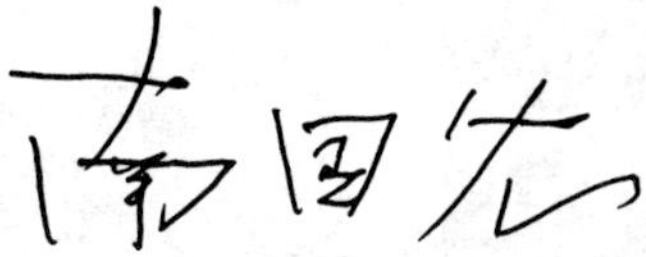

【小传】

1920年9月出生，今江西省樟树市人。1943年毕业于中山大学教育系，后赴美国哥伦比亚大学教育学院学习比较教育与视听教育，获硕士学位。回国后，1953年被聘为国立西北师范学院教授。现为西北师范大学教育技术学院、网络教育学院名誉院长，国家资深教授，教育技术学博士生导师，国家级学术刊物《电化教育研究》杂志主编，并兼任全国十余所高校的客座教授。曾担任西北师范大学教育科学研究所所长、电化教育系主任、全国电化教育课程教材编审组组长、中国电化教育协会副会长、中国教育技术协会顾问、甘肃省政协常委等职务。2011年11月，荣获『全国教育科研终身成就奖』。

【相关人】
朱家骅、洪深、老舍、华罗庚、顾明远

【放　言】
『我干这个工作干得很有兴趣，没有觉得条件艰苦。再说了，好的条件我都经历过了，也就那样，没有什么新鲜的，对我吸引力不大。』

南国农：寻觅一盏最亮的灯塔

华发如雪的南国农，依然怀念少年时代在大竹排上学骑自行车时的情景。

那时，他的父亲习惯于驻扎在水上，从赣南出发，顺着长江，用大竹排装载木材，沿途做生意。南国农与父亲同行，饱览风光，无忧无虑。风平浪静的日子，跟工人师傅一道打打牌，消磨时间；路过一个港口，就停下来，游玩一场。念初中那阵，他就走了万里路，在南昌、南京、常州、上海等地留下了自己的足迹。

多年以后，南国农骑着自行车，忙碌在甘肃兰州西北师范大学的校园里，和他的同道一起，为我国的电化教育专业“开疆辟土”。

如今，这个专业已经走上了发展的快车道，由专科、本科、硕士点到博士点，不断地壮大。其间，也遭遇过质疑，甚至陷入混乱与无助。这个时候，南国农就是那个掌舵的人，把一个学术领域稳稳地扶住了。

1920年出生的南国农，早就告别自行车了，但他还时常沉迷于自行车带来的速度感。就像他的人生，跌宕起伏，却一直在寻觅心目中那盏最亮的灯塔，始终如一地朝着“追求最优化的教育”的目标一路奔袭。

“话剧王子”唤醒民众

“打麻将，老舍总是输，华罗庚老是赢，因为他用上了概率论。”

今天的江西省樟树市，那时叫清江县。这个地方，本身并不出产药材，却是药材流通的中转地，素有“药不过樟树不灵，药不到樟树不齐”之誉。

生于这里的南国农家业殷实，父亲做生意有一套，而且还娶了位有钱人家的千金——他的外祖父曾经是“湘南首富”。

在这样的家庭长大，南国农并没有浸染一身的商业气息。他看重的是“名”，而视钱财为身外之物。他有的是机会从商，大学毕业时，外祖父要安排他到香港打理钱庄，他不干，拒绝成为“富二代”。

这样的性格几乎延续了一生。他过日子，不主张赚一个用两个，也反对赚两个用一个，而是赚一个用一个，手头不缺钱，也不愿意攒钱，“我对钱看得很平淡的”。

俗常的理解，人这一辈子，所追求的，不外乎“当官发财”，家财万贯、封官晋爵，好事成双。南国农并不欠缺实现这两者的机遇，但性格使然，他毫不在意，让机遇从手缝间轻易地溜走了。

20 世纪 40 年代，他是中山大学学生会负责人。时任中央研究院院长、国民党中央组织部部长的朱家骅来到这里视察，对参与接待的这个年轻人赏识有加。这位前中山大学校长爱才心切，邀请南国农毕业了就前往重庆，到他的身边工作。南国农应下了，1943 年成了朱家骅的秘书。

1947 年 8 月 16 日，时任国民政府教育部部长朱家骅（左二）来到清华园，梅贻琦陪同　**张祖道摄**

那时，朱家骅已经转任国民政府教育部部长，他的秘书室主任是沙孟海，知名学者、书法家。南国农入职不长时间，就赢得了沙孟海的信任。此后，教育部的重要报告、文件传递、国内外诸多重要宾客的接待，都由南国农张罗。

慢慢地，南国农发现，自己在这个位置上，是可以干一些“事”的。见教育部部长的，络绎不绝，都要提前和他预约。先安排谁，后安排谁，他是有一定自主权的。

按理说，南国农的仕途看涨，是大有前途的。然而，他厌倦了这样的日子，发现这条路不对“胃口”。

他喜欢的，是凭借自己的才学和能力，用教育的手段，去影响他人。

青年时代，他钟情的方式是话剧，因为“在那个年代，话剧是唤醒民众最为有效的工具”。寻找最优化的教育方式，早就成了南国农的自觉行为。

1938 年，高中毕业，南国农联合清江县在上海、南昌读书的同学，成立“抗日巡回话剧团”，并担任副团长，和剧团一起从赣北辗转赣南，“目的是宣传抗日，唤起民众”。在街头剧《放下你的鞭子》里，他登台主演。

如今，90 多岁的南国农，笑声爽朗，身材匀称，西装革履，穿着白衬衫，脚踏的皮鞋锃亮。可想而知，18 岁的他在舞台上是怎样的一番青春景象。

对话剧的热情延续到了他的大学生涯。

1942 年，江西、河南发生重大洪涝灾害，引发全国性的关注。此时的南国农，正在中山大学就读，他坐不住，和同学一道组织活动，筹款赈灾。作为活动的负责人，南国农请来小提琴家马思聪参与音乐会的演出，还力邀剧作家洪深出任话剧《野玫瑰》的导演。

洪深成了南国农的话剧导师，师生情谊如山宽厚。

有一回，洪深夫人患病，医生说最好是服用一点西洋参。时局动荡，又是穷酸先生一个，洪深买不起这般金贵的东西。

南国农知道了。当时，中山大学设在广东韶关乐昌坪石镇，他的家族在湖南郴州有药房。他跳上火车，到家里的药材行抓了一把西洋参，又回校递给了恩师。洪深一惊，为这个学生的浓浓心意，再说了，西洋参，一只就足够了，哪用得上一把。

师生情谊又如水绵长。后来，南国农到重庆教育部工作，洪深导演话剧，邀请他前来帮忙。南国农记得，他参与的话剧有《密支那风云》和《少奶奶的扇子》，主演有白杨、秦怡。

尽管痴迷话剧，恩师器重，但是南国农并不想终生从事这个职业。他的目光，投向的是教育。这才是他心目中最亮的“灯塔”。

朱家骅依从了他的心愿。

重庆国民政府教育部在四川巴县（即现在的重庆市巴南县）青木关镇设立了中央大学附属中学、社会教育学院附属中学等十余所国立中学。1945 年 6 月，年仅 25 岁的南国农被委以重任，担纲国立青木关中学即国立社会教育学院附属中学校长。

翌年，国立社会教育学院附属中学迁至江苏省丹阳夫子庙，即如今的江苏省丹阳高级中学前身。当时，学校在南京设总部，在丹阳设中学分部，在常熟设师范部。原国立社会教育学院附属中学的教师、学生全部到丹阳中学分部报到。学校在南京总部设校长办公室，南国农定期到丹阳办公。

尽管迁校困难重重，矛盾多多，年轻的南国农风华正茂，一心一意，想成就一番事业。何况，他对教书育人情有独钟。

南国农宛如一尾小鱼，之前被抛弃在干涸的岸边，这一回，他拥有了汩汩而流的清泉小溪，可以快乐地畅游。

在他的引领下，学校管理严格，校风良好，学习风气浓烈，在当地赢得了不俗的口碑。他还记得，当时有一部分学生是从“旧部”青木关来的，全部住校，听不懂丹阳话，就直接讲四川话；还有一部分是在丹阳招生的，插班，都是本地人，绝大部分走读，讲丹阳话。

摆在校长面前的任务，就是要让学生们不要存有地域偏见，不搞拉帮结派，融洽地生活，专心地学习。

可以设想，青春气息逼人的南国农，走在校园里，就是一名乡绅，以自己的臂膀，呵护一方净土，即便是动荡年代，也要摆好几张安静的书桌。

才华出众，能耐非凡，他为自己赢取了更大的舞台。1948 年，有公派留学的名额，南国农获准前往美国哥伦比亚大学，攻读比较教育与视听教育硕士学位。

留学生活，不乏亮色。他与华罗庚、老舍等人有过交往，“有时大家会打打麻将，老舍总是输，华罗庚老是赢，因为他用上了概率论”。

1948 年，南国农在美国哥伦比亚大学

1948年，南国农（左）和萧树滋（右）在美国哥伦比亚大学

他还接触了有志青年和进步人士，参加了中国留美学生同学会，对中国共产党有了更为深刻的认知。

他结识了冯玉祥的秘书赖亚力和《美洲华侨日报》编辑唐明照，参加了冯玉祥组织的国民党革命委员会旅美分会的反蒋斗争活动。

祖国的命运，始终牵引着南国农和身边同仁的心。

那时，国民政府有一名要员前往美国访问。美方一脸的傲慢，委派在外交上完全不相称的人员到机场迎接。而相隔几天，印度政府要员也来到美国。美方高规格接待，总统杜鲁门也跑到机场静候。

“竟然这么看不起中国!”耄耋之年的南国农，回忆这段往事，还在捶胸。

这批旅居海外的中华儿女一腔怒火，他们拿起话剧的武器，自编自演《异国的困恼》，一吐心中块垒。

“这部话剧要表达的是，因为祖国太贫穷了，我们在国外总是受到歧视，内心强烈期待新中国早日繁荣富强，让中华民族扬眉吐气!”说话间，南国农的声音高昂起来，尽显当年“话剧王子”的风采。

南国农担纲这部话剧的主演。从纽约演到旧金山，他的呼声，更多的华侨听到了，更多的留学生感动了。演完了，在周总理的感召下，他随同大家一道，收拾行囊，几经曲折，朝祖国的方向欢跑。

搭乘挪威轮船，绕道南美，过日本，抵菲律宾。美国发动朝鲜战争，抗美援朝轰轰烈烈，时局动荡，回家的路又平添了不少的波澜。

到了香港，南国农来了精神。他是有家室的人，妻子范春晖原本在南京工作。新中国成立，她的家族主要成员去了台湾，范春晖恰好移居香港。南国农抵达时，她的兄长身患重病，她只好提前去了台湾。留下一个口信，希望南国农也紧随而至。

一场人生抉择，毫无防备地冲到了南国农的面前。

“大我”还是凌越于“小我”之上，南国农放下儿女私情，回到了祖国大陆。

最重中国心。南国农一腔热血，把民族大义置于头顶。1950 年 11 月 28 日，美国人奥斯汀代表美国政府在联合国安理会发言提及，有一万个中国学生曾在美国受过大学教育，并列举美国在中国办了许多学校医院等，来证实美国对中国的“情谊”。当时新华社报道，五百多名留美学生发表声明，对奥斯汀的言论进行批驳。参与集体签名的留美学生中，就有南国农的名字。

电话教育？电化教育！

“在教育界，有胆量创造的人，即是创造的教育家；有胆量开辟的人，即是开辟的教育家，都是第一流的人物。”陶行知的一席话成了他毕生奋斗的方向

喝过洋墨水的南国农，一时成了“香饽饽”。

从事文艺工作，他可以胜任；教育领域，有他施展拳脚的空间；组织能力不俗，则意味着拥有无限的可能。

南国农没有冲昏头脑。他主动报名，积极请命到华北革命大学学习、锻炼。

他要积蓄力量，实现内心的期冀。

他的脑海里，住着一个人，名叫“陶行知”。

陶行知的一则小故事，令他着迷。有个学生，在作文时用“吃得苦中苦，方为人上人”自我勉励。陶行知看到了，吓了一跳，把这个学生叫到办公室，告诉学生这样想不太妥当，需要及时纠正观念。

这名学生心想，“人上人”不对，那就“人下人”吧。陶行知还是不满意，最为恰当的，应该是“人中人”。

“他说，人中人就是大丈夫，就是孟子所说的‘富贵不能淫，贫贱不能移，威武不能屈’。”奉陶行知为人生领路者的南国农，希望自己可以成为这样的“人中人”。

“教师的成功，是创造出值得自己崇拜的人。先生之最大的快乐，是创造出值得自己崇拜的学生。”这是陶行知的名言，他铭刻在

心，并视为衡量自己工作是否有成的标尺。

陶行知的另一席话也让他着迷："在教育界，有胆量创造的人，即是创造的教育家；有胆量开辟的人，即是开辟的教育家，都是第一流的人物。"

他就是要成为这般"第一流的人物"，这是他毕生奋斗的方向，他发誓要将自己的人生与教育紧紧地捆绑在一起。

"橄榄枝"适时地伸来了。

华北革命大学毕业时，西北师范学院（西北师范大学前身）院长徐劲到北京请求支援，邀请更多的年轻人奔赴大西北，共同扛起教育的宏图大业。

南国农心动了，和同是留学生的萧树滋一道，义无反顾地奔向了兰州。

当时的大西北，条件应该很艰苦吧？

他似乎忘了一路上的奔波。只记得，当时黄河里结冰了，可以跑汽车。进城，坐的是羊皮筏子。没有地方住，就住在帐篷里。

"那时候，我干这个工作干得很有兴趣，没有觉得条件艰苦。再说了，好的条件我都经历过了，也就那样，没有什么新鲜的，对我吸引力不大。"可想的生活困境，老先生轻描淡写，从略。

在美国，南国农攻读了视听教育专业。在国内，这叫电化教育，尚是个新鲜事物，大家都在观望。他和萧树滋觉得这是用武之地，自封"电教教官"，见缝插针地运用自己的所学所知，普及这门学科。

他们搞展览，采用电化教育的方法，以幻灯、照片、广播、电影等形象化手段，进行教学演示，吸引周边学校师生前来观摩，好不热闹。

他们开设课程，给外语系和音乐系的学生上电教实验课，一寸一寸地开辟“阵地”，力争打消师生的疑虑与担忧。

拓荒者没有喘息的余地。南国农逮住机会就上，而且从内到外，全方位地给学生“施加”影响。

学生陶立志回忆，1956 年春，教育学的任课老师请假，南国农临时受命代课。第一堂课的情景，镌刻在他的脑海里：“健步走上讲台的南先生，仪表堂堂，气质夺人，满头黑发乌亮，面庞白皙红润，身着质地考究的美式西装，一双棕色皮鞋格外显眼。他的讲授思路清晰，声音洪亮，节奏平和，语言表达简洁明快，且有生动幽默的案例引人入胜。听他一堂课，真是一次视听觉冲击与精神享受!”

男同学把南国农的这身西服盯上了，纷纷借来拍照，“以示从仪表到内心都要追求南先生的完美形象”。

工作总算有了点起色，但动乱岁月来临，再好的设想也只能束之高阁。

改革开放春风吹来，实现教育的现代化成了共识，电化教育的价值开始受到尊重。教育部成立了电化教育组，建立了中央电化教育馆，结果发现没有真正懂行的人。四处寻找，他们都扎根在大西北：南国农和萧树滋。

南国农也看到了机遇，他冲在一线，给电化教育事业争取应有的位置。在他的努力下，“电化教育”首度写进教育学的教材里，并且在全国性会议上，他提出教育改革的突破口在发展电化教育，师范教育的改革突破口更是在电化教育。

什么是电化教育？南国农给过一个定义：“运用现代教育媒体，与传统教育媒体恰当结合，传递教育信息，以实现教育最优化。”说白了，就是把投影、幻灯、录音、录像、广播、电影、电视、计算机等现代教育技术，渗透进教育的过程。

但当时有些人难以接受，特别是在相对偏远的西北。上课，不就是黑板加粉笔，一师，一群娃娃么？

创办专业，要人才。到人事处申请编制，人家纳闷了：你这个专业，不就是做做片子，放放带子，修修机子，还用得着大学生？

西北师范大学教授抗文生起初在美术系工作，临时调来协助南国农。他的字好，一次南国农让他写个海报，内容是关于电化教育的讲座。他大笔一挥，写成了“电话教育”，就四处张贴。因为是门外汉，对此完全没有概念。

可以想象，60 岁开始“创业”的南国农，面前要走的路有多崎岖，有多长。

而面对新生事物，有些人难免头脑过热，不顾国情国力，热衷于大量采购摄录像设备，过分夸大电化教育的优势。这容易走向反面，惹得一些人坐不住，在一旁唱衰。

《人民日报》站了出来。1980 年 12 月 26 日，这份举足轻重的报纸，刊登了题为《电化教学并非急务，无灰粉笔赶快生产》的读者来信，直言美国的大中学校教学并没有“电化”，即便是哥伦比亚这样的名牌大学，绝大多数教学仍然是最传统的“老师讲，学生记”的形式，而且往往连教材都没有。有几个系有一些电化教室，主要是作学术报告时用，“我问几位教授，为何讲课不用电化教学设备，有一位说：‘电视哪有人好？学生不懂，我再讲一遍；学生都懂的，我就讲快一点。’另一位说：‘明天上课，今天备课，可以加进最新的材料，哪怕是不成熟的东西，比拍电影要灵活得多。’我觉得他们讲得很有道理”。

重量级的媒体，发出这般旗帜鲜明的声音，这等于给新生婴儿迎面泼了一盆凉水。

现实有风吹雨打，但南国农心中的信念之灯不灭。

抗文生回忆说，当时学校生物系有位教授对电化教育不太熟悉。南国农知道他要讲细胞，只能让学生逐个地在显微镜下看，结果一百个学生心目中有一百个细胞形态，学生总是有疑问。南国农就让抗文生他们用显微摄影做个片子，提供给这位教授。困扰多年的难题一下子迎刃而解，“以前是我们找生物系，说给你们做个片子吧。后来，他们都主动上门，要找我们帮忙”。

慢慢地争取，逐个地解决问题，“各个击破”，南国农有的是耐心。

1983 年，萧树滋、南国农（左）陪同时任甘肃省教育厅厅长邓品珊（右）参观电化教育展览

一有机会，南国农就苦口婆心地告诉大家电化教育有何优点：它可以突破教育内容的时空限制；可以使抽象概念半具体化，具体事物半抽象化，从而让教学、学习变得容易一些；可以缓解师资紧缺的状况，扩大教育规模……

他说，高等教育有两个公式，传统的公式是 10∶1∶100，即每增加 10 个学生，就要增加 1 个教师和 100 平方米的校舍；而电化教育的公式是 50∶1∶0，即每增加 50 个学生，只需要增加 1 个教师，不需要增加校舍的建筑面积，“后者是发展电化教育的优化公式，所以说电化教育是建设现代化教育的希望之路”。

苦心经营，总算赢取了回报。全国首次电化教育培训班放在了兰州。随即，电化教育的学科建设、教材编写、期刊出版、理论构建一并铺开，南国农是其间的领路人。

如今，电化教育早就获得了“身份证”，并且学科体系日臻完善；南国农的力作《电化教育学》被台湾新学识文教出版中心相中，购买了海外繁体字出版权，这是改革开放以来，大陆在台湾出版发行的首部学术著作；而且，由他主编的《电化教育研究》成为全国哲学、社会科学类权威期刊……

教育学家顾明远一直尊奉南国农为师长，谈及他的人生经历与学术贡献，一连用四个“令人钦佩”表达内心的敬意：“解放初期，他毅然放弃在美国的优越生活，回到祖国，令人钦佩；他奔赴艰苦的大西北，建设大西北的教育，令人钦佩；他人生道路遇到坷坎，受到莫大的委屈，但坚持社会主义信念，坚贞不渝，令人钦佩；他老当益壮，为电教事业倾注了全部精力，更令人钦佩。”

回望当年，南国农感慨是苦干精神的支撑，让他跨过了那些沟沟坎坎，“人一之，我十之；人十之，我百之”。

苦干不等于蛮干。在他眼里，当前的整个教育体系，就有点“蛮干”的意思，结果是弊端尽显：

——忘了学生。教师备课、备教材很认真，备教法也还认真，备学生就不认真了；上课时，教师活动多，学生活动少，教师“独霸”讲台，学生消极被动；安排课后作业时，很少考虑学生的负担；只记得少数优等生，忘记了多数一般学生，特别是后进生。

——忘了能力的培养。在教学中，教师讲得多，学生练得少；教师讲课时，只讲知识，只讲现成结论，不讲方法，不讲得出结论的过程；布置作业，类型单一，套例题的多，独立思考的少；只记得让学生熟记，忘记了让学生思考，使自己的教学总是停留在记忆水平的教学上。

——忽视现代教育媒体的应用。教学中，使用的基本上是嘴巴、粉笔、黑板、印刷书等，很少使用现代教育媒体，不重视利用现代科学技术成果来改进教育，提高教学效率。

——对非智力因素的激发，对激励学生的学习兴趣、动机、情感、意志等工作，重视不足，考虑很少。

——上课与谋生不搭界。课堂上讲的，与学生未来的生活、工作不相关。

——还是倡导死记硬背。教师讲，学生听；教师写，学生抄；教师考，学生背。这几乎成为了一个固定的模式，密不透风，雷打不动。

老人家身处西北一隅，却对教育现状有着全面而细致的洞察，不乏偏激，但痛彻的心却是可以触摸到的，“六大弊端不除，教育腾飞无望”。

推行电化教育，发展教育技术，是南国农开出的一个“处方”。

关键是要进行良性的整合，“将信息技术融入课程教学系统的各个要素中，使之成为教师的教学工具，学生的认知工具和重要的教材形态、主要的教学媒体”。

什么是整合呢？他有一个著名的“扬州炒饭论”。

华东师范大学教授叶澜提及过，整合不是混合，是融合，将两者融合在一起，成为不可分割的整体。她打了个比喻，说整合不是“盖浇饭”。

这触发了南国农进一步深究的兴致。

盖浇饭，上边是菜，下边是饭，泾渭分明。人们可以根据自己的习惯，要么光吃饭，要么光吃菜。整合不是“盖浇饭”，那是什么呢？

南国农发现，应该是“扬州炒饭”。这道主食，一般而言，食材有米饭、鸡蛋、火腿、葱花、虾仁、胡萝卜、豌豆、玉米粒。有水平的厨师，端出来的成品，米饭和鸡蛋之间，有着“金包银”的关系，即“你中有我，我中有你”。光吃饭，或者光吃菜，几乎是不可能完成的任务。

“整合不是简单地将信息技术运用到课程教学中，而通过整合使教育者和学习者的教学思想、学习思想、教学方式、学习方式有所变革。”南国农希望教育界同仁耐心一点，静静地品尝这碗“扬州炒饭”。

三个“忘了”言传身教

“洪深是一个很热情的人，重情义。”

以西北师范大学为中心，南国农硬是打出了电化教育研究的一片天地。风生水起时，他有机会到条件更为优越的地方施展才华，他再一次成为了“香饽饽”。

面对各方诚邀，他断然地拒绝了，“不就是工资高一点、待遇好一点，我不在乎这个”。更为重要的是，时任校长的著名教育家李秉德是他的好友，拔腿走人不好意思。

事业留人，情感留人，南国农稳坐大西北。

他很看重洪深对自己的影响。“洪深是一个很热情的人。当时我是个学生，他是老师，我请他来导演话剧，他就来了。不像有的老师，提出要坐轿子，还要演出费。”

而且，洪深重情义。南国农从美国回来时，已在文化部担任要职的洪深闻讯，早早就赶往车站，迎接自己的这位爱徒。

师者的言行他看在眼里，记在心里。首都师范大学教授王陆记得，2007 年 5 月，她陪同南国农到北京人艺看话剧，恰逢剧院大厅正在举行中国话剧百年展，其中有洪深的大幅画像。南国农在画像前凝神了许久，并提出要求合影留念。

“人生三件事：做人、做事、做学都重要，做人最重要。”这是 2008 年底南国农在浙江师范大学留下的寄语。

穷其一生在寻找最优化教育方式的南国农，在同道和学生眼里，他的言传身教与人格魅力，也是最优化的教育方式——

中央电教馆原馆长郭厚登总结道：“南先生胸有海量。”

在香港中文大学讲座教授卢乃桂看来，南国农是一位气量宽厚的谦谦君子，“南先生善人和气，但对学问的追求有木石心。他让我看到意志坚定、忍耐宽容可助人治学经世。与先生相识 25 年，从他待人处事的态度，我也渐能理解‘心宽，福厚而庆长’的意思了”。

1981年，南国农（左一）准备前往参观矿井

“国立”台湾师范大学教授张霄亭曾经大发感慨：“国农先生虽然90高龄，犹能老而弥坚地致力领导与推动大陆的电化教育，让我这个在海峡彼岸80岁的小‘老’弟极感佩服。”

杨改学在西北师范大学从事电化教育研究，是南国农手把手培养出来的。有了成绩，外地的大学来挖人，他一口回绝了，“老先生一辈子都在这里，我没有资格谈离开”。

江西师范大学教授钟志贤，多年前跟随南国农学习时，根据一些国外远程教育研究的英文材料，编译了一篇文章，给恩师教正。南国农找来原文，逐一地校订。过了几天，他跟钟志贤说，译文大意还行，可是表述别扭，欧化语言现象严重。从事翻译，要能进得去，即读懂原文，更要出得来，就是用流畅的中文表达，心中要装着国内的读者。“直至今天我也不敢忘记先生的教诲，同时也经常拿先生的话来开启我的研究生。”

北京师范大学教授李芒说：“南先生的文章和会议发言都十分好懂，说短话，说明白话，说老实话。读南先生的文章能够体会出‘大道至简’的爽快，有返璞归真之感，好似在经历‘一字千金’的洗礼。”

学生发现，到了晚年，南国农新添了一个“癖好”：随身携带两副眼镜。为什么要这般“装备”？

有一回，他出席某国际会议，登台发言时，眼镜放在包里，忘了带上台。这下麻烦了，他看不清楚手表，把握不了时间，小心翼翼，还是超时了。对于他来说，这是不可原谅的。补救的办法除了买块大手表，就是带上两副眼镜，其中一副放在口袋里，随时可以取用。

以往，他作报告都是站着，一两个小时下来不喊累，理由很简单，“只要在讲台上，我就是老师。老师是没有坐着讲课的”。年岁已高，有时实在难以支撑，他就小坐一会儿，歇息一阵，再度站起，传道授业解惑，成了在场者眼里最亮的一盏灯塔。

学生毕业，请他撰写寄语，他喜欢这般写道：“永远保持朝气，永远保持进步，永远保持联系！”

春暖花开时节，他乐于邀请学生驾车，一起去天地间兜风；仲夏季节，他出外，偷偷地猫进一个小店，买一份冰淇淋，再来一杯加冰可乐，慢慢地品。

忘了年龄，这是南国农信奉的养生之道的一部分，另外两个“忘了”是忘了疾病、忘了恩怨。这是别人的总结，他觉得很适用，就拿来用上了。

什么都可以忘了的南国农，怎么也忘不了思考电化教育学科的发展前景。

质疑的声音总是萦绕耳际：当前的电化教育的技术支持更多地依赖计算机，而多数大学都开设了计算机相关专业；电化教育的教育理念，教育系的学生也都熟悉。这样的背景下，电化教育专业是否还有存在的必要？

也就是说，“人人都可以当司机了，还要司机干吗？”

使命在肩，南国农起身进行回应，解疑释惑。

更让他忧心的是，不少的研究者缺乏足够的本土自信，都在观望西方学者出面解释。一旦西方学界有点风吹草动，中国的研究者立马欢呼雀跃，感觉有了依靠，找到了“魂”，随后的日子，“言必称希腊”。

1994 年，美国教育传播与技术协会发布了西方两位学者的专著《教学技术：领域的定义和范畴》，里边进行这般的初步界定：“教育技术是为了促进学习，对有关的过程和资源进行设计、开发、利用、管理和评价的理论与实践。”这一行字，立即在中国掀起学习、研究、应用的浪潮，被奉为经典，作为学科建设的指南，视为建立学科理论体系的依据，围绕这行字撰写的学术论文一时“井喷”般冒出来。

“这是‘西方中心主义’和依附心理的一种表现，也就是说学术研究以西方为标准，如果与西方理论、方法有差异，这个研究就是‘非科学的’‘不成熟的’。”学了人家，丢了自己，这怎么可行？

在不同的场合，南国农反复重申：“从本国国情出发，着重研究本国实际，总结本国经验，解决本国问题。首先是要研究解决自己的问题，他人的问题也要研究，研究他人的问题是为了更好地解决自己的问题。”

他也反省自己对民族传统资源认识不够到位。

2005年11月，在广州参加“中日教育技术学研究与发展论坛”，一位日方专家告诉南国农，日本将这个专业命名为“教育工学”，是受到中国名著《天工开物》的启发而提出来的。在日本，教育工学领域的不少学者，将《天工开物》和《梦溪笔谈》视为必读的经典文献。

“听后，心情很不平静，既感自豪，更感惭愧。自己作为一个电教理论研究工作者，对自己祖先如此宝贵的精神财富，竟然一无所知。只知道这两本书名，并没有阅读过、研究过，真是惭愧。”在一次博士生论坛上，南国农自行揭短，谈及这段往事，自责之情溢于言表，令人动容。他寄希望于新一代，去发掘，去开拓。

跟年轻人在一起，他乐于挽着他们的手，一同欢笑，缓缓前行。

早在电化教育专业草创阶段，南国农就发出“全国电教是一家”的期望。如今，他就是“家”门口的那面旗，迎风猎猎，指引着后来者前行的路。

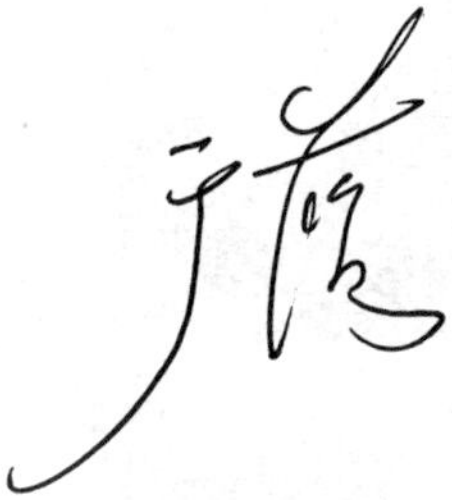

【小传】

1921年6月3日生于辽宁省岫岩县。1938年10月24日，抵达延安，先后在延安抗日军政大学和女子大学就读。1939年2月，加入中国共产党。1940年3月，调入延安鲁迅艺术文学院实验剧团任演员。1946年冬，调进东北电影制片厂。新中国成立后，在电影《白衣战士》《翠岗红旗》《龙须沟》《林家铺子》《烈火中永生》中出演角色。1981年，出任北京儿童电影制片厂（后更名为『中国儿童电影制片厂』）首任厂长及艺术指导等职。

1962年，当选新中国『22大电影明星』之一。2005年，获得中国电影诞生100周年50名『国家有突出贡献的电影艺术家』荣誉称号。2009年，获得第27届中国金鸡百花电影节『终身成就奖』。曾任中国电影家协会副主席、中国儿童少年电影学会会长、国际儿童少年影视中心理事等职，历任全国政协二、三、五、六、七、八届委员及第四届全国人大代表。

【相关人】

田方、田壮壮、周恩来、焦菊隐

【放　言】

『我是儿童电影的头头，却不能给孩子们送去丰富多彩的儿童片。我愧对三亿儿童。越到节日，我越痛苦。』

于蓝：三十而立心磅礴

生于1921年6月的于蓝，与党同龄。

“我庆幸自己能在党的哺育下长大，又是在党的呵护下成人！我本是一个幼稚无知的孩子，一个迂腐不聪的党员。因为跟随党的队伍，经历了不寻常的历程才逐渐成为党的文艺战士。”翻开2001年出版的自传《苦乐无边读人生》，于蓝说，这段表白是从心底里流淌出来的。

她依稀记得自己入党时的几个“W”——

时间：1939年2月17日晚上

地点：延河边的一个窑洞里

介绍人：丁汾、王珏

环境：一盏油灯，闪着微微的光，映着墙上一面鲜红的党旗，上方挂着马恩列斯的像，下方是入党誓言，毛笔写的……

她的神色应该显得严肃而昂扬吧？

事实是，面对此情此景，于蓝心怀忐忑，甚至有点惴惴不安。

她依靠一双“铁脚板”，徒步从北京走到延安，汇入革命队伍。17岁的她，在革命熔炉里幸福成长，“像一只无忧无虑的小鸟”。

组织上找她谈话，征询意见，是否有意愿加入中国共产党。她一口回绝了。

她摆出了三条理由：“我当时觉得党员都是特殊材料做成的，我还是个孩子，什么都不懂。另外，我出来好几年了，很想家，一直盘算着打败日本鬼子了就回家，做不到党的利益高于一切。还有就是怕铁的纪律。”在北京市西土城路附近简易的寓所里，她扳着手指，悉数自己当时真实的想法。

同宿舍的姐姐刘素心尽力地开导：加入组织，并不要求十全十美；加入了组织，还能得到锻炼，大家相互帮助，共同提高。

于蓝是一个自我要求进步的人。她似乎一下子长大了，在党旗下庄严地举起右手、紧握拳头，“入党对我是个鼓舞，鼓舞我去学习，去战斗，去做一个真正的人”。

都说“三十而立”。每个人的一生都是一部厚厚的书，属于而立之年的那一页，恐怕最值得读一读。于蓝的30岁，她演了电影，怀了孩子，到了朝鲜前线，日子过得充实而紧凑，内心却蓄满了一个时代的风雷。

演戏：扑向生活

焦菊隐评价她塑造的人物形象很丰满

1951年，在于蓝的演员履历上要写下重重的两笔：年初，她完成了电影《翠岗红旗》的拍摄，饰演向五儿；年末，她被安排出演电影《龙须沟》里的程娘子这一角色。

再度走到摄像机前，于蓝拿出了十足的勇气。1949 年，她首次走上银幕，主演电影《白衣战士》。不过，有人规劝她放弃这个念头，说她的脸型不太适合“开麦拉”（“摄像机”camera 的音译名）。

于蓝和张伐在影片《翠岗红旗》中

但于蓝不肯放弃，“我参加革命的时候，党就培养我当演员，老一辈艺术家嘱咐我要‘死在舞台上’，我不能动摇!”

哪知道这个“开麦拉”真的不好对付。刚开拍时，摄像师就嚷开了，不是说于蓝的脖子太细了，就是肩膀太薄了，眼白太大了。

延安时期积累的丰富舞台经验，在“开麦拉”面前遭遇挑战。如何让自己适应银幕上的角色塑造，成为当时于蓝的一块心病。

“处方”就是沉潜到生活的底部，在生活的土壤上“打滚”，浸染泥土的芬芳。

《翠岗红旗》里，于蓝饰演的是向五儿。剧本里的这个角色，是江西苏区的一个新娘子，丈夫江猛子随军长征北上，家里的亲人都遭到杀害。向五儿只好改名换姓逃亡他乡，生下儿子小鸿，被迫到地主家当奶妈。1949 年，人民解放军迅速南下，已经担任师长的江猛子率队剿匪重返家乡，在向五儿的协助下，将敌军一举歼灭，一家人终得团聚。

这样的人，离自己尚有距离。找不着北的于蓝，随剧组前往江西省赣州市深入生活，“一下子眼睛就开了”。

于蓝遇到一位大姐，我军某首长的前妻，健康、朴实、大方，“对我很亲热，没有生疏感”。于蓝和她打过几次交道，后来干脆搬到了她的家里，同吃、同住、同劳动。

在她的身上，于蓝发现，生活本身可能比艺术更具震撼力。

她告诉于蓝：“我没有出面工作过，但我的心是实的。……他什么都告诉我，驳壳枪在哪儿，书在哪儿，哪儿杀人多……有的婆娘一压杠子什么都说了，可是我，不会说，我要死就死我一个，不能讲出大家的名字，我是有儿子有丈夫的。”

生活很苦，上有老，下有小，她既要主内，还要主外。她告诉于蓝，就吃饭这件事，她曾经有过明确的“分工”：婆婆三餐都吃米，儿子一餐米一餐红薯米，她一餐红薯米一餐稀。

她始终在期待丈夫回到自己的身边，“我天天盼他，月亮是越盼越圆，谁知我竟是越盼越暗了”。

抗战期间，他重新组织了家庭。解放后，他回到家乡，带走了儿子，把她交给了亲友……

可是，她依然没有放弃，深挚地爱着，“这就是东方妇女特有的感情魅力！我听着听着眼睛潮湿了，可是她没有泪，似乎还生活在他们的初恋中。我替她不平，替妇女不平……妇女总要承受最最沉重的苦难。除了战争的生死，还要承受感情的磨难。妇女的耐力是那么巨大，她们承担了一切苦难，还在顽强地生活着奉献着！”在自传里，于蓝抑制不住自己的情感，笔下的文字蘸满了她的爱与恨。

她感受到了一个女性丰足的生命历程，走到摄影机前，她有了底气。

第一批样片出来时，她悄悄地哭了，“我发现自己的化装很漂亮，很像洋烟广告上的大美人……这哪里是农村的少女呀？”

她越来越自觉，她已经触摸到了表演的真谛。

出演《龙须沟》，是另一样的难：当时已经有同名话剧了，轰动一时。她饰演的程娘子，“崔颢题诗在上头”，如何突破，在银幕上奉献一个打上“于蓝”烙印的程娘子？

她的“杀手锏”还是扑向生活。

于蓝和封顺等人在影片《龙须沟》中

她来到天桥，观摩这里的老百姓生活和交易情况，观察卖大饼的小媳妇们说话时的姿态；她到德胜门逛晓市，揣摩妇女数票子时的神情，模仿她们用鸡毛掸子时的动作幅度……但这些如何与自己塑造的角色挂钩，她还在摸索，还在捕捉。

宿舍门房苏宝三的爱人苏嫂闯入了她的视线。

当时，于蓝的妹妹患有结核性脑膜炎，住院了。这让苏嫂知道了，得空逮住于蓝，热心地询问情况怎么样了。于蓝和她聊了一阵，感慨一旦出院了，不知怎么办才好。苏嫂听了，竟然给气上了。“她两眼圆睁，手一摆，大声地，以高出平时两倍的声音说：‘这您可不能不管，这不是把人救活嘛！’”

这阵势，让于蓝一惊，立即与程娘子联系起来，“她那有气魄有胆量的劲头全出来了，透着对人真诚的关心”。

于蓝决定跟踪这位苏嫂，并坚持写日记。她记述有次和苏嫂谈起以前的苦日子，苏嫂说：“我们一年没开锅，我的姑娘饿得简直就得靠门框了，就那样，我腰里还别着把梳子，我和丫头见天把头梳梳。”

她们俩在说话时，小猫咪咪直叫，苏嫂有点不耐烦，大嗓门亮了出来：“别叫唤了，老爷子！”

于蓝还敏锐地发现，这位苏嫂的动作颇具个性：“她数说几件事时，经常一手在下，用手指数着，或一手在上用手背拍点着手心。”

一边听，一边看，一边记，于蓝难抑内心的激动。她在日记里写道：“我感觉这真是程娘子的劲头！”

她把自己几天下来的体验经过与饰演程疯子的于是之进行沟通，“他感到很生动，认为接近角色了。他提出可以从苏嫂特殊鲜明的动作中，挑两个练习”。

于蓝听从了他的建议，一下子把握住了内心的情绪，并且很快就找到了“实战”的场合。

她当时担任着北京电影制片厂的委员，被安排动员家属自己搞安全和卫生工作。没有礼堂，就在摄影棚里开会。走进会场，于蓝发现坐着的大多是工人家属。她顿时来了感觉，脑海里满是苏嫂的影子。

“我应该和她们心碰心地讲话，让她们能听得进去才行。奇怪，我讲着讲着，下意识地把平日练习苏嫂的几个动作，自然而然地运用起来，用这些动作表达了自己的要求。这时，我觉得自己就是程娘子，正在向邻居宣讲着什么，这就是我寻找已久的角色的自我感觉。”

现实生活的浸染，加上灵敏的观察力和强烈的艺术感悟力，让于蓝对角色驾轻就熟。她以对生活的深厚积累，完成了“我的程娘子”的塑造。

话剧《龙须沟》导演焦菊隐评价道：“解放前，戏的开始，程娘子性格不够稳定，但对地痞流氓的斗争演得很好，解放后的娘子形象很丰满。”

程娘子和后来饰演的江姐，成为于蓝艺术生涯的两座高峰。

1999 年的一个冬日，于蓝正在早市上买猕猴桃，遇到一位不相识的老人，不仅帮她挑选，还执意送她回家。“他说，我最喜欢你的两部戏，一部是《龙须沟》，可以用一个‘真’字来表达；另一部就是你演的江姐，可以用一个‘魂’字来表达。”

这位影迷不仅把握住了于蓝诠释角色的功力，也把握住了于蓝自身的人格魅力。

“提起于蓝同志，我们会立即联想起了她在银幕上创造的那些人物来：《白衣战士》里的全心全意为伤病员服务的庄队长、《翠岗红旗》里的始终关怀着革命的向五儿、《龙须沟》里的热爱自己的丈夫和生活的程娘子。这些优秀的革命战士和劳动人民的形象留给人们深刻的印象，从于蓝同志的身上，我们也发觉了这些人物所共有的性格，那就是朴实而又真诚的性格。”1953 年第 14 期《大众电影》发表的文章说。

中国电影史研究学者李道新提及，在自己的童年观影体验中，记忆最深的一次就是看于蓝和赵丹主演的《烈火中永生》，“在湖北农村的露天电影院，电影和电影里的江姐离我最近，但也离我最远”。后来，当他有机会站在于蓝的面前时，他说只有一种方式能够表达自己的情感。

于蓝和赵丹在影片《烈火中永生》中

根据他的观察，于蓝的整个艺术实践，银幕角色与其饰演者性格特征之间存在着一致性，“角色因其创造者而变得生动美好，角色创造者也因角色本身而被赋予了特别的光华。这也是为什么迄今为止，还有如此之多的电影观众会把江姐当成于蓝、把于蓝当成江姐的重要原因。事实上，于蓝自己也会不断地以江姐的言行和境界来要求自己”。

“红岩江竹筠，银幕江雪琴。此江姐，彼江姐，观众难分彼此！好一座光辉塑像，赛多少闲花野草？不枉您五十年粉墨生涯，七十岁巾帼高寿。”1991 年，作家魏明伦给她填了一首词，这是上阕。

在于蓝的家里，她顺手拿起身边的一张照片，突然怎么也记不起上边一位老友的名字，内心满是愧疚，觉着对不住人家。按着太阳穴想，想不起来。起身想，还是没印象。翻电话簿，找不到。问保姆，不知道。旁人劝导：还是先放下，以后再说，人都有卡壳的时候，何况您 90 多岁了。

不行！不能放过自己！

踱步，闭上眼睛；又坐下，仰头，盯着天花板，一声叹息……

记忆瞬间开闸，想起来了，脱口而出，一拍大腿，笑容舒展，如释重负。

——她容不得自己有半点“马虎”。

爱情：影坛楷模

作家霍达形容她和田方之间的爱情为“真情绝唱”

1951 年 11 月 7 日，是于蓝和田方携手步入婚姻殿堂 11 周年的纪念日。也就是在这一年，于蓝再度怀上了他们的孩子，即日后大名鼎鼎的电影导演田壮壮。

演《龙须沟》的前后，于蓝有孕在身，但深入生活不松懈，“我两腿肿得发亮，还在大杂院里跑来跑去”。生了田壮壮，还没有满月，她就出现在剧组里，来了就演，不拖后腿。

田方当初看中的就是于蓝身上的这股劲头。

他们的结合富有戏剧性。

于蓝奔赴延安投身革命是与好友赵路结伴同行，那时她还叫于佩文。“于蓝”这个名字是赵路的母亲给取的，寓意为“希望你们走在万里无云的蓝天下”。

到了延安，她们遇见了电影明星田方。这对姐妹都对他有了好感，只是彼此都放在了心里。

于蓝与好友赵路（右）在一起

延安时期，于蓝和王大化演出秧歌剧《兄妹开荒》

赵路似乎是个“幸运儿”，因为有人给她介绍的男朋友，就是田方。

刚得到这个消息，于蓝触电了一般，迅疾地发问：你喜欢他吗？

这回，赵路的回答直接而真挚：我早就喜欢他了！

天都要塌下来了，“我的心跳了起来，马上意识到这是不可改变的事实了，我要为她祝福，我要把自己心底的秘密锁好，她是我生死之交的好姐姐，我愿永远放弃自己心中最初闯入的偶像。夜深了，赵路睡着了，我却怎么也难以入睡……”

事出突然，田方断然拒绝了这次相亲，反而向于蓝发起了攻势，“我在延河边上第一次看见你，就暗暗选中了你！”

他和好友葛陵早就有了分工，田方追求于蓝，而赵路由葛陵“负责”。结果，这两对如愿地走进了婚姻的殿堂。

1940年冬，苏联十月革命节纪念日，于蓝和田方正式结为伉俪。

于蓝和田方在延安

新婚总是甜蜜无间，但相爱容易相处难，“我们也有矛盾，还有不少的辛酸和苦涩”。

她特别受不了田方似乎与生俱来的大男子主义，“在众人面前从不表现对我的温存和体贴”。关键是当时于蓝又不太会生活，怎么做饭，怎么缝补，怎么洗刷，一概来不了。特别是田方与已经离世的前妻生下的两个孩子来到身边时，她更是手足无措，应付不来。

于蓝坦承他们之间的情感出现过裂痕，直言自己曾经不能自拔地关注着另一个男人，“我发现自己已超越了对同志的关心，其中更多是爱慕之情”。

她狠狠地下定决心，要离开田方，并当面跟他把话挑明了，“那一夜，我们无言地等待着天亮”。

但最终她扛住了考验，与田方相濡以沫，“我们互相理解、互相支持，在各自的岗位上不惜力、不怕苦，全心全意为党的事业工作，而我们自己也随之成长并取得一定的成绩。我和田方是幸福与美满的革命伴侣”。

对于他们之间的幸福时刻，于蓝都收藏在心底：1954 年，她到中央戏剧学院参加表演干部培训班，田方举双手支持，并送给她一个厚厚的笔记本，上书“做一个好学生”；1960 年，他们俩共同出演影片《革命家庭》，这是他们唯一的一次银幕合作；1964 年，田方饰演电影《英雄儿女》里的王文清，他们一起揣摩用哪些生活细节来展现人物的内心世界……

尽管田方已经故去 30 多年，在于蓝简朴的卧室里，依然挂着他的大幅照片。在不大的会客室里，墙上有张照片就是他们俩的合影：1961 年，于蓝和田方一道奔赴苏联，参加第二届莫斯科电影节，在红场上定格了甜蜜的瞬间。

田方和于蓝在影片《革命家庭》中首次也是唯一一次银幕合作

1961年，田方和于蓝参加第二届莫斯科电影节期间在红场合影

作家霍达曾经采写过这对革命夫妻的传奇故事，并以“真情绝唱”为题，抒发她的真切感受。

“影坛楷模。”在田方诞辰100周年之际，导演李前宽为这对夫妻挥笔题词。

田壮壮也写下心里话，向父亲表达敬意：“不想扰您安息！爱在心里很深很深。”

这位“第五代”，自小就与电影结缘。他在电影领域的每一次突破，或者退步，于蓝都看在眼里。

她喜欢这个小儿子拍摄的《茶马古道》，“有探索精神，不是说有了点成绩就不思进取了”。田壮壮翻拍电影《小城之春》，于蓝把家里的远房亲戚统统请到家里来，先让大家观摩费穆拍摄的老版本，再放田壮壮拍摄的新版本，“它们风格一致，都有韵味，又不让人觉得是在重复，而是有新意”。

她还喜欢儿子执导的《猎场札撒》：“这部电影拍得不容易。这之前少数民族的电影演员都要穿上新衣服，田壮壮让我看到牧区劳动人民是个什么样子，非常具有生活气息，可以看出他对牧区、对大自然、对人民的那种爱。”

不过，母子俩在电影观念上也有差异，发生过争吵与冲撞。后来，田壮壮经常陪同于蓝出席活动，听到母亲热情乐观地畅谈着自己毕生的电影追求，他忽然明白了，为何母亲年事已高，却有那么多东西在燃烧，“她有信念，她坚持着她那一个信念。她拥有信念的时候，是最坚强的人，做任何事，只要是为这件事付出，她就是最愉快、最幸福的人”。

田方、于蓝和两个儿子田新新、田壮壮的全家福

2011年2月18日，“田方同志诞辰一百周年纪念会”在中国电影资料馆举行，现场嘉宾云集。田壮壮安静地坐在后排的台阶上，时不时看着主席台上年迈但精神矍铄的老母亲，虔诚而充满了爱意。

家园：情浓至深

秦怡赞誉她“红心塑造英雄，真情培育儿童”

1951年，于蓝在跟“开麦拉”打交道之余，还奔赴朝鲜，慰问“最可爱的人”。

“当时厂里派去了摄影队，我们这些演员坐不住，也要去。厂长汪洋决定，在自愿报名的基础上，派14个人去，包括10位演员，其他4人是搞音乐和放映的。主要是深入生活，顺带放电影和表演一些小节目。”于蓝回忆起他们一行跨过鸭绿江是在5月29日下午，伴随着敌军一路的轰炸。

喜欢写日记的习惯让于蓝在朝鲜收获的感动嵌入历史的记忆：

5月30日，她见到了吴主任，“一个肩膀宽大，圆脸庞，精神饱满的军队政治工作者”。于蓝还对他的办公室产生了好奇，“只有简单的茶缸、日记、杂志摆在桌上，墙上挂着一张军用地图。这样一个极其简单的办公室，却在发挥着无穷的工作力量”。

6月1日，晚上在露天广场上放电影，“敌人的飞机八次出现在周围上空，影响了我们的放映，我们却技巧地抓住规律，依然放完了第一部影片”。结束了，朝鲜的女孩子高兴地唱着民歌往回走，于蓝不禁感慨：“这使我想起了我们中国人民的抗日战争、解放战争时期，多么困难也没有屈服过。”

6月2日，她和部队的首长讨论工作，结束时，有位首长打开收音机，于蓝问他听的是哪里的广播，首长回答说是北京。“当时我的心那样跳着，这是对祖国首都的热爱！我要记住那一刹那的感情!”

7月8日，烈日下的丛林里，许多同志正在熟睡，“他们是志愿抗美援朝的战士，夜间行进，白日休息，奔向前方……我心里在说：最可爱的人，你们辛苦了！好好地睡吧！看他们睡得那样香甜，可知他们夜里跑了多少路呀!”

…………

直到7月23日，于蓝和同事回到祖国。他们遭遇了翻车，幸好人安然无恙，内心的欢欣溢满了她的笔头：“只感到祖国的土地、房屋、庄稼都那么亲切、熟悉而又可爱。”

这样的情感于蓝始终铭刻在心，“贮满了我个人思想感情上的内含量”。

她把内心的情感外化到饰演的每一个角色里，外化到她在待人接物的一言一行，外化到她对儿童电影事业的拳拳赤子心。

又是一个30年，她60岁了，离休的年龄，却被委任为新成立的北京儿童电影制片厂厂长。她决定一搏，开启属于她的“晚霞工程”，却托起了属于中国儿童电影的一轮朝阳。

在她的主持下，《红象》《少年彭德怀》《哦，香雪》《我的九月》《来吧，用脚说话》《杂嘴子》等一批儿童电影问世，让孩子们有了属于他们的银幕空间。

但随着商潮的涌动，儿童电影的生存举步维艰。于蓝始终在奔走呼号，为孩子们争取银幕权益——

1982年6月，她呼吁组织一流的编剧、导演、演员和设备拍摄儿童片，建议组织一支儿童电影的专业队伍。

同时，她也痛陈儿童电影存在的某些弊端：直接宣传和图解政治口号、只写故事不写人物、题材想要包罗万象、一味地追求庸俗低下的猎奇和噱头等，显示出批判的锋芒。

1986年“六一”前夕，她在接受采访时说：“我是儿童电影的头头，却不能给孩子们送去丰富多彩的儿童片。我愧对三亿儿童。越到节日，我越痛苦。但儿影厂厂小力薄，难乎众望。”

于蓝和孩子们

她寄希望于全社会都来关心儿童电影事业，切实帮助儿童电影制片厂提高影片质量，拍出更多的受小观众欢迎的儿童片来，“有关部门要疏通儿童影片的发行渠道，以便更多更快地把影片送到少年儿童观众中去”。

1987年的全国“两会”上，身为政协委员的她发出三项建议：希望政府继续减免儿童电影制片厂的营业税、所得税；鉴于当时全国24家儿童影院均名存实亡的现状，希望能调动发行放映系统的积极性；并期待发挥非商业性渠道的作用，把影片送进学校和少年宫。

1988年，她发表文章，认为生产亏本、票价太低、社会不重视等因素阻扰了儿童电影的发展脚步。

1994年，她撰文疾呼“救救儿童电影”。

直到2009年，她对儿童电影依然充满了期待：“不管怎么说，还是会有人为儿童片努力，尽管有这么多的困难，我相信终归会出现好影片，能够得到孩子们的喜欢；不管怎么样，还是会有人在那里奋斗，只要奋斗就会出现很多成果。当然我还是希望我们国家的相关部门，要认认真真地、有实效地去解决与推动儿童电影的发展！因为少年儿童是我们祖国的未来！”

在李道新看来，于蓝是中国儿童电影真正的代言人，“化育劬劳，德艺双馨，是于蓝电影事业和人生历程的写照”。

至今，这位老艺术家最乐意干的事还是给儿童电影“抬轿子”。她晚近在银幕上留下的身影，都跟儿童电影有关：一部是2002年黄宏导演的《二十五个孩子一个爹》，一部是2008年江平、方刚亮联合执导的《寻找成龙》。

“头白矣！童心未泯，舐犊情深。晚霞里婆婆指挥，娃娃合唱，声声短笛儿歌；催小草青青，映老天蓝蓝，青出于蓝胜于蓝！”这是魏明伦写的下阕。

“红心塑造英雄，真情培育儿童。”老朋友秦怡为她 90 岁寿辰写下的题词恰如其分。

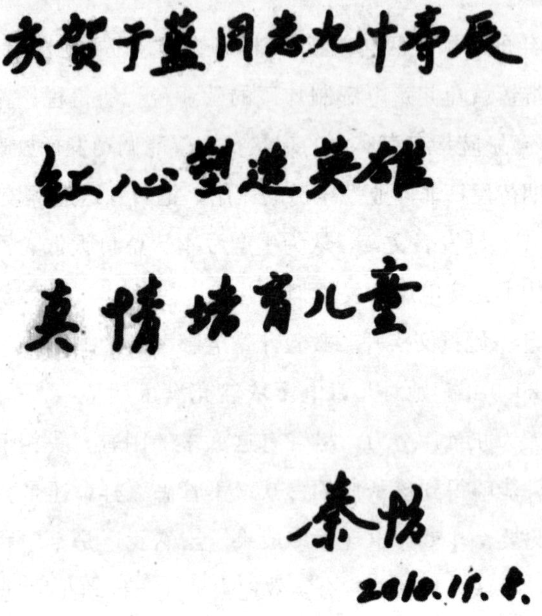

秦怡为于蓝题词

于蓝不肯轻易停步。

她很清醒地摆正自己的位置：“我自己是这样认为，我自己也不是谦虚，我深深体会你演好人，人家就记住这个形象，你演乡村女教师，你演高尔基的母亲人家就记住你，你演赵一曼人家也记住了，很多吧，就是革命的形象，人家就容易记得住，人民爱看。你又比较真实地表现人物，可信可亲，那么人民就喜欢，你就算成功了，并不是你有什么了不起的。”

刘白羽的一句话，她视为座右铭：我们的道路，是遥远遥远的，让我们携起手来前进吧！“他说的是千秋万代的革命的路，自强不息的路。而对于我生命的路来说，并不很长很长……但我要说：我还会一如既往地走那条很长很长的路。”奋发不息的精神已经融入了这位老人的血液里。

属于她的人生风景绿意葱茏，壮丽磅礴。

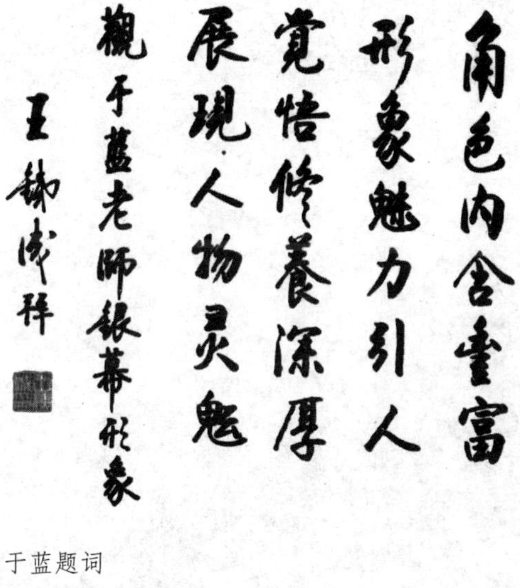

王铁成为于蓝题词

王希钟

【小传】

1928年11月27日生于山东省长岛县，1948年12月在原东北电影制片厂四期培训班和化装训练班学习，1950年调往北京电影制片厂开始从事电影化装工作。参与的主要作品有电影《西安事变》《茶馆》《周恩来》《建国大业》等，电视剧有《西游记》《周恩来在上海》《开国领袖毛泽东》《解放》等。1982年和1992年，凭借《西安事变》和《周恩来》两度荣获中国电影金鸡奖。

【相关人】

杨洁、于是之、六小龄童、唐国强、王铁成、刘劲

【放　言】

『多了高兴，少了不恼，给了接着，不给不讨。』

王希钟：把化装捋成一门艺术

1928 年 11 月 27 日出生的王希钟一直以“夜猫子”自居。

生来不好搞锻炼，每天都得喝点啤酒，晚上不到十二点就不乐意躺下，但是本领也大，一躺下就着。不仅如此，老爷子还对现代生活方式“一点通”：刷卡消费，上网，在北京王府井新华书店办了个打折卡，有时间就猫过去看书买书。曾经对基金的兴趣浓厚，就玩开了，还挺顺手……

不过，老爷子说了，基金这玩意儿就是用来“玩”的，别太在意就是。再说了，这玩意儿“玩”得再顺手，也没有他对化装这个行当的感情深。

化装？不就是粘个假胡子，在人家脸上涂涂抹抹、描描画画吗？

说来简单！王老爷子究其一生，把化装捋成了一门艺术，从实践入手，到理论总结，这个过程，遍地都是他对化装这门艺术的热爱与真诚。

“用现在的话说，那个时候我就是个打工仔”

化装师到底是干吗的？王希钟自有一套说辞：“化装师既是一个美术家，也是一个雕塑家；既是一个熟练的理发师、发型师，又像一个整形外科医生。”

在他看来，整形化装术并不比整形外科手术容易。他见过割双眼皮、垫鼻子的手术，很简单的事，大约一刻钟就可以搞定，可比化装师做牵引术、眼睛整形术、塑鼻子省时间。

不过，别看王希钟说得头头是道，直到20岁，他脑海里可是一点儿都没有“化装”的概念。那时，他的人生主题词是“流浪”和“谋生”。

1943年，15岁，由于家里的日子没法过，只读了四年半小学，王希钟不得不藏起书包，跟山东长岛的同乡一道“闯关东”。在长春，王希钟进了一家织布厂当学徒，“用现在的话说，那个时候我就是个打工仔”。背井离乡，总算有了个温饱，但就两年时间，工厂倒闭，王希钟又得另谋生路。老板人好，扔给他两捆线，当盘缠，说，你去沈阳找条活路吧。

背起个破行囊，王希钟奔向沈阳。日子还是个没法过，王希钟就流浪，到了大连他想起自己有个表哥在这里。于是，就投奔亲戚了。表哥人好，说你别到处乱窜了，趁年轻就多学点东西吧。大人的话，当然得听。王希钟再次走进课堂，重新在夜校里识文断字。

偶然的机会，王希钟获悉东北电影制片厂（长春电影制片厂前身）在招生。都 20 岁了，他认为自己应该做点什么了。看到这么个消息，顿时来了精神，听起来拍电影很不错，有意思，“挺新鲜的，可以出风头”。于是就报名面试。

操着一口胶东腔，他唱起《没有共产党就没有新中国》，还声情并茂地朗诵了一段与李闯王有关的剧本片段。结果天上掉“馅饼”，被录取了。他呆住了：这次招生说是要挖掘演员苗子的，这个“馅饼”怎么会砸到自己头上呢？王希钟想不出个子丑寅卯。直到晚年他才有了个初步答案：大概当时自己的出身比较好吧，另外看上去还算单纯。

尽管出身好、人单纯，但演员的头衔还是没有给王希钟，他被分配去学化装。虽然有点遗憾，但乐天知命，王希钟没言语，高高兴兴地接受了组织上的分配，反正也是拍电影嘛！没想到歪打正着，他成就了中国影视化装事业，影视化装成就了他的一生。

就学习了三个月，北京电影制片厂要拍故事片，需要化装的。一纸调令，王希钟和三个同学受命前往北京。他记得很牢，那一天是 1950 年 2 月 3 日。

不到“半桶水”的四个人开始蛮干，学中干，干中学。王希钟被分配到《吕梁英雄》剧组，“3 月初天气很冷时就来到山西吕梁山区，住在一个叫曲里村的小村子里。那时都是自己带着行李，住在老乡家里。剧组自带炊事班，自己开伙，生活很艰苦。对我们这些刚参加工作的青年来说，并不感觉苦，倒是觉得很有意思”。

剧照里的演员，浦克、李景波、黄素影，像京剧演员自己画脸谱一样，化装都是自己动手。但是粘贴胡须这样的工序得要“专业人士”出马了。

王希钟说，那时粘胡子用的毛，都是把毛线梳通，再散开捋顺，分成缕，一缕一缕地往胡须部位粘贴。技术不熟练，胶水质量又糟糕，每次粘得稠密不均，部位不准，几乎一次一个样，时时都要出状况。

不过，大伙儿有的是干劲，喜欢钻研业务，一听说有什么新的化装方法，赶紧依葫芦画瓢整一下，弄个明白。

就这般慢慢地摸索着，逐渐摸到了门道。在参与电影《智取华山》的拍摄时，不经意间，王希钟创新了一把。

他要为演员刘柳的胡楂儿化装。按照以往的经验，就把剪碎的发楂末儿用毛笔撮粘到面颊，结果一点儿也不均匀。怎么办呢？

王希钟是个有心人。他发现，撮楂儿时，笔下散落的毛楂儿却很均匀。这是什么道理？灵感来了！把发楂儿用气吹到面颊上一定效果不错。一试，果然！

这是王氏独有的吹胡楂儿的方法，被戏称为“吹毛求刺（疵）”。将近半个世纪了，冯小刚导演电影《大腕》，为了改变葛优的光头形象，就采取了这个办法，在谢顶部位吹上头发楂儿，与葛优自己的短寸发楂儿相接，“效果很好很真实”。

王希钟觉得，干这一行的，就要善于发现，懂得随机应变，想方设法把问题拿下。

关于化装的小故事，他这里有一箩筐——

话说，根据剧情需要，得往人脸上吐唾沫。来真的，不妥。王希钟介绍同行的经验：用较浓的肥皂沫代替，如果需要唾液带痰，皂液里再添几块凝固的淀粉块。

拍摄电影《上甘岭》时，需要有这么一个情节，一个战士嚼饼干，怎么都咽不下去，把舌头都咬破了，血也流了出来。这样的情景，如何处理？化装师可谓是绞尽脑汁，干瞪着屋顶发呆。

拍摄地在东北，时序是冬季，老乡的屋檐下正悬挂着干葱叶，已经晒得发黄，晃眼。余光扫过，有了！

这位化装师把血浆灌进了干葱叶里，把口儿扎紧，放在演员的舌头底下。演员在表演时，嚼着饼干，做难以下咽状，随即把葱叶从舌头下翻上来，咬破，“血”就自然地流了出来。

王希钟说，这就叫创意，“在电影电视表现五彩纷呈的现实生活过程中，很难预料会遇到什么情况，用什么手段和细节来恰当地表现，这就需要我们细心观察，积累素材，运用时才能得心应手”。

“机会来了，咱们就得闹一闹”

王希钟是个喝过洋墨水的人。

1954 年，他被派往莫斯科系统学习化装，“那是多大的幸运呀！”

一年零三个月的时间，他基本掌握了人物化装规律和肤色质感描绘等多种化装造型技法，对化装的认识从懵懂少年一下子提高到了专业的水准。

“镀金”回国的王希钟蓄势待发，等待时机的垂青。

从事化装这个行当以来，王希钟看电影就不是一般的眼光了，而是动不动就琢磨开了。比如说，看苏联电影《列宁在 1918》《列宁在十月》时，他就纳闷了：列宁的形象怎么那么活生生的啊？怎么可以那么像？到底是怎么搞出来的？进一步的问题也接踵而至：

什么时候我们也来试一把?

不光是王希钟这么想的，包括他的师辈同辈也这般嘀咕过。但影视作品中不可出现领袖的形象，好长一段时间都是不成文的规定，谁都不敢触碰这根线。

不打无准备之仗！面包会有的，机会也会有的。王希钟就开始私下搜集老一辈无产阶级革命家的资料，文字的，大画册，只要相关，他就留下攒着。

有心人，天不负。“文革”结束不久，所谓的“禁区”，大门已经开始露出缝隙。经过几次小打小闹的尝试，电影《西安事变》的拍摄在 1980 年提上了议事日程，这意味着有十几个历史人物首度出现在电影银幕上。得知这一消息，王希钟喜出望外，“机会来了，咱们就得闹一闹”。

欢呼过后，是冷静的思索:“《西安事变》是历史纪实性故事片。影片的情节都是历史上发生的真实事件。影片里出现的历史人物都是叱咤在当时政治舞台上的风云人物。影片的题材和体裁决定了化装造型的风格第一要‘真’，第二要‘像’。”

秉承这样的理念，王希钟“闹”开了，而且动静不小。《西安事变》荣获了 1982 年电影金鸡奖最佳化装奖，王希钟走上了领奖台，这可是新中国历史上第一次给化装师颁奖。

一炮走红。王希钟渐渐成了特型演员化装“专业户”。有那么一段时间，一个特型演员想塑造领袖人物，造型不让王希钟过目，导演不放心，演员没信心。饰演毛泽东的古月、唐国强，扮演周恩来的王铁成、刘劲，出演邓小平的卢奇，都情愿让王希钟在他们的脸上下功夫。

电影《邓小平》中卢奇饰演的邓小平不同时期的造型

除了在这些特殊的脸蛋上下功夫，王希钟还在“猴”和“猪”的脸上下了大力气——他是电视剧《西游记》的造型设计。

在著述《敢问路在何方——我的30年西游路》中，杨洁回忆，当初在筹拍《西游记》时，千头万绪，碰到一道坎：不论是猴、猪，还是其他妖魔鬼怪，包括神仙佛道，都无法使用本脸，需要依靠塑形。这个工作，很新鲜，也是个难题，她力邀王希钟出马——

我到北京电影制片厂去找王希钟。正好，在北影厂的院子里，遇见了著名导演凌子风。他问起我现在在干什么，我告诉他，我正准备拍电视连续剧《西游记》。

凌子风很兴奋地一击掌：“什么？我也在筹拍《西游记》电影！咱们碰到一块了！”

我说：“你拍的是电影，我是拍电视剧！我肯定不如你啦！”

他又问我：“你找哪儿的化装师？这些人物的造型可不简单呢！”

我说：“你呢？你找谁？”

他说：“我找美国的造型师来搞！他们的技术世界一流！”

我放下了心，因为我怕他要用王希钟，那我肯定就用不上了！

凌子风还极有信心地说：“我要购买水下摄影机！拍水下镜头。”

我说：“我们没有那么多钱。人物造型我就找你们的王希钟了！”

老凌还在劝告我：“美国的材料好，做出来像真的一样！”

我说：“我们就用中国的吧，不然就没有钱拍戏了！”

临分别时，凌子风还兴致勃勃地说："好，那咱们比比吧！"

她找到王希钟，把情况一说，王希钟兴趣浓厚，"这太诱人了，这等好事到哪里找啊？这下可热闹了，高兴坏了，太难得了"。

但是领导浇了盆冷水。自家要拍摄电影《西游记》，双方暗暗地较量着，形成了竞争关系。明目张胆地来借人，不是挖墙脚吗？

眼看滑向嘴边的肥肉就要跑了，王希钟那叫一个着急：难道眼睁睁地就把机会拱手相让了？

他跟杨洁商量，能否不跟剧组，自己在家里做好造型，让学生到现场去化装？杨洁爽快地应下了。她知道，当时偌大个中国，很难找到另外一个人来揽下这档子活。

一得令，王希钟来了精神。上班时间，分配给自己的任务样样保质保量完成，但是一下班，立即钻进工作室，钻进《西游记》的神话世界里。一个月时间，他就翻出 60 个模子，相当于一天两个。回头想自己当初是怎么工作的，王希钟也觉得有点不靠谱：当时怎么这么厉害呢？后来细想，这是一个艺术创作的过程，一兴奋，一激动，时间就无声无息地溜走了，彻底给迷上了，啥都忘了。

王希钟"物我两忘"，但相信有不少人没有忘记他在《西游记》20 年聚首时，当央视主持人问他各式各样的妖怪是怎么搞出来的，他的回答堪称惜字如金："瞎弄。"

"《西游记》的作者吴承恩为我们提供了这么一个广阔的想象空间，任我们自由飞翔。文雅一点的说法，叫作奇思妙想、苦思冥想、遐想联翩，尽情发挥艺术家的想象力。俗一点的说法，就是瞎想、随便想、胡思乱想。"他觉得没有那么多名堂。

电视剧《西游记》师徒四人的造型

不过话锋一转，“当然要多少有些道理，合乎一点情理”。

为《西游记》的造型设计操刀，王希钟几乎调动了他在这片土地上几十年的生活积累。由于工作关系，他游历了名山大川、名胜古迹、祠堂庙宇，见过许多的民间雕塑和绘画作品，也亲耳聆听过各样的地方戏曲。这些都是财富，一进入创作状态，就成了灵感来源。

如来佛祖、菩萨、罗汉、四大天王、四大金刚等，受到了民间雕塑的启发；地府的阎王、判官、小鬼等，受到民间壁画中一些形象的影响。对于鬼怪的模样，王希钟有自己的观察：“我国老百姓想象中的鬼的样子是三瓣头，像三座山峰，峰顶是秃子，谷底长头发，很特别，很怪异。孩童时见了很害怕。我想塑造这样的鬼形象一定能被中国老百姓接受。这是中国的鬼，不像外国的鬼，外国的鬼的样子似乎都是满脸疙疙瘩瘩，癞癞疤疤，像是麻风病晚期。”

角色一大堆，而且“个性”十足，从哪里入手？

王希钟开始放眼国内外，总结神话作品已有的造型经验：要么用毛发钩织动物的头型，或连带着身毛，面部按正常人来化装造型，或者用合适的布料，做成帽子连着衣服，头上装上兽的耳朵和兽角，或者佩戴有象征性的饰物，面部按正常人来化装造型，美化或丑化；要么采取彩绘的方法在面部画出各种兽的面形，或写实或写意，或佩戴兽形假发。

通过试验，两者都行不通，跟电视剧《西游记》的风格不搭。王希钟决定采用面具或者半面具的造型方法，为剧中的精灵造型。

大的方向确定了，具体落实，就要“擒贼先擒王”。

就造型的角度看《西游记》，最大的“王”自然是“猴”和“猪”。

孙悟空到底是应该像猴多一点，还是应该像人多一点？这个问题在王希钟的脑袋里盘桓了不知道有多少次。到动物园观察，在家里翻阅动物图册冥想，一无所获。

直到有一天，“美猴王”仨字在脑海里一闪现，顿时天高云淡，“应该塑造一个美猴！”

意象确定了，还要在人与猴、美与丑之间找到一个合适的“点”。开工干活。

经过反复的试验与摸索，这个“美猴王”在王希钟那里总算有了个眉目：鼻子要像人，因为猴子的鼻子有点不雅观；嘴巴要像猴，带点雷公嘴的形状，但不能像猴嘴那么豁；眼睛要像人，猴的眼睛太凹了；额头要像猴；脸部要像人，按照人的纹理结构突出一定的皮肤质感，猴脸皱纹偏多，有失美猴王的美誉。

毛发造型又是个问题。一般看到的猴大多是恒猴，脸形尖瘦，毛发比较稀疏，色泽灰暗，不太妥当。经过几番考察比对，王希钟决定用金丝猴的毛色和密度来设计孙悟空的毛发式样，这样可以为角色增添美感。

猪八戒的造型设计也让王希钟头疼不已，“琢磨许久不得要领，总感觉完全按猪脸造型，实在难看。年轻的时候看过戏曲舞台上的猪八戒造型，太倾向猪的形象了，没有艺术美感，至今想起来，仍令人作呕。无论如何不能太像猪了！”

这是一个满身缺点却又憨厚可爱的角色，怎么让他顺顺当当、舒舒服服地走上荧屏，既有大人的模样，又可以招惹小朋友喜欢？

他瞄上了猪形的儿童面具。起码按照这个思路设计，孩子们不会讨厌。

但是，鼻子多长、多高才算合适？鼻头大小如何？

思路愈来愈清晰：面庞要圆，腮要胖，还要有一对浅浅的小酒窝，眼角有点丹凤眼的模样，有媚态，“他的整体感觉应该很好玩儿、很可爱、很幽默”。

在猪八戒的脸上，王希钟甚至“调遣”了弹簧。

要追求“猪”的憨态可掬，自然要让脸腮再圆些再胖些。但是演员戴的是面具，与面部之间有一定的距离，表情不容易显现。王希钟灵感迸发，“创造性”地想要在两者之间安装一个小弹簧。比如说，演员大笑，面部表情发生变化，通过弹簧传递给面具。面具受到“刺激”，自然要有所反应，观众就可以直观地体会到笑的幅度了。

但这不过是一厢情愿：弹簧时刻在压迫着皮肉，演员哪受得了！

他又打上了猪肚子的主意。最好可以颤动，走起路来肚子一颠一颠的，那才有意思。但屡试屡败，无奈地偃旗息鼓了。

“勉强通过。”怀着遗憾，王希钟把他们推到了亿万观众的面前。

导演杨洁说，没有王希钟，就没有电视剧《西游记》。

“正如帽匠关心人头，鞋匠注意人脚，剑子手专盯人脖子一样”

把造型设计和化装工作交给王希钟，很多导演可以睡个安稳觉。不管碰到什么样的困难，他总是能变着戏法般想出辙来，交出令人满意的答卷。

1982年，话剧《茶馆》被搬上了银幕，王希钟受邀担纲化装造型师。横在他面前的一个难题是，这些演员以往都是在舞台上饰演角色，这次要站在摄像机的镜头前，他们的造型要另起炉灶。

“话剧舞台的化装假定性的程度相当宽，绘画的笔触需要夸张，以适应台上与台下的距离，而电影电视剧的化装则要求直观的真实性，它的假定程度不能让人感觉到虚假。”王希钟感到棘手，问题很严重。

于是之有点犯难。他当时50多岁了，“老不像老，小不像小”，但是他还得饰演年轻的王利发。电影拍摄，老演小，容易假模假式，一旦演砸了，不是亵渎经典吗？

王希钟被委以重任。他的迫切任务是得拿出一套理论，让这些人艺的“老戏骨”信服。

艺术的大忌是虚假，电影里的人物形象更容不得虚假。但是，银幕形象的年龄并不是生活中的实际年龄，只是给观众一种年龄的感觉。对，关键是要找到年龄的感觉！

电影《茶馆》中于是之饰演的王利发不同时期的造型

“所以，在改变演员年龄化装时，不只考虑面部的松皱程度、须发白了多少等生理现象，更应考虑人的精神状态和情绪状况等心理现象，这对年龄的感觉影响颇大。艺术允许假定性存在，只要处理得巧妙而不被人察觉。”王希钟给自己寻觅支撑点。

他给这些舞台艺术家减压：就《茶馆》来说，如果从第一幕到

第三幕的形象有变化，前后对比明显，就会使观众感到真实。如果片面追求所谓符合角色年龄的“年轻”，就显得勉强而不自然了。

譬如说，在第一幕登场时，王利发应该是20来岁，假如硬是要把年届五旬的于是之装扮成一个小伙子，基本上是不可能完成的任务。怎么办？王希钟要大显身手了。

他量体裁衣：运用眼睛整形法把演员眼睛扩大些，同时把松垂的眼皮提上去一点，使眼睛显得精明年轻些；眉毛也向上挑一点，采用了一副假眉，造成立体感，以增强“眉眼传神”的效果；再是调整肤色，略微地施加一点红润的色彩，使皮肤的质地显得年轻。

往镜子跟前一站，于是之感觉自己青春气息迎面扑来，信心倍增。三幕《茶馆》，三个年代，同一个演员，但经过王希钟的精心布局，王利发青年时期的精明强干，中年时期的谦恭圆滑，老年时期的凄凉无助，一下子戳到了观众的眼前。

王希钟总是能出奇制胜。

剧中有个庞太监，没有胡子，没有头发，也没有眉毛，纯粹的光脑袋，在舞台上一亮相，立马就可以夺人眼球，成为焦点。但这样的形象进入镜头里，就算脱离实际了，“从技术的角度这样也容易露假，不论是把演员的眉毛盖住或剃掉，都会显得不真实”。

所以，电影里的庞太监必须要有眉毛，“可是装上一双白眉，又显得慈眉善目，形象太和善。怎么办?”

一筹莫展之际，灵感乍现。现实生活中，如果有人面部长着黑紫色的肉瘤，应该给人不太愉悦的感受吧?

于是，王希钟在庞太监的脸上进行了创造性的布局：一边有眉毛，另一边装上一组紫色的肉瘤，“以增强令人厌恶和恐惧之感”。

为何他总是能有神来之笔？无他，善于观察，勤学又苦练。

“在勤学苦练的过程中使自己的头脑更聪明，使自己的双手更灵巧。”王希钟寄语有志于化装艺术的年轻人。

他甚至搬出恩格斯的论述供这些新生力量思考：“手不仅是劳动的器官，**它还是劳动的产物**。只是总是要去适应新的动作，由于这样所引起的肌肉、韧带以及经过更长的时间引起的骨骼的特殊发育遗传下来，而且由于这些遗传下来的灵巧性不断以新的方式应用于新的越来越复杂的动作，人的手才达到这样高度的完善，以致像施魔法一样造就了拉斐尔的绘画、托瓦森的雕刻和帕格尼尼的音乐。”

动脑又动手，在不断的实践中，王希钟身体力行，去寻找化装艺术的某些基本经验。

比如说，黄种人应该用怎样的油彩？他的经验是，基本色调应以土黄（氧化铁黄）、土红（氧化铁红）、白（钛白粉）、黑（氧化铁黑），有时略加一点朱红和青色调配而成。

比如说，要流泪，但演员的情绪出不来，只好滴眼药水，眼睛外部的泪痕，可用甘油替代。要说这是很简单的事，但有时看电视，王希钟不由得着急，因为化装师滴眼泪时马虎，让眼泪先从眼睛中部流出。而稍微观察生活就会发现，眼泪其实是先从眼角流出的。

画眉需要注意什么？他会告诉你，画右边的眉毛时，上臂要怎么办，下笔要如何，如果偶尔笔下重了，如果握笔的手颤抖了，应该如何补救。同时，他还会进一步说明白，画左边的眉毛，又有哪些注意事项。

最后还要来个总结：“不论画眉还是画眼，运笔要奔放，避免拘谨，设色要和谐，避免生硬。要锻炼笔下的功夫，运笔快、运笔准，避免东涂西抹，抹来抹去，抹得死死板板。”

但这不是一成不变的，最怕的就是机械地照搬。

青年要比老年人的肤色白，妇女要比男人的皮肤白，这样的观念几乎根深蒂固了，觉得理应如此。王希钟倒是觉得，不必以为深颜色就不能画青年、画妇女，也不要以为老年装就一定得要深颜色，“艺术创作不存在这种规矩，应以生活为导师，摆脱这种旧观念的束缚”。

要突破，要放手去试、去闯。

王希钟身上有一股爱钻研的劲头，本领也随之水涨船高。尤其是对于特型演员来说，如果王希钟站在身边，那就等于吃了颗定心丸。

一个好的化装造型对于演员来说有多重要？孙飞虎说：“不经过准确的化装造型，让我表演蒋介石那是不可能的，无论如何也无法表演。”这样的艺术观念，几乎和王希钟一个鼻孔出气。他说：没有准确的“形似”，“神似”无以附丽，“神”就难以表达。化装造型不仅能改变演员的外形，也能影响演员的神态、风度、气质。

形成这样的艺术观念，王希钟是从现实工作中总结出来的。

1991 年，王铁成接演电影《周恩来》。慢慢他发现有点不对劲，因为电影要反映晚年患病时的周恩来，王铁成没有尝试表演过这个时期总理的生活状态。他有点为难，缺乏信心，开始有打退堂鼓的意思。

这时，王希钟来了。他紧紧抓住周总理的眉毛特征做文章。根据王希钟的观察，周总理的眉毛最具特色，“他的眉毛方向变化不一样，边缘很淡，中间有几根朝上，为了做到浓淡虚实变化适度，追求恰到好处，我反复与照片比较，多一根少一根都别扭”。

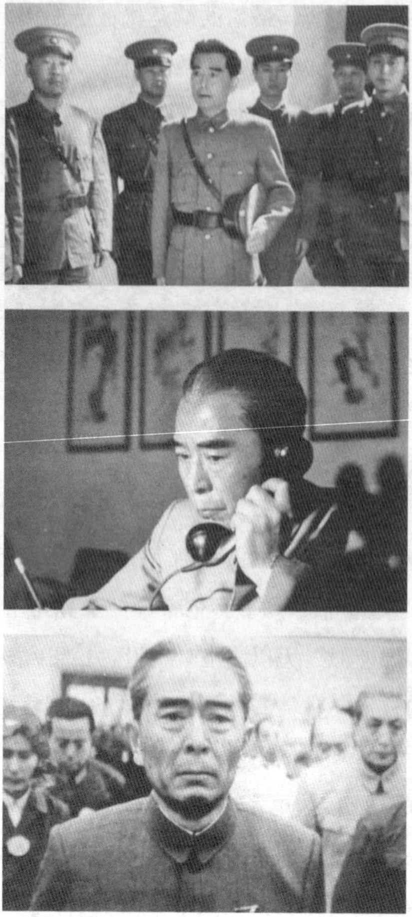

电影《周恩来》中王铁成饰演的周恩来不同时期的造型

这般的“根根计较”，结果是王铁成的艺术创作欲望完全给激发出来了，“我就是周恩来，周恩来就是我！”

好了，到位！

几个月的拍摄时间，摄影机在哪儿，王希钟就在哪儿，摄影机上了直升机，王希钟也争取到一个座位上了直升机，机器横移他跟着横移，镜头后拉他跟着后退，机器扛到洛阳龙门石窟，也要爬上几十级狭窄的台阶，到卢舍那大佛的脚下。从宝塔山到莱茵河畔，从中南海、西花厅，到长沙蓉园，他誓与镜头“共进退”。

为何？“要不然，王铁成脸上那七八块假东西能不露馅儿吗？”

他堪称“定海神针”。

而他的妙手经常让演员难以自抑。

拍摄电影《西安事变》时，张学良的扮演者还没着落。大家都着急，这时上海儿艺演员金安歌来试镜，他是饰演戴笠的候选对象。

王希钟觉得这是个演张学良的好苗子，这让金安歌傻眼了：能演张学良？少帅！不会吧？

王希钟把他拉到凳子上，镜子前放着张学良的资料照片，开始“艺术创造”：用一小片假发贴在他前额的发尖上，以此改变前额的发际轮廓；用肤蜡雕塑法，使鼻梁略呈拱形，用整形化装法改变眼型，用绘画法和粘贴法把眉毛修细、上挑……看着照片上少帅的飒爽雄姿，盯着镜子里边的自己，金安歌一下子信心饱满，“我是少帅张学良！”

得了，齐活儿！

王希钟有一双慧眼，见一个识一个，识一个成一个。

新一代“周恩来”专业户刘劲顺利“出道”就仰仗于他。1995年拍摄电影《宋家三姐妹》时，刘劲被选中出演张学良。

在化装间，王希钟对他左看看右瞧瞧，然后说：“小伙子，你不光能演张学良，还能演一个人。”谁？周恩来！

当时刘劲有点“丈二和尚摸不着头脑”，没有一点儿思想准备。心想人家只是礼貌以见，随口打哈哈而已，姑且听之。随后双方揖别，各行各路。

哪知道，只过了一个多月，刘劲就接到电影《遵义会议》剧组的电话，邀请他饰演长征时期的周恩来。咋回事？后来得知，这个剧组想找个年轻的“周恩来”，但始终没有眉目。找王希钟想辙，顿时他就想起了有个年轻人可以胜任，但萍水相逢，不知道他的名字，也不知道他是哪个单位的。王老爷子发话了，肯定有十之八九的把握。剧组就到处打听，结果就找到了刘劲。从此，刘劲的表演道路一发不可收，收也收不住。

除了挖掘出周恩来的特型演员，王希钟把周恩来夫人邓颖超的特型演员也给发现了。

当时，北京电影制片厂拍摄电影《李知凡太太》。抗战时期，周恩来化名李知凡，所以这是一部以邓颖超为第一主角的电影，但苦于找不到合适的演员，电影迟迟无法开机。剧组找来了几个人候选，让王希钟把关。这可让他很是为难，因为这些人没有一点儿邓颖超的影子，不靠谱，甚至太离谱。巧妇难为无米之炊，不“形似”哪来“神似”？

手头放下，心头放不下。闲时看电视，王希钟觉得在电视栏目《夕阳红》里教老年朋友烧菜的黄薇有那么一点感觉。但一向持重的他不轻易发话，决定再捱上一个星期，同一时间再来看这个节目。仔细观摩对照了一番，就是她了！马上向剧组推荐。眼见柳暗花明，剧组自然把黄薇请来试装一把，没有问题。黄薇的人生轨迹由此发生改变，表演、主持一肩挑。

拍摄电影《建国大业》，临近开机，“刘少奇”还不见踪影。剧组把难题又抛给了“超级星探”王希钟。他的解决之道不是到大街上闲逛，而是继续看电视。恰好正在播放电视剧《船政风云》，“随意瞟了一眼”，有个演员有点那个意思，他就是刘沙。

当时，刘沙还在凤凰古城拍电视剧。突然接到电话，邀请他到北京试装，出演刘少奇。他愣了！半信半疑。

赶到北京，已经是晚上十点半，从机场直接奔赴北影厂。王希钟正在那里恭候，并迅疾地把他请上了化装台。好戏开始了：用聚物零件加高了鼻子，戴上假发，眼睛用绢纱粘得更双一些，眉毛描画得更立一些，上牙的正中做了两个义牙，卡在牙齿上，让嘴形前凸……

一路车马劳顿，刘沙不争气地闭上了眼睛，任凭老先生折腾。当他睁眼时，看了一下镜子，“嗯！有感觉了。”他脱口而出。

王希钟这个伯乐，在发现千里马的同时，猛一回头，发现自己也是一匹“千里马”——他演了一回林彪。

电影《周恩来》拍摄正酣，但是林彪的角色始终没有定下演员。大家惯性般齐刷刷地把目光投向王希钟时，他也无措。剧组心急如焚，如何是好？

好男儿一身是胆，他毛遂自荐，决定自己来“消化”这个人物。那个曾经懵懵懂懂想当演员的热血青年，年届花甲终于圆了一把表演的瘾。但是这点“瘾”让王希钟无法满足，他觉得自己和林彪“贴”不到一起，他经过反复的“自我审视”，发现他王希钟更像徐向前。

把别人和自己“发现”个遍的王希钟总是赢得格外尊重，大家都说他的眼光有点“毒”，硬是能在“不可为”的地方挖出“可为”之处来。王希钟说这是把简单问题复杂化，“什么眼力好？没那么回事，吃这碗饭的，就该懂这些，也只懂这些。化装，说白了，就是抓住这个人最突出的特点，这儿添一点，哪儿减一点，人就不一样了”。

他喜欢这么一段论述：“正如帽匠关心人头，鞋匠注意人脚，刽子手专盯人脖子一样，画家、诗人、舞蹈家、作家看人时各有自己的着重点，就是说，文艺家一接触人，形象思维在起作用。”搞艺术的，都这样。

“满街都是曹操”

在王希钟的眼里，“化妆”和“化装”的界限泾渭分明，“化妆是生活，化装是艺术”。

在艺术世界摸爬滚打一辈子，王希钟培养出了自己的人格性情。

他生性向善，是位好好先生。有事要帮忙？行！走！不管是本单位的，还是外边同仁，言语了，背起个化装包，骑上脚踏车，就出发。他的这辆专车，是1950年分期付款买的，一直骑到1998年，让人给偷了，“很心疼，车很旧了，但很好骑”。看他的神情，听他的语气，感觉在追忆一位老朋友。

他去帮忙，前前后后都不谈报酬的事，很简单的一条原则，“看着给就行”。具体一点，就是16个字，“多了高兴，少了不恼，给了接着，不给不讨”。这成了王希钟对自个儿的提醒，也是他给自己定下的规矩。

别人说，王希钟太厉害了，孙悟空的造型那叫一个棒。王希钟赶紧往后撤，说：您说慢点儿！孙悟空惹大家喜欢，全是六小龄童的功劳。您看那一双眼睛，嚯，会说话，有神！造型谁都可以试一把，但再也找不到那双“眼睛”了。

学生任宜工说，老师脾性好，对谁都是笑呵呵的。一次在南昌拍电视剧，开机前，演员到剧组试装，有的名不见经传，有的崭露头角，有的是大腕级别。她发现，王希钟总是坐在最外边靠门的地方，每看到有人来，不管认识不认识，他都站起来热情地打招呼。试装完毕，他又站起，亲自送到楼梯口。

一些晚辈有点不理解了，这么辛苦地迎来送往，何必呢？王希钟的回答是："人家大老远地满怀信心赶过来，就为了试次装争取一个角色。要是效果不好就要被刷下来了，那他们心里多不好受啊，所以我们这时更应该对他们亲切点儿，免得人家看我们那么冷淡，心里就更不好受了。"

王希钟总是想着让别人心里好受，他慢慢发现自己心里越来越不好受了。他总是希望一个优秀的化装师，要重视培养深刻的观察力，"通过人的面貌看到宏观世界，看到时代，看到社会，看到人生"。但现在这似乎有点儿不合时宜，因为大家都不把化装当艺术了，或者说化装这门艺术已经给糟蹋了。

一个时期，有关部门还组织召开"全国电影化装专业会议"，同仁们济济一堂，探讨化装事业的发展前景，发表专业论文，煞是热闹，现在早就没有这么回事了。

"化装"的声音渐渐弱了，成了"化妆"的天下，都"美容"了。人物的背景没了，人物的性格没了，满腔热情、义无反顾地追求美。什么是美？美就是白，白就是美，就是要你白，"满街都是曹操"。

为了当这个"曹操"，恨不得动用一柜子的化妆品，先是涂一层粉底霜，上一层干粉，再涂一层油彩，烦琐得很，事实上是多此一举，因为粉底霜是油、水和颜料乳化在一起的，油彩是纯油不含水加颜料混合在一起制作的，涂底色择其一就可以达到效果，何必巧立名目，往脸上"叠床架屋"？

让人受不了的，还有"油彩"这个称谓已经下岗了。盒装的叫粉底，管装的称为粉条，换汤不换药，仅仅多了一个说法而已，何必？

"物不是，人更非"。

大多明星都自己带美容师了，不考虑人物性格的发展脉络，不考虑演对手戏的演员的表演风格，把剧组的化装师扔在一边，一下飞机就躲进房间里造型，门口还站着戴墨镜的保镖。还要打听其他演员在化装上有什么“杀手锏”，担心让人家给比下去了。别人贴了一副假睫毛、画了一张“心形大嘴”，挺好看的。于是，不分青红皂白，不顾及自己的脸部结构是否合适，赶紧贴上、画上，怎么能输这口气？当然，更不要说写人物小传了，也不相互探讨人物关系，甚至台词都不背，靠后期配音或者旁边有人举着提词器，让白花花的脸蛋在镜头前晃几下，就拍屁股走人，赶场。

更无以接受的是，一些不承担表演任务的主持人、采访记者，出镜时也“越俎代庖”，浓妆艳抹起来，而且“越来越浓、越涂越艳、越抹越俗”，往往与被访者，与采访的场合、环境极不协调，低俗，没文化……

王希钟心里就纳闷了，怎么可以这般看待化装行当？化装有其特定的理论体系，有其特殊的艺术规律，有其独特的文化价值，怎么可以随便搁置一边、不闻不问？

王希钟不仅把化装当艺术护着，而且还当文化供着。

“人生之旅，漫漫长路，跋涉艰难；世态炎凉，人间冷暖；黍离麦秀，世事嬗变，悠悠岁月，沧海桑田；际遇坎坷，生命磨难；生活跌宕，命运多舛，都可以从笔下流出的大大小小、浓淡相间的色点，粗粗细细、长短相连的线条而化生出来。”他摸索出了“点化苍颜法”，在论述这个概念的内涵和外延时，你可以从字里行间感受到他对化装艺术的一往情深。

他喜欢“掉书袋”，赋予化装艺术以历史的宽度和人文的内涵。

“虢国夫人承主恩，平明骑马入宫门。却嫌脂粉污颜色，淡扫蛾眉朝至尊。”这是唐代诗人张祜的诗作，书写的对象是杨玉环三姐虢国夫人。乐史《杨太真外传》也记载：“虢国不施脂粉，自炫美艳，常素面朝天。”这位虢国夫人，为了炫耀自己的美貌，连朝见天子都不施粉黛，除了内心的狂妄，还说明她的骄纵，更从一个侧面反映出当时杨家在朝廷里的地位不一般。

但是有的电视剧涉及这个人物时，想当然地认定这是个贵妇人，一如既往地把化妆品往演员的脸上堆，浓妆艳抹一番。这让王希钟有点恼火：“在这里看上去只是涂与不涂脂粉的微小差异，实则却是艺术形象内在含义的重大差别。这点脂粉看上去无足轻重，在艺术上的价值却是举足轻重的。”

恼火归恼火，王希钟也有欣慰时刻。比如说，他著有《影视化装技巧》，几乎每年都要印刷一次，我国真正的影视化装理论著作，这算是第一本，有“开天荒”的意思。另外，有的剧组拍戏期间碰到造型上的坎儿，会心急火燎地请他出山。王希钟觉得这是看得起他老头子，有求必应，爽快地“顾问”一下。不管别人对化装怎么看待，王希钟说这辈子就献给化装事业了，他认了。

王希钟在自己的工作间里

附录

1975年9月北影正筹拍农业学大寨题材的电影《山花》。此时，江青正在大寨参加农业学大寨会议，会议闭幕后，她仍留在大寨，把当时在北京的“录像组”、北影《山花》剧组、长影的《创业》剧组的主创人员召到大寨。她要抓农业学大寨的故事片，《创业》要重拍。她看了《山花》的样片后，对山花的扮演者谢芳的造型不满意，说是太老了不好看，她要亲自指导重新试装。当时的北影厂领导决定派我去应付这个局面。这对我自然是挑战和考验。考验我的心理稳定性，不至于过分紧张，同时挑战我的技能、功力是否能顺利通过。这点我并不担心，担心的是心理稳定性。面对一个喜怒无常、刁顽蛮横的人，并且在十年前的1964年曾经见识过她喜怒无常的蛮态，对我的心理承受力确实是个考验。在尽力控制心理紧张的状态下，总算顺利通过。效果如何我自己已经没有感觉。据作家孙谦说，确实把谢芳化得年轻漂亮多了。

更为惊心动魄的场面是在离开大寨的头一天晚上，她把这些人召集在一起训话，做“反击”的舆论准备。首先把谢铁骊、钱江提出来批判，然后是张天民、于彦夫。再就是“辟谣”，把当时社会上流传的对她不利的传言，说是政治局有人对她进行迫害，传出污蔑她的谣言。她当场问大家都听到什么，无人回答，便点名当时很红的一位诗人，让他说都听到什么。当然他不会在这种场合说听到什么，只好用马克思和恩格斯的师生关系来比喻毛主席和她江青的关系，搪塞过去。第二天在回北京的专列上由于会泳受命声明她不能接受这位诗人的比喻。后来听说这位诗人精神失常住进医院。像我这样的小小老百姓哪儿经历过这样的场面，坐在旮旯里，听得毛骨悚然。这种经历也是人生难得的历练。

——王希钟

（摘自《影视化装技巧（修订版）》，中国传媒大学出版社 2010 年 9 月第 2 版，296 页）

【小传】

生于1925年，原籍辽宁本溪，漫画家。1949年毕业于华北大学第三部美术科，上世纪50年代发表漫画作品，曾获中国首届漫画大赛『金猴奖』。著有《李滨声漫画选集》《李滨声画集》；与人合著传记《叶盛兰与叶派小生艺术》；散文集《我的漫画生涯》《拙笔留情》等。

【相关人】

方成、华君武、老舍、孙敬修

【放　言】

『多半生是一出滑稽戏。』

李滨声：远观人生多“趣事”

李滨声的胸前别着一枚“蓝精灵”。

这个可爱的卡通玩具是前来探望的后辈赠送的礼物，正合他意。

卡通、漫画，被视为他的专业：他一直顶着“漫画家”的头衔行走“江湖”。

但他觉得“漫画家”是世人抬爱的称谓，自报家门时说是“画小人儿的”就可以了，“漫画挺简单，三要素——能画直线和圆，会点个点儿，就会画漫画了”。

自然，这是登高望远，“一览众山小”。其实，好的漫画，有着“四两拨千斤”的能量。他的作品《迎客松》，曾经问鼎中国首届漫画大赛“金猴奖”，根据他的漫画改编的相声《夜行记》被侯宝林和郭启儒演绎过。

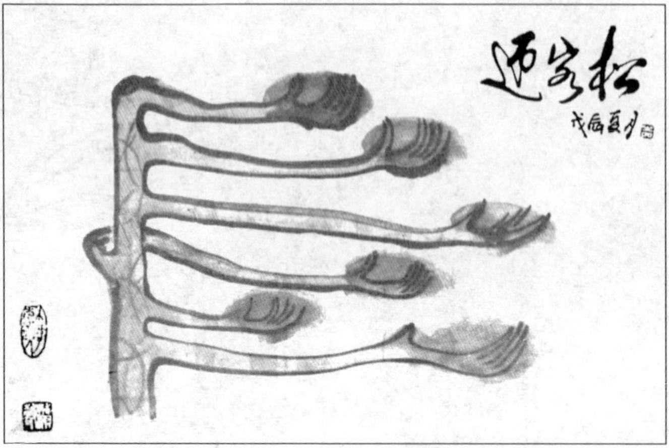

迎客松

而且，“画小人儿”只是他才华的“冰山一角”。

在北京市昌平区北七家镇八仙庄的一座老年公寓里，桌子旁边堆放着宣纸，他正在通过画笔追忆什刹海当年的风韵。书柜摆放着一本《我爸爸的爸爸的爸爸》，作者是在2011年央视春晚上表演《年年有“鱼”》的魔术师傅琰东，“书是送的，我跟他爸是老交情”。

跟这本书“并行在岗”的，还有署名为“李滨声”的《我的漫画生涯》和《拙笔留情》。而《李滨声画集》一共有三大册，包括京剧卷、民俗卷和综艺卷，原本还有漫画卷，但不记得是谁借走了，至今尚未归还。

紧挨着书柜的，是个半人高的小架子，上边蒙着一层红色的绸布，扑克牌散落其间，还有其他零星的小物什——这里是“魔术道具”专区。老人家兴致来了，是愿意玩上一把的。

区区斗室，溢出了主人的性情与能耐。

“他熟悉群众生活与语言，北京民俗和掌故他知道的多。他曾是热心的京戏票友，上台演过戏，懂得京剧艺术，会画脸谱。他是玩风筝的行家。他会变戏法，而且掌握其中许多高级技艺。他写作文笔独有风致……他还懂相声，我曾听他背诵过相声中的一段贯口活儿。”在1996年3月26日的《光明日报》上，漫画家方成撰文揭露他的“玩家”本色，字里行间不乏艳羡之意。

李滨声将心目中的自己都融入到了一枚印章里：乍看上去，阴文是个变异的“声”字，还有点像一头壮牛正扬着牛角，瞪着一双大眼睛，静静地在看你——他恰好属牛。更重要的是，这隐约还是一个“器”字，四个“口”字并没有完全封闭住，他的解读是“似器非器”，也就是“不成器”。

“不学无术人。”一声叹息。

自谦，让他的心地保持着充足的淡定。

“多半生是一出滑稽戏。”这是他的自我定位。

如今，1925年出生的人，“老叟”一个，不管是回眸过往的风雨，还是看待当下的风景，他都是远远地张望，而且心仪的是那些“趣事”，其中有喜，有乐，有悲，有泪，甚至还有出离的怒。

一幅漫画，搭上了二十二载年华

“唐朝有‘右派’这个词吗?”

生于哈尔滨的李滨声谐音为“李滨生”，知书达理的母亲心想叫“滨生”的肯定不少。于是，她开始到古籍里寻觅灵感，结果在《滕王阁序》中如愿以偿：“渔舟唱晚，响穷彭蠡之滨；雁阵惊寒，声断衡阳之浦。”

她恐怕没有想到，在后来的岁月里，这个孩子真的遭遇了满满的“惊寒”。

1949年9月，在中国大学政治系和华北大学第三部美术科就读过的李滨声，被分配到当时的北京市委文艺工作委员会担任美术干事。他亲身经历过开国大典，而且还为天安门城楼上的毛主席画像做过辅助工作，“这个工作最初没有我，是经过争取得来的，做的也不过是拉个线、调点颜料，到远处帮着看看效果。但是个光荣的任务!”

1952年9月，北京劳动人民文化宫，为配合亚洲及太平洋地域和平会议在京召开，李滨声受命创作雕塑和平鸽（常沙娜参与设计纪念品，详见86页）

转眼就是3年，李滨声被调往《北京日报》担任美术编辑，职责是美化版面，偶尔给新闻稿配个插图。他渐渐进入角色，摸到了门道，也开始发动脑筋琢磨上了：当时各大报刊上只有以抨击帝国主义侵略为内容的“时事漫画”，是不是可以通过漫画的形式来反映人民内部矛盾呢？

读者来信给了他素材：有人反映打击报复揭发检举人的情况比较严重。他进行了一番艺术构思：一人手持信件，正要往“读者来信”信箱里投递，一个干部模样的人拿着一顶硕大的帽子，把举报人给扣住了，帽子上赫然写着“无组织无纪律”。《扣帽子》这幅漫画得以发表，开辟了内部讽刺漫画的新天地。

好评如潮，他的劲头更足，创作热情高涨——

《喧宾夺主》。剧场里，观众席上有好事者正在高谈阔论，台上的“诸葛亮”受到干扰，不禁问道：“听你的，还是听我的？”

《鸣谢》。一位男士左脸贴着药用纱布，左手举着的一面锦旗上写有“感谢幸福牌暖水瓶带给我幸福，用户赠”，右手拿着一只已经爆破的暖水瓶，上边的“幸福”二字已经残缺不全。

《我的大金星怎么又漏水了》。“××股”桌签的后边，一人顺手牵起窗帘布低头擦拭着自己的钢笔，布上残留着一大块墨水污渍……

半个世纪过去了，这些漫画并不显得陈旧，依然以厚重的思想穿透力在熠熠闪光。

“他的画具有很浓厚的幽默感，常常使人发笑，有的笑是善意的，有的笑却有些像绵里针，虽然是软绵绵的，却是有些刺痛。不论怎样，他的画能引人发笑，因此就具有漫画的特点和效果。李滨声的画引人注意的地方，是他的作品和生活的关系，由于他对生活是进行观察的，并且和生活有着联系，他的作品，一般说不是概念的，也不是公式化的。”1956 年，著名漫画家华君武就撰文评述他的创作优长。

喧宾夺主

诸葛亮：听你的，还是听我的？

扣帽子

坚持从生活中来，使得李滨声漫画的价值立竿见影。例如《鸣谢》是根据读者来信的真实内容画就的作品，一经刊出，生产“幸福”牌暖水瓶的厂家公开致歉，并且主动向受害者支付了医药费，还着手对生产环节加以整顿。

不过，李滨声慢慢地意识到，漫画带有一定的“危险性”，“这里的‘危险’不是针对社会而言的，相反，漫画是以社会效益为重的，而是说有可能关系到画漫画人自身的安全”。

所以，他总是保持着高度的敏感，力求严丝密缝。《我的大金星怎么又漏水了》旨在“通过当时人们对文具中的俏货‘大金星’的钟爱与不爱惜公物的矛盾，用形象对比揭露画中人的自私的心理状态”，而不是针对金星钢笔的质量问题。为了避免造成误解，他进行了艺术化的处理：在画面背景上有意安排了一盆菊花，明示时令恰是秋冬季，钢笔偶尔漏水不足为奇。

或许是自我保护工作到位，或许是厂家有着大度的气魄，这幅作品没有受到追究。

但在那个时代的车轮面前，这样的自觉无异于“螳臂”。

1957 年春夏之际，32 岁的李滨声刚刚以北京市人大代表的身份，站在天安门观礼台上，参加五一国际劳动节的庆祝活动。成了“红人”的他被某理论刊物“盯上”，编辑部专门派车来邀请他赴宴，并郑重地向他约稿。没过几天，他挥就了一幅“力作”：画面上，一个男人手捧奖状，耳、眼、鼻一应俱全，唯独没有嘴巴，匹配的标题是《“老实干部奖”获得者——没嘴的人》。同事都拍手称好，领导秉持“肥水不流外人田”的观念，决定在报纸上先期刊发。

“老实干部奖”获得者——没嘴的人

李滨声的“惊塞”岁月由此“开张”。这幅作品旋即被斥为“恶毒攻击社会主义无言论自由”的“大毒草”。他开始被扣上了右派的帽子，并且一扣就是22年，直至1979年才得以平反。

“趣事”纷至沓来，逼近疯狂：

编辑部有位工友交代历史问题，自述家庭条件欠佳，几次向李滨声借款，后来借多了不好意思再开口，就头脑一热，把一位编辑桌子上几块钱的饭票顺手牵羊，据为己有。结果，他的坦白暴露了李滨声的“罪过”：部门特地举行批判会向李滨声“开刀”，理由是“培养了小偷”。

好友王复羊被划为右派，其未婚妻崔振国果断地跟他登记结婚，并且共同奔赴青海扎根。李滨声感怀爱情的忠贞，就创作了一幅抒情画相送，上书：“昔有奇女子，当年自主婚。毅然嫁右派，随夫充配军。”就这首“歪诗”，批判大会开起来了：明明是“下放”，怎么成了“发配”呢？李滨声还巧言狡辩这是在抄录唐诗，不是他的创造，“多数人信以为真，斗争有所缓和。不料忽有人质疑：唐朝有‘右派’这个词吗？一石激起千层浪”。

1957 年，李滨声与好友王复羊（左）合影

改革开放，春风吹来。李滨声重操旧业，“又回人间讽刺人”。

起初并不顺手，重新拿起笔来，“真同‘半路出家’学架子工那些岁月里，举一根六七米长的杉篙一样吃力”。

更让李滨声感到“吃力”的是，直到这时他才获悉，自己曾经犯下的“错误”还殃及了无辜。

1979 年 3 月，他摘掉了帽子，落实了政策，重新上岗。一封发自南宁的信笺，摆上了李滨声的办公桌。

写信者平静地诉说着自己的命运：1957 年，正值青春岁月，一次和同事谈起《中国青年》杂志上刊登了一幅漫画，内容是一个人的入团申请终于批下来了，不过胡子已经垂到地上了。担心自己言不逮意，他还用手指在地上按照漫画的内容画了个草图。哪知道，没过多长时间，反右开始了，同事毅然把他给揭发了。领导闻讯，立即找他谈话，让他把这幅漫画在纸上再画一遍，得出的结论是

“思想有严重的问题”，毫不犹豫地记入了档案。正如一场噩梦，始终把他缠绕。

而漫画的作者恰是李滨声。

如今云开雾散，写信者恳求他可以出具一纸证明，他李滨声已经重新回归队伍了，那张漫画也已经“解冻”了。唯其如此，他的问题才能得以解决。

尽管泪泉已经干涸20多年了，但李滨声禁不住鼻子一酸，深夜里热泪盈眶。

当初，“对不起人民”的口号是必须要喊的，但多少有些言不由衷，大不了对不起自己的家人和受株连的亲友。这封来信，让他汗颜，“低估”了自己。

幸亏形势趋好，他手中的笔，从来都是不安分的。

他根据读者提供的线索绘制了一幅《下山虎》，旨在关注当时市场上普遍发生的变相涨价问题：图一是顾客看中了一条印有虎图案的大毛巾，恰好手边没带钱包，就跑着回家去取；图二是等顾客匆匆回来，大毛巾的价格就由原来的6元改为8元。前后只是图案有些变化，前者虎头朝上，名曰“虎啸山林”，后者虎头朝下，张着大嘴，就要咬人的架势，称之“猛虎下山”。

画作刚发表，他获得的赞誉不断。沾沾自喜之际，大毛巾生产厂家和上级主管部门不干了，多次致电声讨，说涨价是应该的，不应该创作漫画讽刺，由漫画所引发的销路问题要李滨声全部负责。

他傻眼了，连呼“出师不利”。幸好一拖再拖，也就不了了之。

但是，本性难移，他眼里的漫画已经定型了。什么是漫画？李滨声的解释颇为简单，即“漫无边际地画”，包括题材、处理手法和技法，“而我就应该画真正有讽有刺的画”，因为他的心目中，漫画是匕首，是投枪，“重在一击”。

请多提宝贵意见

化肥

身怀“四项全能”，但“艺多”有时也“压身”

诗曰：“李白斗酒诗百篇，长安市上酒家眠。导演强拉不上船，李白贵妃本无缘。”

会漫画，能唱戏，懂魔术，知民俗，李滨声以“四项全能”扩充着自己的“疆域”。

他的漫画，时常提供饱满的回味空间。李白就有两次走进他的画里，诉说着对这个时代的怅惘。

《H_2O》，李白愁眉苦脸地坐在桌旁，正上方摆着一瓶酒、一盏酒杯，毛笔和纸张被放置在一边，画外音写道：“李白停杯直发愁，两眼不住珠泪流。此酒哪能助诗兴，竟是埃赤二与欧（H_2O）。”

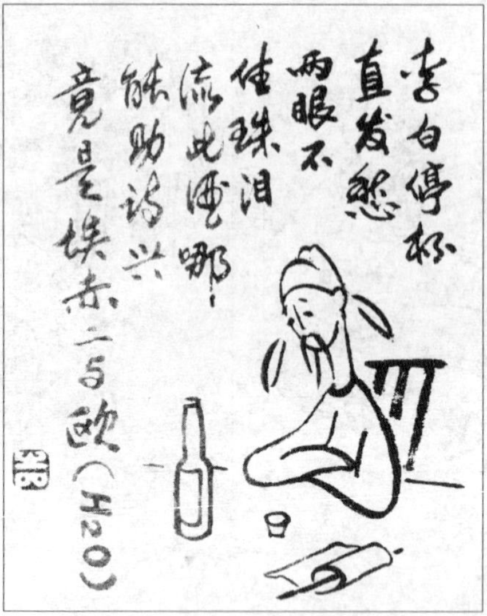

H_2O

《李白的故事》，李白坐在地上，一个男人正笑眯眯地强行拉扯着他的臂膀，李白面露难色，连忙摆手，一个劲儿地回绝。前方，一位女子打扮得珠光宝气，坐在船头笑盈盈地候着，船体上刻着三个字“爱情片”。画外音写道：“李白斗酒诗百篇，长安市上酒家眠。导演强拉不上船，李白贵妃本无缘。”

一画胜千言，如针，似刺。

当他的笔墨一旦触及北京民风民俗，流露出来的则是温情脉脉。他直到 21 岁那年才首度来到京城，现在说起话来却是京味儿十足，耄耋之年，古老的童谣还在嘴边打转：“金箍噜棒，烧热炕，老头打鼓老太太唱，一唱唱到大天亮。”“小小子儿坐门墩儿，哭哭啼啼要媳妇儿。要媳妇儿做啥？点灯说话儿，吹灯做伴儿，明天早起给我梳小辫儿。”“风来咧，雨来咧，老和尚背个鼓来咧……”

北京糖葫芦有不同档次，当以冰糖葫芦为上品。特别是东安市场和西单商场卖糖葫芦的摊子，不吆喝。有的还用鸡毛掸子不时掸糖葫芦以示不粘，其实是行为广告。至于春节厂甸卖的大糖葫芦是麦芽糖（糖稀）蘸的，只在春节期间才有卖的。近年来影视中反映老北京题材的，多以大糖葫芦为街市背景，是对北京民俗的误会。 **李滨声图/文**

他说，童谣和绕口令是用来给小孩儿练口齿的，特别是绕口令，本来就是小孩儿的口头游戏，把发音接近的字，结合到一起，组成一个小的情节，有的是荒诞故事，念错了就显得可笑。

作家叶广芩的京味小说《采桑子》当初计划改编成电视剧，导演是操刀过《四世同堂》的林汝为，聘任李滨声担纲民俗顾问。林汝为发现，这个顾问找对了："过去旗人怎么梳头，现在人懂得不多了，书里也没写细致，但是电视画面上就要很清楚。李滨声就在剧本旁边给注上，过去女人梳头是个什么样的动作，要把条子含在嘴里再梳后面的头发等。"她还感慨京味儿有赖于生活的积淀，如果拍

《四世同堂》时识得李滨声，作品质量肯定还能更上一层楼。

民俗之外，李滨声还对京剧痴迷不已。3 岁就哼上了，一辈子没放下，古稀之年还办过个人专场演出。20 世纪 90 年代初，他与人合著了《叶盛兰与叶派小生艺术》，其中收录的叶盛兰代表作《罗成》的演出台本，就是李滨声在 20 世纪 40 年代观摩叶盛兰演出的实录。

小品的艺术形式曾经在电视荧屏一统天下。李滨声觉得没啥了不起的，因为京剧的“三小戏”跟小品节目异曲同工。

什么是“三小戏”呢？李滨声撰文普及：“三小戏”亦称“玩笑戏”，由小旦、小生、小丑联合演出，半小时左右一场，堪称“京剧小品”。

小品节目稳稳地立住了，是因为有不少的代表作支撑着。在这点上，“京剧小品”自然毫不逊色，腰板直挺。单以“打”字开头，李滨声就列出了一长串：《打城隍》《打灶王》《打面缸》《打砂锅》

《打钢刀》《打樱桃》《打杠子》……

京剧的历史，厚着呢！

“我还想演一场戏！”这是李滨声的愿望，而且至今操练起“家伙”来依然有板有眼。

正式登台演出恐怕难以实现，但幸好手中握有画笔。

他画戏。由于懂戏，此间的门路了如指掌，“往往画着画着，比划起身段、手势来，或做忧、做喜形于色，常引人发笑”。所以说，他的戏剧画从实践中来，不仅有画的风情，更有戏的风骨。何况，在他看来，京剧是写意的表演艺术，各种艺术手段都夸张运用到了极点，其本身的唱念做打、服装道具无不有着漫画元素。

他画魔术。身为业余魔术爱好者，他没法像专职魔术师那样拥有大型的道具，可以满台腾挪，尽情展现障眼的魅力。于是，他就画，释放着内心的渴望。

他画民俗。他画“老北京”喝大碗茶时的情景，他画旧时燕京儿童的发式，包括歪毛、淘气、三星、四喜、马鬃、朝天杵、天齐庙、草帽圈、帽缨子、马桶盖，并著有《燕京画旧》。

可想而知，李滨声的日子过得多么充实而富足。

但这样的感慨有时难免“文不对题”。

他能画，“大跃进”时期被委派到一个村庄画壁画，并且是“命题作文”，要吻合两行“诗句”的意思，“人民公社好处多，牛群满山坡”。山乡的墙都是石砌的，凸凹不平，好不容易才画出了“满山坡”的量感。哪知道一番辛苦，还是被定性为有意攻击“大跃进”，因为他忘了浮夸，当时画牛要画得跟大象一般才算是“写实”。结果是招来一场大批斗。

他能唱，唱起京剧《击鼓骂曹》，里边有一句“掌中缺少杀人的

1995 年 7 月 23 日，李滨声京剧专场演出在人民剧场举行

刀”，被解读为有蓄谋杀人之嫌，一场批斗、一份检讨，在所难免。

“文革”期间，革命样板戏风行。某天晚上，右派李滨声和“同道”一起观看了电视节目《智取威虎山》。翌日展开讨论时，李滨声暗想，毕竟自己学过而且演过京戏，这是个机遇，要对样板戏来一番“大赞大颂”，以示脱胎换骨改造的决心。

他谈及这部戏的末场，杨子荣一枪把匪徒打死在椅子上的表演精彩非凡，特别是武打动作设计合理。如果这时他顺势打住也就作罢，偏偏他开始“掉书袋”，说这场戏比起传统戏《界牌关》也叫《盘肠战》中的罗通蹿上桌子的难度大多了，“因为《智》剧是椅子，面积小，又有靠，蹿上椅子必须准确地把两腿插进两边空档才成，稍有偏差就会失败甚至出危险”。

“同道”觉得他不愧是专业人士，让大家深入认识到了“艺术”的精微之处。哪承想没过几天，李滨声的这段点评被定性为“放毒”，理由是样板戏是从无到有，按照他的说法，杨子荣的这个动作就有抄袭之嫌，这不等于说样板戏这个“新瓶”装的还是“旧酒”？

“我一听此言，顿时耳膜隆隆作响，仿佛听见滚滚雷声已经从不远的地方响起。”在一篇追忆文章里，李滨声这般表达自己当时的心境。

第二天，针对他这番言论的大字报满墙皆是，斗争会一开就是半个月。

一腔惆怅，有太多的东西“没法说了”

老舍轻轻地做了一个响舌，接着说：有一句老话你听说过吗？慢工出巧匠

22年的右派生涯，带给李滨声的苦楚一串串。不过，好处也有。他说1957年前，自己熟悉的北京不过是城区里的风俗人情、传说掌故。后来他被送往郊区、山区劳动，“眼界豁然开朗，见所未见，闻所未闻”。

关键是他学会了不少田间和山乡劳作的技能，包括管理果树、打眼放炮、凿山开石、赶牲口等。他还练就了相当于五级架子工的本领，这有利于他后来出外旅游时爬高赏风景、拍照片。

他生性积极，悠然乐观，从小喜欢找乐子，有时难免弄巧成拙。

6岁时，他去上小学。报到的第三天，开始按个头高矮排队，调整座位。

排队过程中，出现了一点状况：有个小朋友的背上被拍上了一个小乌龟的印记。当时，学校门口的文具摊上有一种玩具，小纸袋里装有滑石粉，纸袋的一面用针扎有小乌龟、小白兔的图案，往衣服上一摁，留下一个戳印。

老师怒了。因为昨天就有人玩这个，明令禁止了，今天竟然“顶风作案”，还没有人主动承认错误，看来得收拾一下，要不然威信何来？

“作案工具”找到了，“案情”缩小了范围。老师让旁边的学生起立，动员犯错之人“自首”，做诚实的孩子，“既往不咎”。

李滨声就在这群孩子之列，但不是“案犯”。当时的他，念过私塾，肚子里有了点墨水。“既往不咎”是成语，他也会说不少，得显露一下自己的才华。他禁不住说话了：我们都上学了，要守纪律，不能当“害群之马”。

老师正在发愁没有台阶下，这个小鬼竟然劝导其他的孩子招认，看来他心虚，有重大“作案嫌疑”。

小小的李滨声傻眼了，赶紧辩解：“您误会了!”嘴上说着，心里想着与“误会”相关的成语，冷不丁地续上一句：“您误人子弟了。”

“你说什么?”老师追问。

他还在得意：成语信口拈来，老师肯定觉得自己“知识渊博”，要当众表扬一番的。

“误人子弟，男盗女娼。”不知天高地厚的李滨声酷爱表现，“满嘴跑火车”。

他被勒令拿上书包回家。

瞎显摆，“我犯了不可饶恕的过错”，年长时，李滨声幡然大悟。

人，逃脱不了岁月的塑造。童年的过错，是无知；年岁渐长，“有知”了，而且不断趋于丰富，社会经验近乎饱满，内心的无奈却蓬勃生长——

现在的戏剧没法说了。广为流行的“变脸”，原本是川剧《白蛇传》中“五彩铙钹”的特技，并且跟剧情关系密切，节奏也迅速，堪称绝活。如今的“变脸”已经走进大小演艺场所和餐饮、洗浴中心，这些表演大都以变的次数多来取胜，无法给人以美感，“面部看不出还有鼻子，在‘盔头’下，圆乎乎的，好像扣了一只葫芦瓢。特别是在十多层甚至更多层的面具下，演员艰难呼吸，抽动面具起伏不定，不仅形象不美，更使观众揪心，失去‘变脸艺术’，成为可怜的卖艺了”。

京剧没法说了。演员多，观众少，而且演员的培养只想着主角，全心地培养尖子，敲锣的、打鼓的、做衣服的都搁置在一边不闻不问。

脸谱没法说了。他拿起一只瓷碗，上边就印着京剧脸谱，“到处都是，滥极了，根本不对，整个都不对，完全成了工艺品，不管懂不懂戏都来画”。

漫画没法说了。假繁荣，漫画是要画思想的，是要评述世态的。但如今的大多作品沉迷于技巧的细枝末节，而欠缺幽默的构思和深度的挖掘，尤其是在风格上缺乏中国味，“遗忘了祖国故土的文明与文化”。

现场作画的方式没法说了。绘画不是表演艺术，即兴偶然能出点东西，但画画这事你得想画才能画，大庭广众之下只能是耍两笔，真正地成了“急就章”。

雕塑没法说了。北京王府井大街上，竟然出现一个留着小辫的车夫拉着一辆空洋车的雕塑。所谓“洋车”，也即“东洋车”，清末由日本引进的交通工具。根本不是中国发明的，谈不上“国粹”，也不是北京的“特产”，为何要作为老北京的代表形象立为城市雕塑？就纯粹为了一个好玩儿，把文化、历史搁置一边了？

电视电影没法说了。以老北京为背景的影视作品不少，为了突出“京味儿”，常常让“兔爷”“风车”“大糖葫芦”同处一个屋檐下，热闹倒是热闹了，但犯了“拉郎配”的毛病。事实是，“兔爷”只有中秋节前四五天才有卖的，八月十五傍晚“兔爷摊子”就不见了，所以北京民谚有“隔年的兔爷——老陈人”之说。而风车和大糖葫芦只有在正月正厂甸庙会上才有卖的，平时不见。

“打假是时代的需要！”在他的眼里，有太多的“假”需要打。

还好，有些东西在他心中凝固成了永恒，而且还值得“说上一说”。

他创作过一幅《满不在乎》，内容是公交车上，有个胖男人坐在“孕妇席”上，拒绝给真正的孕妇让座。报社一位同事主动“对号入座”，认为自己的形象被“盗用”了，画中人就是以他为原型，愤而提出抗议，几番解释才肯罢休。

事后老报人左笑鸿告诫道：画画、写文章批评人，不宜夸张其生理特征，这样才能体现“对事不对人”，与人为善。

“这一点拨，我受益终生。”李滨声心怀感激。

20世纪50年代初，北京市文联设有一个大众文艺创研会，老舍担任主席。每周日上午都要在中苏友协礼堂活动一次，并出版刊物《说说唱唱》。老舍有空闲时间就举办讲座，传授写作知识，还为大家批阅习作，把好的文章推荐到报刊发表。

李滨声响应号召，参加学习，课余“弄文舞墨”，兴冲冲地投稿，但一直石沉大海。

得要高人指点。他拿着几篇文章，请老舍提意见，其中的一篇

1964 年，老舍在北京的家中

张祖道摄

用了个笔名叫“管如飞”。老舍不解，李滨声急忙解释道，自己写了好几篇，心想万一同时采用两篇呢，就换了这个笔名，表达求“快”之意。

老舍轻轻地做了一个响舌，接着说：有一句老话你听说过吗？慢工出巧匠。

“我顿时脸上火辣辣的。”李滨声铭记了这番叮嘱。

20 世纪 80 年代初，北京市在全国率先成立了“关心青少年教育协会”，原本有“失足”两字，在儿童教育家孙敬修的倡议下，把这两个字给删了。

李滨声加入了这个协会。有次他们到监狱探望服役人员，一上台，年事已高的孙敬修朗声说道：“朋友们，孩子们，我们来看你们来了。”

李滨声说，当时人群中就传来了哭声。

他还粗略记得孙敬修接着说道：你们原来都是好孩子、好青年。不慎害病了、跌跤了，有的病还不轻，有的伤还很重。现在你们住进医院，这里有多好的医生、多好的护士，帮助你们治病。要吃药，有的还需做手术，不动刀剪的手术。割除身上的恶疮、思想上的毒瘤，难免会疼的。为了治好病，医好伤，你们一定会很好配合大夫，很好接受护士护理，我相信大家都会积极告别昨天的……

“他有着博大的爱心。”李滨声视孙敬修为做人处世的恩师。

或许正是由于这些长者的言传身教，让李滨声的人生路上充盈着别样的风景：恰似一幅漫画，有锋芒有力度；又好比一出戏，有着纯正的韵致、道地的承传；还宛如一场魔术，色彩斑斓，惊喜不断；更像是一首古老的歌谣，越品越有味道。

北京龙潭公园立有孙敬修给孩子们讲故事的塑像，是游园小朋友喜欢玩耍的地方

附录

此文的节选，2013年被某省选入高考语文模拟试卷，作为“阅读理解”的素材。特将试题辑录如下，并附上命题者提供的参考答案。

试题：

1. 下列对传记有关内容的分析和概括，最恰当的两项是（5分）（　）（　）

A. 李滨声是一个当之无愧的漫画家，但他却认为这是人们对他的抬爱，他对别人介绍自己时只说是“画小人儿的”。

B. 作品介绍了李滨声房子里桌子旁边堆放着的宣纸、书柜里摆放着的书和半人高的小架子上放着的小物件，突出了他知识的渊博。

C. 漫画家方成撰文说，虽然李滨声懂得京剧艺术，会画脸谱，会玩风筝，但是这些都是玩物丧志、不学无术的表现。

D. 李滨声画漫画，常常借用历史人物来反映现实生活，表达自己对现实的惆怅，这样的一幅漫画胜过一千篇文章。

E. 李滨声对戏、对魔术、对民俗等都爱好，都懂，甚至有一定的研究，并且常用漫画的手法来画戏、画魔术、画民俗。

2. 第1段至第3段是文章的开头部分，这样开头有什么好处？(6分)

3. 文章是怎样表现李滨声的漫画艺术成就的？请举例回答。(6分)

4. 李滨声的人生多“趣事”，这给了你什么样的启示？请结合全文，谈谈你的看法。(8分)

参考答案：

1. 【选E得3分，选A得2分，选B得1分】B“突出了他知识的渊博”不恰当，应是“说明了他多才多艺”。C“这些都是玩物丧志、不学无术的表现”错误，原文说方成“字里行间不乏艳羡之意”。D“一幅漫画胜过一千篇文章”错，原文中“一画胜千言”中的“言”是指文字，“千言”代指文章，而不是一千篇文章。

2. 这样写的好处有三：一是生动地介绍了李滨声的年龄、专业和性格，让读者初步感受到了一个开朗、浪漫、谦逊的艺术家形象；二是引出下文对他一生的艺术活动和成就的叙述；三是制造悬念，使读者产生疑问，从而引起读者的阅读兴趣。(每点2分)

3. 文章是通过正面描写和侧面描写相结合的艺术手法来表现李滨声的漫画艺术成就的。（2分）正面描写，如介绍《李滨声画集》一共有四大卷；说他的漫画，时常提供饱满的回味空间，并举《H_2O》为例，说他的漫画一画胜千言，如针，似刺。（2分）侧面描写，如说根据他的漫画改编的相声《夜行记》被侯宝林和郭启儒演绎过；漫画家方成撰文“揭露”他的“玩家”本色，字里行间不乏艳羡之意。(2分)

4. 示例一：人多才多艺，能从不同的方面充分地展示自己的才华，为社会作出多方面的贡献，不仅能得到人们的尊敬，而且能使自己生活得更加充实，给自己的人生带来众多的趣味。就像李滨声一样，既能画漫画，又能画戏、画魔术、画民俗，并且在很多方面卓有成就，不仅一生多趣事，而且87岁了还那样开朗、浪漫。

示例二：各种艺术之间往往是相通的，就如漫画与戏剧、魔术、民俗等是相通的一样，写作与绘画、书法等也是相通的。譬如唐朝诗人王维既是诗人，又是画家，所以他的诗是诗中有画，而他的画是画中有诗。因此，我们在学习上要培养多方面的兴趣爱好，并注意各种兴趣爱好之间的联系，这样才能使自己具有多方面的才能，为社会作出更多的贡献。（言之成理即可）

马继兴

【小传】

马继兴，回族，1925年出生于山东省济南市，1945年毕业于华北国医学院。先在济南开业行医，后回到北平，任教于北京大学医学院生理学科。1947年至1948年兼任《中国针灸杂志》主编，1949年兼任华北国医学院教委会副主任委员及教授。新中国成立后，先后在北京市中医进修学校和北京师范大学生物系任教。参与筹备中国中医研究院（中国中医科学院前身），上世纪80年代起任中国中医研究院中国医史文献研究所研究员。中国中医药学会成立后，经他发起成立中医文献分会，并先后担任主任委员和名誉主任委员。1994年被国务院授予『全国民族团结进步模范』称号，2000年被评为『全国先进工作者』。

先后出版过《敦煌古医籍考释》《中医文献学》《马王堆古医书考释》《针灸铜人与铜人疗法》《神农本草经辑注》等10余部学术专著。其科研成果曾荣获国家科技进步一等奖、全国首届古籍整理图书二等奖、第六届全国优秀科技图书一等奖等奖项。

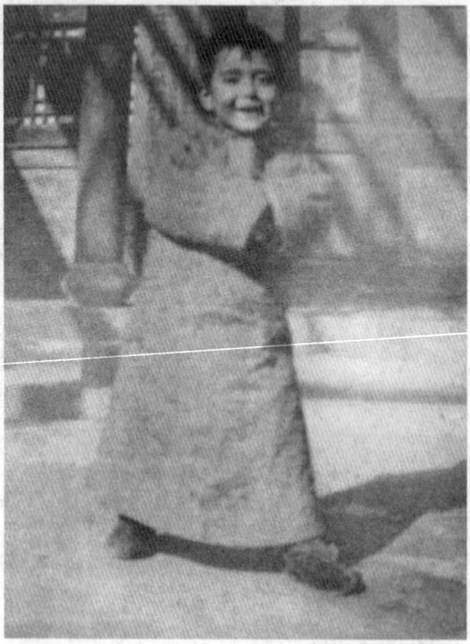

【相关人】

李学勤

【放　言】

『我写文章，不是为了发表。』

马继兴：住在书袋里

“我不考虑这些事。”

“这跟我没关系。”

“我不了解这个。”

1925 年出生的马继兴安静地坐着，将抛来的问题一一回绝，眼神里略显茫然，甚至有些无辜。

那么，他到底在考虑哪些事？什么跟他有关系？他又了解哪些东西？

中医古籍文献。

“在马王堆汉墓出土文物中，医书是不是占据了相当的比例？”

“现在流行药膳、食疗，是否有扎实的理论依据支撑？”

“在海外有大量的中医善本古籍，抢救回归的进展如何？”

面对这些问题，他的身子往前挪了挪，眼神里溢满了热情，手也自然地扬了起来，"你听我说啊……"话匣子打开了。

"我就是一个书生!"他郑重地说，嘴唇在抖。

治学时，他的眼神如探照灯一般，举目四望，搜寻着他的"宝贝"

马继兴这辈子就是为中医古籍而来。

他的外祖父名为左济拯，名字里携带着治病救人的意愿。恰好老爷子对中医药情有独钟，在山东济南悬壶济世，对于治愈内科杂病和妇科、儿科疾病有一手。年幼时，马继兴课余经常来外祖父家里玩耍，偶尔帮助老先生抄录、整理临证医案，顺带浏览左大夫收藏的中医古书。哪知道兴趣一下子给燃起了，有点爱不释手、甘之如饴的味道。

1941 年，年方二八，马继兴就读于施今墨在京创办的华北国医学院。他一个"猛子"扎进知识的海洋，安然地享受着古老智慧的滋养。毕业时，他考取了开业行医执照，私自择一处地方，挂牌"广而告之"，望闻问切，成了马大夫。但仅仅经受了半年的"煎熬"，就"关门大吉"了。

"在旧社会，私人开诊所，为了拉拢生意，不管能不能治好，都揽下来，吹得天花乱坠。我没有那个本事。"马继兴发现，这里不是自己的用武之地。

困顿之下，机遇降临。1945 年 12 月，北京各公立大学被统一编为"北京临时大学补习班"，其中的"第六分班"为医学院，即如今的北京大学医学部。马继兴听从孟昭威教授的召唤，兴冲冲地赶来，在他主持的生理学科担任助理教员。马继兴如鱼得水，呼吸着学术的空气，重新拾起研究中医药历史的热望。

但是，动手起来，何其艰难。

中医文献，历史悠远，命运多舛。有的从作者手中刚刚脱稿即成孤品，如甲骨文、木竹简、缣帛书、石刻文，幸存于世者万无一二。而且，多数古籍在流转过程中经过数次翻刻，形成不同的版本系统，“作者、注释者、刻印者混乱不清，张冠李戴，以讹传讹，须考辨源流，正本清源”。有时为了确定一个字的音或形，不得不翻箱倒柜，引经据典，不厌其烦地推衍、揣度、论证，耗时耗力。要命的是，即便工作这般细致，却往往无法一锤定音。

“枯燥，清苦，一般人受不了。”马继兴的女儿马立红有时也纳闷，自己的父亲为何喜欢捣鼓这些东西。

“中医古籍研究无穷无尽，本身就是一个世界。大家都觉得难，我来搞，是不是很有意思？”马继兴面露喜色。

他不觉得无聊、无趣，反而认为是一项富有创造性和挑战性的工作，“在对待古代医学遗产的问题上，既不可笃信古人、盲目附会，更不可持有成见地片面武断。在涉及和历史有关事物的形成、影响与相互关系等问题时，还需要坚持唯物主义观点，认识到事物不断向前、向更高的阶段发展，这样才可以不断地推陈出新，有所创造、发明和前进，否则是不易或不可能臻其全功的”。

在他看来，中医文献的研究工作，绝不是单纯的资料整理和文字堆砌，而是一门科学，也讲究方法，也有其内在的规律，和临床治疗、医学实验及中医教学并行不悖、相辅相成，“是发掘祖国医药学遗产不可或缺的组成部分”。

1943—1945 年，马继兴完成了《微针探源》一书的部分原稿

所以，他的研究有声有色。

汉代及汉代以前，非医学文献中，涉及哪些养生知识？20 世纪 50 年代，马继兴想探个究竟。

他开始大海捞针，眼神如探照灯一般，举目四望，搜寻着他的“宝贝”——

《左传》：“谚有之曰：‘心则不竞，何惮于病？’既不能强，又不能弱，所以毙也。”

《素书》：“病莫病于无常。”

《吕氏春秋》：“食能以时，身必无灾。凡食之道，无饥无饱，是谓五脏之葆。”

还有《淮南子》《荀子》《申鉴》……

“现在从上面所引的这些片断的非医学文献资料看来，不能不认为，古代学者们对于养生原则方面的研究是有过很大启示与贡献的。也可以认为，古人所指示的这些原则，作为科学的意义来讲，有很多一直到现在都仍然具有极高的评价的。”马继兴总结道。

在学术研究上，他是一个“贪婪”的人，目力所及，都要狠狠地“榨取”一番，为我所用。

1975 年 12 月，在湖北省孝感市云梦县睡虎地秦墓中出土了大量秦简，内容主要涉及秦时的法律制度。粗略看来，跟医学无甚关联。但是，马继兴不肯放过，心想，谈法律，要涉及法医吧？岂不是大有文章？

于是他细细地爬梳，终有所获，成就一篇《云梦秦简里的法医检验和医政管理》，条分缕析，步步为营，小结如下：秦代法医学对于死亡原因的分析与判断是非常认真和细致的，特别是检验的项目和结论都跟现代法医学检验标准基本相符。

他几乎时刻保持“战斗”的状态。

1986 年，马继兴在日本东京北里研究所附属东洋医学研究所展室参观时，看到一篇手书真迹《告墓文》，作者是浅井国干，出生于汉医世家。

中医集纳了东方人的智慧，曾经在日本风靡一时。但明治初期，日本迅疾地转向，全力效仿西洋，对中医药学（日本称之为“汉医”）迫不及待地采取限制、取缔的措施。浅井国干奔走呼号，担当急先锋，设法捍卫汉医应有的地位。但这无异于螳臂当车。1895 年，日本第八届议会以正式法律的形式，宣告日本汉医行业的消灭。

浅井国干毅然搬离东京，回到故土名古屋市，以示抗议。激愤之余，他挥笔写就《告墓文》，无情地鞭挞，又信心满满地展望汉医的明亮前景。

马继兴捧读再三，“深为其慷慨陈词及铿锵有力的行文所感动，决定要将这篇历史性文件向国内医药界推荐介绍”。

文章是用古汉语文体撰写的，涉及大量的历史事实和旧时典故，一般人难以读懂。马继兴视为分内之事，焚膏继晷，旁征博引，加以注释评点。他还“一拖二”，专门编写了大事年表，概述浅井国干从事汉医救亡运动的主要史迹，让国人更为全面地熟悉这位斗士。

历史并不意味着陈旧与过时，往往鲜活如昨，在当下激起回响。“中医无用”的论调在我们这个国度不时地泛起，马继兴搬出浅井国干“千载道统，天下谁御”的论断应对之，“中医药反映了客观事物真理，而真理是永存的”。

马继兴也是捍卫中医药学的一员主将。

他把目光投向流散海外的中医药古籍，力求让它们及时地“回家”。古籍实物回归尚有难度，那就让它们承载的信息和思想“荣归故里”。

马继兴带领学生，开展艰苦的专项课题研究，以“家人”的身份最大限度地唤醒这些古籍上依附的历史记忆，留下一串串傲人的数字：涉及 11 个国家和两个地区、137 个图书馆，登记在案的海外收藏中医古籍 27 250 余部，抢救回归 100 余种失传古籍，复制回归中国失传的中医善本古籍 266 种、17 万页……

“凡是早已写成文字或兼有图像，在本世纪以前的所有中医古籍，不论是哪家医家的著作，也不论是现在收藏在世界哪个地方，更不论原书是否全部完整或部分不全，甚至只存有散叶、残文，作为中华民族子孙从事文化事业的人员都有义务、有责任将其视为宝贵的中医药文献遗产珍重收集与保存，使之孤本不复再孤，秘籍不再复秘……”1998年3月，马继兴著文，期许有关医药卫生行政领导部门、社会团体和国内外友好人士予以重视、扶植，同时亦可视为他的自勉之言。

“辑复、比较、补订、考证、注释、语译、点校、分析、评按……这些听上去单调而枯燥的动词架构了他全部的事业人生。”这样的评价，对于马继兴而言，是一次精准的“把脉”。

研究的触角“无孔不入”，会不会“山重水复疑无路”？马继兴的实践表明，前景不仅“柳暗花明又一村”，而且尚有“通天大道”——一旦拥有了强烈的研究意识，即使是在人生困境时刻，研究选题也会“束手就擒”，甚至主动“投怀送抱”。

“文革”期间，他被下放到江西省九江市永修县农村，接受改造。这时，“书虫”马继兴不得不从书袋里爬出，饱尝心灵上的屈辱和精神上的折磨。但“无巧不成书”。永修盛产中草药，对于马继兴而言，这是“正中下怀”，永修这片土地成了他心目中“最为深奥的一部天书”，重新掉入了“书袋”里。

“勤于学习的他，因地制宜地开始进行中草药研究，他还利用巡回医疗的机会向老乡学习，利用业余时间编写草药名录和植物检索表，并且给当地赤脚医生教授草药课……一切的不幸竟然成为马继兴日后从事本草文献研究的契机。”《中华中医昆仑·马继兴卷》的作者张瑞贤这般写道。有心人天不负，他的世界豁然开朗。

他在积蓄能量，增长本领。云开雾散之时，人家开始抖落灰尘准备重新拿起书本，马继兴已经先行一步，把别人远远地甩在了后边……

“几度风云，偏膺重任，历史怎教逡巡。自强不息，一任妒与僝。多少恩恩怨怨，都付与，过眼云烟。但只念，丹心一点，不负是殷勤。耕耘，惜驹隙，钩玄索隐，忘却晨昏。幸桃李芳菲，著作等身。不知老之至也，仍奋进，骅骝驰骋……”学生陶广正动情地颂扬着恩师的人生品格。

作为师长，他的目光如钳，紧紧地锁住后学的研究态度

有心人马继兴喜欢跟学生在一起。

他生来性情温和，学生围绕在身边谈天说地，脾气自然是好上加好，阳光明媚。但一旦他们在研究时稍有疏忽，马继兴立刻“晴转多云”，厉声批评。

中国中医科学院中国医史文献研究所研究员郑金生曾经拜在马继兴的门下。1979 年，他着手撰写一篇论文，搜集资料时发现有段内容跟自己论述的话题大有关联。尽管这段内容是从别处转引而来的，他没有太在意，就直接摘录下来，放在了文章里。

他把论文送给马继兴审读，结果闯了大祸。这个转引的内容有问题，马继兴一下子识破了，顿时拉下脸来，面露愠色，当即领着郑金生来到资料室，三下两下就找到了所引的典籍，略加比对，就发现有一个字排印错误。

“以后你写东西必须查找原书，才能引进你的文章!”郑金生说，当时自己面红耳赤，但又心悦诚服。

在马继兴看来，古籍研究也要尽力前往“第一现场”，切忌“道听途说”。

“第一手资料不得修改，第二、三手资料不可妄从。”这是他确立的古籍研究总原则。

从事古籍研究，必须谨小慎微，稍有差池，就可能离题万里。

他告诫学生：

“在我国中世纪木版印刷术发明及广泛使用以前，最古的书籍大都是手抄本。这种靠抄录来传播书籍的方式，不仅费时费工、量少质差、不易保存，而且字句篇节极易产生各种各样的谬误。中世纪以后，虽然普遍流行了木版印刷的古书，但由于刊刻版次的不同，仍可出现不少差异。而反复抄刻的次数愈多，因讹致讹的概率就愈大，以致距离原文的本来面貌也愈远。特别是古书中的每一个文字，大都有特定的含义，稍有缺损增删可对内容有一定影响。如对这种版本特征不加注意，往往可在引用具体资料时的关键文义方面，产生不确切的解释，甚或为某些误识、删改、伪装与捏造古书的事例所蒙蔽，直接影响科研工作的质量（包括用以对照参考的研究的对象、用作参考对照的指标，以及据以判定事实的结论等）。”

他寄语同道：

“一个研究人员，如果不能掌握第一手资料，深入第一线工作，而是人云亦云，展转引录，又不加核实，就极容易造成以讹传讹、错上加错的弊端，其成果之质量无法令人信服，这是很自然的事。”

所以，必须采取“紧盯战术”，来不得半点儿混淆，切不可想当然，追求秋毫不差。

所以，必须对中医经典古籍“门儿清”，发狠地啃下来，心中要有一本账，这样才能练就一双法眼。否则，“脑子里空空的，怎么干活？”

是否有什么捷径？

他引用白居易的一首诗作代为回答："候病须通脉，防流要塞津。救烦无若静，补拙莫如勤。"在他看来，"勤"字就蕴含着所有的秘密。

"老实讲，我本人就是一个愚笨的人。在我学生时代，上课主要靠认真听记，自学主要靠背诵和随手摘录。背诵古医书原文如《内经》《伤寒论》及汤头、药性等，往往要花比别人多数倍的时间才能记牢。而当年记牢的东西，年久过后仍不免于遗忘。但由于得到了手勤的好处，保存下来的历年笔记、卡片，一直帮助我起到了'记忆'的作用，而得到了很大的收益。"马继兴说，学术研究万万不可偷工减料，急于求成。

他抖出了自己从事研究的一门"法器"——卡片。

马继兴的卡片内容"大有乾坤"，但外相上看并不打眼。

他的爱徒万芳曾经有过细致的观察：卡片其实就是空白纸片，常用的普通纸，或已经用过的打印纸背面。阅读时随手摘录，分段抄写，注明出处。需要的话，可以归类剪贴他处，也能零散携带去图书馆核对考查。资料积累多了，就分类装在卡片盒里。

卡片盒也是自己制作的，材料为废包装盒和报纸，经糊裱改制后大小适中，结实耐用，盒面贴上空白纸写明卡片内容，一个卡片盒实际就是一部书稿或收集较为完整的一类资料。字迹认真，条目清楚，内容翔实，虽为古文献研究的重要成果素材，但外表看来极为平常，而且很不合时尚。

马继兴跟时尚绝缘，他的人生兴奋点在于古籍里的幽幽亮光，诱引他快马加鞭。

他以身作则，让学生明了古籍研究也饶有情趣，甚至惊喜不断。

明代卢和编注了朱震亨医著《丹溪纂要》，今存本有嘉靖二十六年刊本。这个刊本的各卷之首，除了记有“易庵先生（即卢和）编注”外，同时还记有“孙尧亮校正重刊”字样。在一些人看来，重刊的人就是孙尧亮，白纸黑字，没有问题。

但马继兴发现，刊本的后记里赫然写着：“右编乃我大父易庵翁所纂注者。”这句话耐人寻味，对“孙”字进行了意义的界定：不是姓氏，而是辈分。“校正重刊”的是卢尧亮，是卢和的孙辈。

这属于学术研究的小趣味、小惊喜，还有大惊喜令他迷醉。

“作为一位中国古代医药文献的研究者，我是相当幸运的。”马继兴颇为自得。因为在他的研究生涯中，不断地有鲜活的“大鱼”出没：敦煌、居延、吐鲁番等处发掘的卷子、简牍、医学文书尚待研究；武威、马王堆、云梦、双孤堆、张家山等地出土了大批竹、帛医学典籍，他都直接接触过。

“眼花缭乱!”兴奋之情溢于言表，其中的苦楚都让他轻轻地拭去了。

20世纪70年代初，他就着手对马王堆出土医书进行研究。当时，3号墓出土的帛书共29件，医书达4件；竹木简共计4种，全是医书。这些文物的珍贵程度自不待言，但毕竟在地下藏了两千年以上，帛书残碎甚为严重，拼复工作不可大意。竹木简保存完好，排比联缀也绝非易事。简帛上的文字释读疑难重重，有些地方还漫漶不清，难以辨识。有人兴高采烈地来了，但现实很“骨感”，只好望而却步，打了退堂鼓。

马继兴登场了。

他全身心地投入，乐此不疲，逐字地详细考证出处渊源，精细地修复残文断句，依据古音韵学知识还原了原文本字，包括通借字896个，字形差异字328个。针对每段原文，进行语释、校注，并加按语，用李学勤的话说，“把这些医书的奥蕴抉发出来”，让今人可以亲近。

马继兴动用了自己所有的学术储藏，以还原古籍的本貌，用功尤勤。譬如，《却谷食气》考释中第五条论述“朝霞”等六气之名，原文中只残存“朝霞”一名。马继兴依据本书内证，并结合先秦传世古籍的旁证，补入了“轮阳”“匡光”“沉靡”三气之名。

其他二气他也难以确定，就在“校注”中阐明自己的倾向性意见，认为是“辅阳”“正阳”，录以备考，给后来者以启发。

“参加马王堆帛书及竹木简医书的整理注释的学者前后有好几位，而马继兴大夫和我都属于历时最久、始终其事的。与马大夫一起整理这批医书的几年，对我说来是一段很好的学习。他的知识渊博宏富，态度谦冲谨慎，于中医各方面，特别是医史文献，精通娴熟，对克服整理注释工作中的许多困难起了决定的作用。”在马继兴所著《马王堆古医书考释》的序言中，李学勤赞誉道。

“他老人家所付出的艰辛与心血是不能以常人岁月来计算的，他所做的一切是超时空的概念。”马继兴的学生郭君双如此感慨。

但是，马继兴觉得事儿没有那么复杂，“做学问不难，说穿了就是一层窗户纸。我比你强，就强在我能捅破这层窗户纸”。

捅破这层窗户纸的诀窍，学生已经领悟了，并且尝到了甜头。

师长的言传身教，让郑金生再也不敢马虎。在治学时，涉及某个转引资料，如果没有查阅到原书，他统统割爱，拒绝照搬。这成了他从事研究的“铁律”。有一回，某杂志的编辑说，他投寄的文章达到了“引文免审”的级别。原来，在杂志社，凡是文稿引用了文献，编辑都要抽查核对，确保精准。郑金生的论文屡次过关，赢得了口碑，编辑就放下心来，省了一道工序，随时“放行”。

享受着“出口产品免检”的待遇，郑金生首先想到的是给马继兴鞠躬致意，“他树立了榜样，感谢他的批评和教益”。

在老师的面前，学生万芳也有过“手心直冒凉汗”的体验。于是，在工作过程中，把马继兴的教诲警记在心，并且严于履行。结果发现，研究的境界别有洞天。

“令我十分欣慰的是，核查原始资料不可避免需阅读很多相关文献，而其中又能获得一些意想不到的信息线索，无形中扩大了知识面，开辟了新的蹊径，完善了研究工作。”这时，万芳终于领悟到，恩师的耳提面命，受益无穷。

生活中，他的目光透亮如镜，无杂质，无波澜，无起伏

在马继兴的家里，纸盒子享有“崇高”的地位。

这些纸盒子以前的功能很庞杂，要么是装鞋的，要么是装小西瓜的，要么是装按摩器的，到了他家，地位一下子提升了起来，盛满了厚厚的底稿，装满了高深的知识，安静地躲在他家客厅的一隅，码放得整整齐齐。

轻轻地翻阅这些底稿，你会惊讶这位主人所付出的心血。马继兴不太懂得使用电脑，他的研究文章，都是先手写，再让助手输入计算机。打印出来，他往往还有修订，先用笔改一遍。后来发现还是有需要补充的内容，于是写在小纸片上，涂上胶水，把原文覆盖。问题是新的思路又冒出来，只好再粘上一张纸片……

他的底稿，“缝一遍，补一遍，缝缝补补又一遍”。

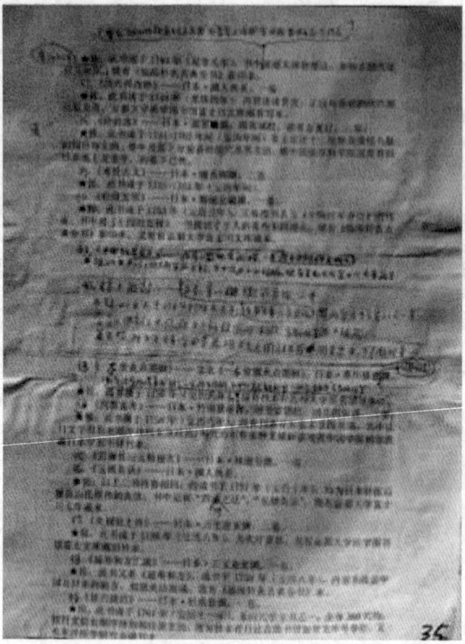

马继兴著作底稿

问他至今发表过的文字有多少？他的脑袋摇得像拨浪鼓一般，“不知道，统计这个有什么意义？”

一些著述的页码数量已经“泄露天机”：《敦煌古医籍考释》，508 页；《中医文献学》，560 页；《马王堆古医书考释》，1 156 页；《神农本草经辑注》，1 198 页……

“积稿充柜满箱”，李学勤发现，马继兴的著作，自己虽然只读过小小的一部分，“已足令我兴望洋之叹了”。

对于学术成果，马继兴喜欢“捂着”，不肯轻易示人。这倒不是生性吝啬，而是期待更完善一些，力求每一部书面世，都能听到回响。

他在20世纪70年代初就着手马王堆出土医书的研究，先是发表单篇的论文，后来撰写了一部书稿，只限于内部交流。再修订，再补正，一晃过去了二十载春秋，直到1992年，《马王堆古医书考释》才呈现到世人的面前。

《针灸学通史》则“潜藏”了60多年。

学生时代的马继兴就着手研究针灸的历史，1945年夏毕业时完成了初稿；20世纪40年代中后期，在北京大学医学院工作期间，进行了第二次修订；50年代前期，在卫生部北京中医进修学校教学之余，进行了第三次全面改写；50年代末，在中医研究院针灸研究所工作时，重新拟定了撰写计划，第四次修订；直到2011年，《针灸学通史》出版，是第五次“开工”。

“我写文章，不是为了发表。”他淡淡地说。

马继兴的研究著作、专业论文，大多是自己“单枪匹马”写就的。他厌烦那种“大兵团作战”，声势浩大，在研究成果上却“草草收兵”。他习惯了深耕细作，慢慢地来，不追风赶潮，拒绝挂个虚名，四处“贩卖”声誉……

对于名利，他远远地观望着。

“动脑动体不动心，不计得失乐津津。适量动脑反受益，动心贪欲必招损。定时适量来动体，学习工作要认真。但求矢志勤奋进，屏绝俗欲得天真。”他这般“自喻”。

他主张“不动心”，说的是要对物质欲望保持节制，甚至统统地摒弃。

80岁高龄的时候，他还骑着自行车上班。“他的坐骑是一辆26型旧款车，多处车漆早已斑驳脱离，车筐因使用年久而磨损，用塑料绳捆绑支撑继续发挥作用。”学生万芳对这辆自行车记忆犹新。大家劝他不要骑车了，他不愿意。再劝他换一辆车，他不肯，理由是比之前的 28 型自行车好多了。

后来，家人、同事、学生都急了，不允许他骑车，他只好遵命，改乘公交车，线路烂熟于心：下楼先坐 525 路，到红桥路口北站换乘 106 路，东直门内小街站下车，再走上一程，就到了单位中国中医科学院。

当然，马继兴也难免“动心”之时。

他不轻易洒泪，但是曾经在回忆自己已故的恩师时，却悲痛难抑，哽咽难言……

1952 年，马继兴在北京师范大学生物系兼职，教授人体解剖学。岁末之时，这些学生以集体的名义给他写过一封信——

敬爱的马老师：

1952 年胜利的过去了，伟大的 1953 年将要来临了，请接受我们热情的祝贺吧！祝贺您在教学上的伟大胜利。

我们祖国将要开始一个新的历史时期。它象征着祖国美丽幸福的未来，在这一年将要有成千累万的工厂要出现。在祖国的土地上，将要有很多学校和托儿所成立起来。雄壮的拖拉机将要奔驰在祖国肥沃的土地上。祖国的所有的一切，都在鼓舞着我们、激励着我们。亲爱的老师，您就是为了这样美丽的祖国孜孜不倦的教育着我们，以科学的知识来武装着我们。您为培育祖国的未来的建设者，您想了那样多的方法，来教我们。虽然现在我们的客观条件还不够，没有尸体，然而困难并没阻挡您，利用模型和零碎的标本，使所学的知识都能使我们了解的很清楚，而且基本上都掌握了。您的讲课和所写的讲义都是那样的有系统，而且清晰，给我们学习上带来了很大的方便。您在教学上高度的负责任的精神，深深的在激励着、鼓舞着我们学习的情绪。您为着准备做好试验工作而牺牲了您的午饭，当实验室有一个同学还在的时候，即使很晚的时间，您从未离开过，当我们有问题时，您是那样热情的诚恳的指导着我们。您的高度的对祖国负责的精神，永远不会被我们忘记，将永远给我们勇气和力量。

亲爱的老师，我们清楚的看到祖国在飞跃的前进，共产主义的光辉，劳动人民最喜欢的真理，劳动人民最渴望的理想在苏联已实现了。我们的祖国也将要为这样美丽的前途而建设了。我们高兴极了，我们和您有共同幸（兴——引者注）奋的心情，我们深深的体会到学习的重要意义。不掌握科学知识，就不能建设祖国，现在祖国已经向我们青年学生们吹起了冲锋号，——向科学进军——我们向您保证，向祖国保证：

我们将要更勇敢的顽强的学习，让科学的堡垒粉碎在我们的面前，来回答您对我们的培养。亲爱的老师，最后请接受我们的敬意和感谢吧！

我们祝贺你在1953年的教学中获得新的成绩，光荣、胜利永远归于您。

最后让我们紧紧握您的手，热情的拥抱您。

热爱您的生三第二小组全体同学

1952.12.30

这封信函，马继兴保存至今，连信封也视为珍宝，“他用自己特有的方式表达着对学生深深的想念和关爱”。

马继兴没有业余爱好。夫人已经辞世，他们的婚姻是长辈一手包办的。以往有人笑言他们俩像“李双双”，先结婚，后恋爱。马继兴不解其意，问道：“谁是李双双？”

他一辈子在书里打滚，兴致盎然。张瑞贤在《中华中医昆仑·马继兴卷》中的这段描述，深得他意：

“……与古代医家的深交，令他愉悦满怀，乐在其中。他走入先秦两汉，和《黄帝内经》的诸多创作者黄帝、岐伯、雷公、伯高、少师、少俞、鬼臾区等一一‘见面’、夜夜‘促膝深谈’，于是有了《黄帝内经原文出处考校》书稿（一九六二年）的问世；他随着《黄帝内经》的发展历程进行了跨越古今的思维漫游，思维的翅膀让他穿越了唐宋元明清的时间隧道，于是有了《黄帝内经史》初稿（一九六四年）的问世；在攀登书山的路途中，他和古代医家交上了朋友，张文仲、陈延之、姚僧垣、崔知悌、陈廪丘、范东阳、释僧深、宋侠、初虞世等众多医家先后与他并肩同行，并将自己的医方亲手相赠，于是有了卷帙浩繁的《古佚医学业书》（初集）（唐宋以前医籍）稿本的问世……”

这样的“相会”“漫游”，还要继续。与他见面的日子，正值初春，万物复苏，他把书房临时设在阳台上。这里多少有些凌乱，满是书籍和报刊，重重叠叠。书桌上摆放着笔记本、剪刀、胶水、小纸片、小闹钟，一支圆珠笔应该“受伤不轻”，缠上了纱布，依然坚持在岗。

马继兴静静地坐着，进入他的领地，外人不容叨扰。唯有早春的暖阳，放肆地爬在他的身上。

参考文献

吴宗济．吴宗济语言学论文集．北京：商务印书馆，2004.

吴宗济．补听集．北京：新世界出版社，2003.

中国社会科学院语言研究所，《吴宗济先生纪念文集》编委会编．世纪声路　大师足音——吴宗济先生纪念文集．北京：商务印书馆，2011.

吴永口述，刘治襄记．庚子西狩丛谈．桂林：广西师范大学出版社，2008.

中国人民政治协商会议北京市委员会文史资料研究委员会编．京剧谈往录三编．北京：北京出版社，1990.

刘曾复编著．屠楚材记谱．京剧新序．修订版．北京：学苑出版社，2008.

高璐，崔岩编．常沙娜文集．济南：山东美术出版社，2011.

常沙娜绘著．花卉集．哈尔滨：黑龙江美术出版社，2001.

张祖道．江村纪事．上海：上海锦绣文章出版社，2007.

张祖道图/文．1956，潘光旦调查行脚．上海：上海锦绣文章出版社，2008.

子央主编．著名书法家李铎和他的艺术．北京：解放军文艺出版社，2000.

赵勇主编．著名书法家李铎和他的艺术（续集）．北京：解放军文艺出版社，2005.

李铎．笔伴戎马行．北京：北京图书馆出版社，2003.

顾瑞兰，顾棣，顾金兰，顾植，顾云萍．难忘的峥嵘岁月——顾氏兄弟姐妹革命回忆录．太原：山西人民出版社，2008.

赵宪，云萍．太行深处一家人——顾氏革命家庭纪实．太原：山西人民出版社，2007.

顾棣编著．中国红色摄影史录．太原：山西人民出版社，2009.

裘沙，王伟君．莒南之忆．济南：山东画报出版社，1999.

裘沙．新诠详注文化偏至论．济南：山东文艺出版社，2001.

裘沙．陈洪绶研究——时代、思想和插图创作．北京：人民美术出版社，2004.

许怀宋，裘小鲁编．鲁迅新天地——裘沙、王伟君的艺术求索历程．北京：学苑出版社，2013.

南国农．教育技术学科建设——中国道路．电化教育研究，2006(1).

杨改学主编．张小红，俞树煜副主编．往事与憧憬——南国农先生九十华诞纪念文集．北京：北京师范大学出版社，2010.

于蓝．苦乐无边读人生．北京：中央文献出版社，2001.

刘澍编著．中国电影资料馆，中国电影艺术研究中心编．红色影坛双星——田方和于蓝．北京：中国广播电视出版社，2011.

廉静主编．名家口述中国文艺．北京：文化艺术出版社，2007.

王希钟．影视化装技巧．修订版．北京：中国传媒大学出版社，2011.

杨洁．敢问路在何方——我的30年西游路．南京：江苏文艺出版社，2013.

李滨声．我的漫画生涯．北京：北京图书馆出版社，1996.

李滨声．拙笔留情．北京：人民文学出版社，2008.

马继兴．马继兴医学文集．北京：中医古籍出版社，2009.

后记

犹记得，1999年我从赣北一个小山村赶赴京城，参加北京师范大学的开学典礼。主席台上，端坐着一位老先生，代表全体教师发言。远远地看，老先生个子不高，满头华发，一开口就说：我何德何能站在这里说话，你们那么年轻。其他的内容都已经淡忘了，这句开场白却镌刻在记忆里。后来得知，他就是启功先生。尽管当时对老先生的成就与声望不甚了解，但从言语之间依然感受到了一股力量与暖意。

那时，自然没有想过，自己将来要坐在好几十位长者的面前，梳理他们的心路历程，聆听他们的人生感悟。

走近集子里的这些老人，直接动因源于写大文章的“诱惑”。

2006年刚参加工作，进入光明日报社。此时，报纸上新开辟了“人物副刊”版面，整版刊发记者采写的人物报道。不由得有点心痒，展望着什么时候也可以在这里亮个相。

机会来了。当年，我前往湖南省郴州市桂阳县采访。步入桂阳县第一中学，发现校名是郭沫若题写的。这引起了我的好奇，细问之，原来郁达夫的长女郁黎民先生在这里任教，时年81岁高龄。之前学现代文学史，知道郭沫若和郁达夫是好友，一同在文学道路上相互搀扶。这样一来，老人家这里应该有不少故事值得挖掘吧。但底气还是不足，于是怀着忐忑的心情，与时任“人物副刊”版主编邓凯先生联系。在电话里，他热情鼓励，说这是一个难得的题材，不必有顾虑，放开手去采访、去写作。这给了我信心，径直地坐到了老人家的小院子里，开始触摸一段尘封的历史，感知一代文人的足音。

稿子如期刊出。尽管不是整版的篇幅，但大半个版的“面积”冲到眼前，还是令我兴奋了好一阵。

以此为发端，我开始了一次长途跋涉。

此中自然有苦楚，但更多的是收获富足。这些老人，在岁月的长河里历经淘洗，饱览风霜，已经在用另一双眼睛看待命运、看待生活、看待人间。可是，从某种意义上说，他们大多逐渐在被遗忘。当下的浪潮滚滚奔涌向前，新颖而迅捷，令人眼花缭乱。在都市里，物质的力量紧紧地攥住了大多数人的心，年轻一代步履匆匆，目不转睛地奔赴各自的欲望。如果身旁还有个老人家在蹒跚挪步，难免心怀怒气，抱怨他们挡路了。但是，与你擦肩而过的这位长者，尽管已经老态龙钟，岁月的沧桑爬满脸庞，普普通通，一副邻家大爷大妈的模样，却可能有着耀眼、辉煌的过往，有一肚子的人生感想期待你的分享。他们的付出、他们的才华，可能你无法感知，却在某个角落里散发着光亮，隐隐地烛照你的成长，或是间接存留在你的记忆里，业已生根发芽。

我愿意放慢脚步，搬个小板凳，坐到他们的身边，静静地听。

需要说明的是，通过与这些长者的对谈，翻查他们的相关文献，我也知晓他们并非完人。他们的身躯里也出现过两个“人”打架、角力的情景，甚至昏天黑地，但最终还是分出了胜负。赢了的那个，应该在才干、品行、智慧、毅力等维度上更胜一筹。

曾经有幸受邀到几所高校，跟大学生谈及这些老人的故事。当时拟定的题目是《在文化老人的故事里成长》。确实，他们的故事可以让人变得充实而丰盈。

偶然地，在网络上读到一位学生写下的心得：

每一个人都在迷茫，迷茫在生活、学习、工作的各个方面。有的人学会了掩饰，学会了伪装，所以看上去他们阳光向上，也就圆滑世故，这样的人或许在很多事情上会混得更好。我却不行，我不想掩饰自己的迷茫和慌张。我战战兢兢地生活，小心翼翼地学习，可是时不时地陷入一种莫名的恐慌，我不知道自己做了什么，要做什么，自己又该怎样去做。

“老人去了，好像图书馆在着火。”

老人，或许是这个世界上最真挚的人了。他们经历了世事变迁，看透了人生风雨，所以他们能坦然地看待一切，笑谈一切风云变化。

很是惭愧，在短暂的生命已经过去四分之一的现在，我依旧没有认真接触过一位老人。爷爷奶奶只存活在模糊的记忆深处，姥姥姥爷只是生活中的偶然拜访。当我真正走近一些老人，竟然是在别人的谈话中，别人的思想里。尽管这样，我依旧震撼，依旧感动。

人生的境界在于爱好与追求。我不能理解人们为了爱好而不顾一切，就像我不能理解吴宗济先生为了爱好在殷实富足的生活面前依旧选择了枯燥的语言学，百年如一日。跨越一个世纪，他的故事在人们中传诵。年少的顽皮，少年的执着，中年的努力，老年的旷达。在他的身上，我看到了一种态度。我也震撼于樊锦诗女士的执着，茫茫大漠，她是“敦煌女儿”。一个敦煌，一生相守。是怎样一种力量，让弱小的她投身大漠，在黄沙漫漫的寂寞中不离不弃。在她的身上，我看到了一种力量。

老人老了，但是他们永远年轻。我在他们的事迹中看到了一种纯粹。试问一颗没有杂念的心思怎么会让人苍老？黄永玉，吴宗济，张锦秋，樊锦诗，谢辰生，吴良镛，张祖道，刘曾复……他们的名字很多，孤陋寡闻的我都是第一次听说，他们的具体事迹我还不是很清楚，但这丝毫不影响我对他们的憧憬、向往之情。没有比追求生命真理的人更美丽，没有比追求人生价值的人更年轻。

我们还年轻，不懂世事，不懂价值，不懂何为追求。但我们可以学习，向长者看齐，向长者学习。

这篇博文冠以《人生境界》的名字，读来令人心暖，有些思考我不曾触及，让我颇有启发，并欣慰自己的些许努力有了直接的回音。谨表谢意。

由衷地感激这些老人愿意为我打开家门、敞开心扉。朱光潜先生说过：“年代久远常常使最寻常的物体也具有一种美。”而且，“‘从前’这两个字可以立即把我们带到诗和传奇的童话世界”。这些老人更多地在引领我回到“从前”，让在现实时空中碌碌奔波的我有了一个喘息甚至是疗养的美好时机。

还特别感激我供职的光明日报社。一些老人在不知我姓甚名谁的情况下，之所以爽快地应下采访，告知家庭住址，是因为他们对这张报纸始终抱持着好感与信任。时常，刚刚坐下，他们的开场白就是：那个谁还在你们报社吗？或者是：当年，我的第一篇文章就是在《光明日报》发表的。有的还能说出刊发的具体日期，甚至哪个版面，让人感怀不已。集子中的这些文字，主体内容都在报纸上刊发过，每一篇都得到了报社诸多同仁的关爱与呵护。2014 年 6 月，这张报纸将迎来自己 65 岁的生日。这本小书，也算是我个人的一份贺礼。

感激尚长荣老先生在排练新编剧目的间隙撰写了序言，为小书增色不少。他为人坦诚，待人和善，每次见面或在电话里听见他那爽朗的笑声，都让我倍感亲切。与他对谈，是一趟愉快的旅程。

感激常沙娜先生允诺封面和封底采用她的绘画作品，精妙的笔法让小书流淌着一股源自田野的气息。

感激邓凯先生的提携。有段时间，他总是冷不丁从口袋里掏出一个纸条，或者是一截报纸，说这个老人家值得写，你试一试。然后，就是旷日持久的催稿，让我不敢慵懒。他是诗人，握有一支妙笔，经常能拟出一个精妙的标题，让一堆原来松散的文字立马显得精神起来。

感激崔志坚先生对这些习作的及时评点。当集子中的部分文章见报时，他是一个认真的读者，兴致来了，发送邮件，议论风生。既有毫无迟疑的掌声，也有点穴般的提醒。回看他的经验之谈，发现集子中的文字依然有不少笨拙之处，只好留待日后继续奋力。

感激郭红松先生一道参与采访。小书中多数老人的“近照”，都是他拍摄的。有时采访经验不足，中间卡壳了，他会及时冲上，引出新的话题，让对谈的氛围融洽而温馨。

感激中国人民大学出版社的器重。特别是王海龙编辑，他的敬业精神令我钦佩，他的性情温和、敦厚，我们之间的合作舒畅而顺当，甚至充满了快意。

感激岳母赵桂花，尽心替我们打理家庭杂务，让我可以全力面对工作。感激妻子崔芳和小儿修琪，让我在偌大的北京体味到了人间的情趣与温度。

感激父亲王书连的全力付出，以残弱的身躯支撑起整个家，让我得以走出家门，眺望远方的世界。

这本小书，凝聚了太多前辈、师长、挚友、同好、亲眷的心血，恕我无法逐一录下，只好一并鞠躬致谢。

谨以此书献给我的母亲周月英。失去母爱的苦与痛，只能用一生的时间慢慢咀嚼。愿您在天堂好好歇息！

王国平

2013 年 11 月 17 日

于辽宁丹东鸭绿江畔

图书在版编目（CIP）数据

纵使负累也轻盈：文化长者谈人生/王国平著．—北京：中国人民大学出版社，2014.3

ISBN 978-7-300-18852-2

Ⅰ.①纵… Ⅱ.①王… Ⅲ.①文化-名人-生平事迹-中国-现代②人生哲学-通俗读物 Ⅳ.①K825.4②B821-49

中国版本图书馆CIP数据核字（2014）第039392号

纵使负累也轻盈：文化长者谈人生

王国平　著

Zongshi Fulei ye Qingying：Wenhua Zhangzhe Tan Rensheng

出版发行	中国人民大学出版社		
社　　址	北京中关村大街31号	**邮政编码**	100080
电　　话	010－62511242（总编室）		010－62511770（质管部）
	010－82501766（邮购部）		010－62514148（门市部）
	010－62515195（发行公司）		010－62515275（盗版举报）
网　　址	http://www.crup.com.cn		
经　　销	新华书店		
印　　刷	涿州市星河印刷有限公司		
开　　本	890 mm×1240 mm　1/32	**版　　次**	2014年4月第1版
印　　张	11.625 插页2	**印　　次**	2023年5月第2次印刷
字　　数	248 000	**定　　价**	61.00元